不穏な熱帯

人間〈以前〉と〈以後〉の人類学

里見龍樹
SATOMI Ryuju

河出書房新社

不穏な熱帯　目次

第三部 自然

発音表記について

本書におけるラウ語のアルファベット表記は、言語学者リヒテンベルクが、同じマライタ島北部の言語であるトアバイタ語（To'abaita）の辞書（Frantisek Lichtenberk 2008 *A Dictionary of Toqabaqita (Solomon Islands)*, Pacific Linguistics, Research School of Pacific and Asian Studies, Australian National University）で採用しているものとおおよそ同一の原則に従っている。ただし本書では、声門閉鎖音（glottal stop）に対しては「*q*」に代えて「'」を用い、また長母音は、「*aa*」のように同じ母音を二つ連ねることで表すものとする。また、ラウ語の複合語に関しては、読者の理解を助けるため、適宜「-」を用いてもともとの単語の境界を示した。

不穏な熱帯

人間〈以前〉と〈以後〉の人類学

はじめに――「ツナミ」の後で

「埠頭」の上を歩く。左右に茂ったマングローヴを抜けて、海の上へと歩み出ていく。一歩ずつ足を進めながら、足の下に積み上がった岩々を感じる。朝から強いこの土地の日射しが僕の肌を灼《や》き付ける。やがて左右に海が広がり輝く時、僕の身体は、人々が「アラ」（*ara*）と呼ぶ南東からの風に包まれる。僕を取り巻く海には、朝の陽光に浸された島々が点在している。そうだ、僕はたしかに、この埠頭とこれらの島々について書こうとしてきたのだ。そして二〇一一年の七月、村を再び訪れた僕に、人々は口々にこう語った。「昔はあの埠頭はもっとずっと高かった。今ではすっかり低くなってしまった」と――

＊＊＊

東京から約五〇〇〇キロ離れた南西太平洋（メラネシア）の海上に、マライタ島という島がある。ソロモン諸島を構成する島々の一つであるこの島の北東岸には、海岸線に沿って南北三〇キロ以上にわたり、広大なサンゴ礁が広がっている。この地域を訪れる人は誰しも、サンゴ礁の内部に点在する無数の島々に目を奪われるだろう。これらの島々は、この地域に住むアシ（Asi、海の民）またはラウ（Lau）と呼ばれる人々が、岩石状のサンゴやサンゴ化石の砕片を浅い海底に積み上げて築いたものである。[*1] マライタ島北東部には現在、これまで「人工島」（artificial islands）として紹介されてきたこのような島が九〇個以上も点在しており、それらのうち小さなものにはわずか一家族数人が、大きなものには数百人もの人々が居住する。アシの人々は、これらの島々および近隣の海岸部での自らの暮らしを、「海に住まうこと」（*toolaa 'i asi*）と呼ぶ。この地域では、今日でも新たな島の建設や既存の島の拡張が行われており、人々が海に潜ってサンゴの砕片を拾い集める光景がしばしば見られる。他方で一部の島は、居住者のマライタ島本島への移住などのために無人となっており、それらは鬱蒼《うっそう》と生い茂る草木に覆われている。私は、二〇〇八年以来マライタ島で断続的なフィールドワークを行い、冒頭のテクストで触れた「埠頭」の上を毎朝のように散歩しながら、アシとその島々の歴史と現在についての民族誌的調査・研究を行ってきた。

東日本大震災から間もない二〇一一年七月、私は追加的なフィールドワークのためにマライタ島に戻った。同島への訪問は四度目に当たっていた。当時、福島の原発事故は収束からはほど遠く、私が住んでいた首都圏における計画停電や、食品や水道水の放射能汚染の問題も記憶に新しかった。日本に家族を残し、計画停電の際に使っていた懐中電灯を握りしめ（というのも、マライタ島の村落部には電力の供給がないので）、私は混乱した気持ちでマライタ島に向かった。

マライタ島に戻ってみると、思いがけないことに、私に会った人々は口々に日本を襲った「ツナミ」のことを話題に出した。日本ではほとんど知られていないだろうが、震災の日、海を隔てたソロモン諸島でも津波警報が出され、島々や海岸部に住むアシの人々は慌てて高台に避難した（なお結局、マライタ島では目立った津波被害は生じなかった）。二〇一一年七月のある日のおしゃべりの中で、第一章で紹介する私の調査地、フォウバイタ村に住む二〇代男性ローレンスはこう語った。

あの日、ツナミの連絡を受けて、島に住んでいる人たちはフォウバイタ村に逃げてきた。島の人たちや海辺に家がある人たちは、皆〔高台にある〕この小学校に避難して一晩過ごしたんだ。あの夜の海はおかしかったよ！　海底がすっかり干上がるくらいの干潮で、しかも干潮がずっと続いた。島の人たちは、ふだんと違う潮の流れを感じたらしい。それで怖くなって逃げてきたという人たちもいたよ。

人々によれば、日本での震災のニュースは、発生の直後からラジオなどを通じてマライタ島にも届いていた。日本の大部分が津波の被害を受けたと思い込んでいた人々は、私に対し、異口同音に「ツナミのニュースを聞いて、私たちはあなたのことを本当に心配したんだよ」と話しかけ、私が受けた被害について繰り返し尋ねた。人々はある意味で、私のことを、「ツナミ」の被害にあった日本からかろうじて逃げ出してきた避難者として受け入れたようであった。

日本とマライタ島を同時に襲った「ツナミ」という出来事によって、アシの「海に住まうこと」は深刻に揺り動かされることになった——二〇一一年のフィールドワークを通して私が気付いたのはそのことだった。「人々は今、海に住むことを恐れている。今の世の中ではいろいろなことが起こりすぎるから。わかるだろう？　地震だのツナミだの」——同年七月、マライタ州都アウキの町で乗り合いトラックを待ちながら、ある三〇代の男性は私にそう語った。この不穏な語りに見られるように、二〇一一年のフィールドワークにおいて私は、「われわれはもう海には住めない」と語る多くのアシに出会うことになった。そこで私が遭遇していたのは、一見したところアシの「伝統的」な生活様式であるように見える島々が、「ツナミ」の体験によってその自明性や持続可能性を

疑われ、人々が、「われわれはどこで、どのように住めばよいのか？」と不安げに模索しつつあるような事態だったのである。[2]

しかも注目すべきことに、「ツナミ」によってそのように深く揺り動かされる体験において、日本に住む「われわれ」[3]とマライタ島に住むアシの人々は、思いもかけない、半ば暴力的とも言うべき仕方で相互に結び付けられていた。すでに述べたように、二〇一一年、私がマライタ島に持参したのは、首都圏の計画停電の際に使っていた懐中電灯だった。マライタ島の人々が私を「ツナミ」からの避難者として受け入れたことは、まったく間違っていたと言えるだろうか？　事実、東日本大震災や福島の原発事故は、自然災害に対する近代的インフラストラクチャーの脆弱《ぜいじゃく》性を露呈させ、また科学技術によって「自然」の過程をコントロールしようとすることの不確実性を明るみに出した。その影響が、首都圏も含め広範囲に及んだことは周知の通りである。そのように「ツナミ」によってともに揺さぶられるという体験において、日本に住んで「文明的」と自称してきたわれわれの生活と、マライタ島のアシの「海に住まうこと」は、それぞれ自明性を失い、同じではないがたしかに重なり合う仕方で問い直されていたのである。

それぱかりではない。本書の第三部で詳述するように、この二〇一一年のフィールドワークの際、私はアシの人々から思いもかけないことを耳にした。すなわち人々によれば、自分たちが建設し、居住してきた島々は、「岩が死ぬ」ことによってつねに「低くなり」、「海に沈みつつある」というのである。一見不動の岩の山に見えるこれらの島々が、「海に沈みつつある」だと!?　当初私は、そのような語りに接して大いに驚いたが、間もなく、そうした認識はアシの間でごく一般的かつ常識的であることがわかった。本書の冒頭で触れた「埠頭」は、第二章でも述べるように調査地のキリスト教的「コミュニティ」を象徴する建造物だが、人々によれば、この埠頭も同様に「岩が死ぬ」ことで「海に沈みつつある」という。

われわれの目から見るなら、アシの島々が「海に沈みつつある」とすれば、それは当然、グローバルな気候変動の下での海面上昇によるものであるはずだ。しかし、アシの人々はそのような理解を端的に否定してみせる。人々によれば、島や埠頭が「海に沈む」のはあくまで「岩が死ぬ」ためであり、海外のメディアやそれを受けたソロモン諸島国政府によって伝えられる海面上昇のためなどではないという。それでは、このような語りを、「アシの人々は気候変動についての科学的知識をもっていない」、あるいは「非科学的な文化的信念をもっている」として片付けてしまわないとすれば、それをどのように受け止めることができるだろうか？　そこにわれわれの知らない「自然」についての思考が仮にあるとすれば、そのような思考をどのように理解することができるだろうか？

さらにまた、自分たちの「島が沈みつつある」という認識は、右で述べた「もう海には住めない」という不穏な感覚とも不可分である。アシによれば島々は、「海に沈んでいく」にまかされる限り徐々に居住困難になるのであり、人々は今日、自分たちの「海に住まうこと」がまさしくそのような危機に直面していると認識している。「島々も埠頭も今ではすっかり低くなってしまった」——二〇一一年以降、私は、自分たちの「海に住まうこと」の衰退を示唆するそのような語りに繰り返し接することになった。そのように、二〇一一年の「ツナミ」の直後のフィールドワークにおいて私が出会ったのは、人類学者としての私とアシの人々の双方を揺り動かすような、島々の不穏な立ち現れにほかならなかった。

＊＊＊

このように、二〇一一年の私は、「ツナミ」と原発事故の記憶も新しい日本からマライタ島に渡り、そこで「われわれはもう海には住めない」、「岩が死ぬことで島々や埠頭が沈みつつある」と語るアシの人々と出会った。そこにおいて、「われわれ」と「彼ら」の暮らしはともに揺らぎ、その揺らぎの中で、「自然」としか呼びようのないものの水準が、たしかに露呈していた――当時を振り返って、私はそのように考えている。[*4] すなわち、この年私がマライタ島で感じ取っていたのは、人間の営みに先立ち、それを可能にしていると同時に、人間の営みが自明でなくなり、これまでの「人間」像が不確かになるときに浮上するような「自然」のあらわれにほかならなかった。沈む埠頭や島々は、そのような「自然」をたしかに具現しているように思われる。それでは、マライタ島という「不穏な熱帯」での右のようなフィールドワーク体験に基づき、私は、「ツナミ」と原発事故の後の今日における「自然」について、どのように人類学的に思考することができるだろうか？後述のように「人新世」(Anthropocene) や「ポストヒューマニズム」(posthumanism) が語られる今日において、われわれとマライタ島の人々を思いがけない仕方でつなぐそのような「自然」について、そしてその人間〈以前〉的かつ人間〈以後〉的な性格について、どのように概念化し記述することができるだろうか？　これらこそが本書全体を貫く問いにほかならない。

私がこのような問いに出会ったのが、東日本大震災直後の二〇一一年であったことは示唆的である。日本では、この震災と前後して思弁的実在論 (the speculative realism) という哲学的動向が紹介され、それは、認識主体としての人間との相関を離れた「事物それ自体」を再び思考しようとする現代的な自然哲学として注目を集めた。同じ時期、文化・社会人類学――以下、単に「人類学」とする――においては、「自然／文化」という近代的な二分法を離れて人間とその他の存在者の関係を思考し直そうとする、存在論的転回（the ontological turn）と呼ばれる動きが盛り上がりを見せた。これらの動きに見られるように、これまで「人間」を規定してきた近代的な枠組みを離れて「自然」を再考することは、今日の人文知における中心的な課題となっている。そして、右で述べた東日本大震災における「自然」の不穏な露呈は、すぐれてそれと同時代的な出来事であった。この点で、人類学における存在論的転回の主導者とされるヴィヴェイロス・デ・カストロ（第二章参照）の最初期の邦訳が、二〇一一年、震災を受けて「ポスト三・一一のエコロジー」と題された雑誌の特集に掲載されていることは象徴的である。[*5] それでは、そのような動きを踏まえ、なおかつマライタ島でのフィールドワークに基づき、私は、現代的な思想課題としての「自然」についていかに思考し記述することができるか？　二〇一一年、「ツナミ」の後のフィールドワークを通して私が引き受けることになったのは、まさしくそのような問いであった。

日本に住む「われわれ」とマライタ島の「彼ら」を予期せぬ仕方で結び付けた「ツナミ」と、「海面上昇」をめぐるグローバルな科学的・政治的言説とは無関係に「沈む島々」――先に述べたこれら二つのイメージは、私にとって、右で述べたような人文知の潮流の中でいかなる人類学と民族誌を実践するかという問いと不可分であった。第一部以下で詳論するように、主として一九八〇年代以降の人類学では、二〇世紀初頭以来のこの学問が「異文化」を客体化し表象してきた仕方それ自体が問題視され、「文化を書く」ということ自体が自己批判的に主題化されるようになった。そのような動きの中で、「異文化」を客観的に報告することが人類学者の務めであるというかつての想定は根底から疑問視されるに至った。そうだとすれば、私は今、マライタ島でいかなるフィー

ルドワークを行い、いかなる民族誌を書けばよいのか？　すでに述べた通り、二〇一一年の「ツナミ」の後で私が見出したのは、アシの人々自身が、「海に住まう」という自らの「伝統的」生活様式を疑問視しているような事態だったのだ……。

さらに、二〇〇〇年代以降の人類学においては、右でも述べた存在論的転回をはじめとする理論的展開の中で、「自然／文化」という近代的二分法と、それと相関関係にあった二〇世紀的な文化相対主義を離れて、人類学の伝統的な主題としての他者性をいかにとらえ直すかということが新たな問題として浮上してきた。近年の人類学におけるそのような問い直しは、一方で「人新世」が語られるグローバルな気候変動と環境危機の時代に対してどのように応答するかという同時代的な問題意識のあらわれであり（第二章参照）、他方では、思弁的実在論やポストヒューマニズムといった名で呼ばれる、現代における脱人間中心主義的な思想的動向とも並行するものであった。[*6] そうだとすれば私は、「沈む島々」をめぐるアシの語りを、「自然／文化」の近代的二分法を離れていかに理解し記述すればよいのか？　現代の知的状況の中で、アシのそのような語りから、私は「人間」と「自然」についてのいかなる思考を導き出すことができるのか？

アシの人々が「もう海には住めない」と語り、「島々や埠頭が沈みつつある」と語るのに接する中で、二〇一一年の私は、人類学を含む人文知の現代的実践をめぐるそのような問題系と向き合うことになった。ここにおいて、メラネシアの一角で特異な海上居住を営んできた文化的他者としてのアシは、「人新世」とポストヒューマニズムという不穏な時代を生きるわれわれにとっての思いがけない同時代人として姿を現すことになる。そして、第三部でも触れる、「島にかかわる人間の運動は、人間以前の島の運動をやり直す」[*7]という若きドゥルーズの言葉を念頭に言うなら、アシの島々は本書において、人間〈以前〉的であると同時に人間〈以後〉的でもあるような「自然」の島々として、その今日的な相貌を明らかにするだろう。島々のそのような相貌はまた、第二次世界大戦の体験を背景に、レヴィ＝ストロースが強靭なメランコリーとともに記した、「世界は人間なしに始まったし、人間なしに終わるだろう[*8]」という言葉ともたしかに通じ合う。

＊＊＊

人類学という文脈により引き付けて言うなら、本書は、右で述べた二〇一一年のマライタ島でのフィールドワーク体験を手がかりとして、右でも述べたこの分野の現状に民族誌的かつ理論的に取り組むものである。民族誌的には、本書は、二〇一一年七〜十月のマライタ島での私自身のフィールドワーク体験を、主に日誌の引用を通して提示し考察する。わずか三か月ほどのこのフィールドワーク期間は、本書の全体を通して見るように、アシの人々の過去と現在を凝縮して顕在化させるかのような特異な時間であった。このことには、このフィールドワークが二〇一一年三月の東日本大震災の後まもなく行われたものであったこと、この三か月間が、調査地におけるキリスト教会の大規模な祭典の準備期間に当たっていたことなどが関わっている。それでは、この特異で出来事的な時間の体験をどのように描き出すことができるか——それこそが本書が取り組む民族誌的な課題にほかならない。ある意味では、この体験について書くことができるようになるまでに一〇年近くの時間がかかったのだ……

さらに、アシの人々の現状をそのような民族誌として記述することは、人類学の現代的状況にいかなる仕方で応えるものとなるか——本書が理論的・方法論的に考えようとするのはそのことである。以下で見るように、過去数十年間の人類学は、二〇世紀初頭以来の客観主義的な人類学を相対化した解釈学的・テクスト論的なアプローチ、それに続く、ポストコロニアリズムとも結び付いた人類学／民族誌批判、さらにはそうした批判とも不可分な構築主義的な歴史人類学の登場などを経て、二〇〇〇年代からのいわゆる存在論的転回に至る一連の変化を通過してきた（第一部、第二部参照）。本書はまさしく、これら一連の変転と、その中から生まれ出ようとしている新たな動きを背景として書かれている。その一方で、私自身のこれまでの民族誌は、一面において、熱帯の島々に住まう一民族集団とその「文化」についての古典的な研究に見える。そうだとすれば私は、「現在、なぜあえてそのようなフィールドワークを行い、そのような民族誌を書こうとするのか」ということについて説明する責任を負っているはずである。本書において私は、調査地の個別具体性にくぎ付けにされたようにして思考する、という人類学的思考の伝統を受け継ぎつつ、そのような説明責任を可能な限り果たしたいと思う。本書がタイトルに、「熱帯」という半ば反時代的なエキゾティシズムをたたえた言葉を掲げていることは、まさしくそのような思考の伝統を受け継ごうとする意志の表明にほかならない。

一連の転回の後でいかなる人類学を実践し、いかなる民族誌を書くべきか――この現代的な問題への一つの応答として、本書では「民族誌の自然」という概念を提示する。[*9] 第一部で見るように、人類学における異文化表象をめぐる一九八〇～九〇年代の議論は、それに先立つ解釈学的・テクスト論的なアプローチを受け継ぎつつ、それまでの人類学の対象であった半ば実体化された「文化」や「社会」の概念に疑問を突き付けた。そのような問い直しは、今日から見て、人類学における構築主義的あるいは「脱構築」的な動きであったと言うことができる。その後さらに、いわゆる存在論的転回は、それ以前の人類学／民族誌批判が認識論的な議論に偏向し、「単一の自然／複数の文化」という近代的二分法を温存していたことを問題にし、「広義の自然」とでも呼ぶべき人類学の新たな主題を明らかにしてみせた（第二章参照）。ここで言う「広義の自然」とは、「人間がつくる文化や社会から独立し、普遍的な法則性に従う人間以外のものからなる領域」という、狭義の、あるいは客体化された「自然」に対置される概念である。そのような「広義の自然」は、近代的な「人間」像やそれに立脚してきた「文化」や「社会」の概念を可能にすると同時に、そのような「人間」像が不確かになるときにあらためて露呈するような基底として理解することができるだろう（そのような「自然」概念を彫琢《ちょうたく》することは本書第三部での課題である）。「文化」や「社会」の概念が不確かになる時、人間〈以前〉的であると同時に人間〈以後〉的でもあるような「自然」（nature）が、民族誌の真の対象にしてその本質＝本性（nature）として、すなわち「民族誌の自然」として浮上する――本書では、私自身のフィールドワークの過程に即して、現代の人類学におけるそのような展開を描き出す。そしてそのような描き方は、人類学／民族誌批判からいわゆる存在論的転回に至る現代人類学の展開に対する、私なりの応答をなすものにほかならない。[*10]

言い換えれば本書は、いわゆる存在論的転回、あるいはそれをその一部とする現代の「自然の人類学」[*11]（第二章参照）が浮上させた「広義の自然」を、民族誌の真の対象にして可能性の条件として、すなわち本書で言う「民族誌の自然」としてとらえ直すことによって、一九八〇〜九〇年代の人類学／民族誌批判において支配的であった「文化を書く」（writing culture）の問題系を、「自然を書く」（writing nature）の問題系に転回させる。[*12]これによって、「民族誌をいかに書くか、民族誌を書くとはどういうことか」という方法論的かつ様式論的な問いが、新たなかたちで回復されることになる。私の理解では、一連の転回を経て、現代の人類学において求められているのはまさしくそのような動きであり、本書はそうした動きを実践的・遂行的に例示するものにほかならない。

なお、今日の人類学者の中には、そのような「民族誌をいかに書くか」という自己言及的な問い自体を、半ば「終わった」ものとみなす人も少なくないだろう。ましてや、人類学者は「いかに書くべきか」だけを考えていればよい、という極論に同意する人はいないだろう。それでもなお、私の理解では、現代の人類学が、「文化」や「社会」に代えて、近代的な「人間」との相関を超えたある種の外部あるいは他者性としての「自然」を問題にしようとする限り、それは、通常の社会科学や人間科学における文体とは異なる記述の様式を追求せざるをえない。かつてフーコーは、『言葉と物』の末尾近くにおいて、精神分析と並んで文化人類学を、近代的な人間科学の限界を探究する「反=科学」と名指していた[*13]（本書の「おわりに」を参照）。さらにフーコーの言葉を借りるなら、そのような限界を探究する人類学は不可避的に一つの「外の思考」であることを目指すのであり[*14]、そのことは、一連の転回を経た現代の人類学にいっそう強く当てはまる（第二章参照）。そうである限り、そのような「外」を記述する民族誌——言うなれば、手持ちの概念で「思考しうること」と「思考しえないこと」の間を手探りするような民族誌——がどのような形をとるかという様式論的な問題が解消されることはない、と私は考えている。

一九六五年に出版された『マルクスのために』の中で、アルチュセールは、哲学の歴史の中で生み出される新しい概念とは道路標識のようなものだと述べている[*15]。彼が言うところを私なりに敷衍《ふえん》するなら、道路標識の矢印は根本的に両義的な性格を帯びている。すなわちそれは、あくまで「こちら側」、すなわち旧来の思考の世界に立っているのだが、それと同時に、「あちら側」すなわち新たな思考の方を指し示しているのである。哲学の歴史において、新しい概念は、決して純粋に「新しい」ものとしてではなく、そのように古い世界と新しい世界の間で引き裂かれたかたちでのみ姿を現すことができる——それがアルチュセールのメッセージである。一見逆説的なこのメッセージが真理を含んでいることは明らかだろう。学問の世界では、しばしば特定のテーマや研究スタイルが「最新の」ものとして提示され、額面通りに評価されて受け入れられる。しかし、それが本当に「新しい」ものであるなら、ほとんどの人はその「新しさ」をそれと認めることさえできないはずである（多くの人に「最先端」として受け入れられた時点で、それはすでに陳腐化しているのだ）。ある意味では、私は本書を、一見古典的な民族誌と、人類学の現代的状況の中から生まれ出ようとする新しい思考の間で引き裂かれた、新しいのか時代遅れなのか識別不能なテクストとして、まさしくアルチュセールの言う道路標識のようなものとして書きたいと思っている。[*16]

＊＊＊

本書は一面において、私自身がこれまでやり残してきた課題に、遅ればせながら正面から取り組もうとするものになっている。私はこれまで、マライタ島でのフィールドワークの成果を一定数の民族誌として発表してきた。それらのうち、もっともまとまったものは博士論文をもとにした著書であり、[*17]また、本書につながる理論的なアイデアはいくつかの論文で先取り的に提示されてきた。[*18]幸いこれらの著作は一定の評価を得てきたが、しかし私は、自身の仕事がごく限られた専門的読者にしか届いていないことに、これまで強い不満を抱いてきた。第一章でも述べるように、私が人類学を学び始めたのはかなり遅く、二〇〇八年にマライタ島で最初のフィールドワークを始めてからも長らく、私は半ばアマチュアあるいは外部者として人類学に取り組んできた。そのような私が、専門的な読者にしか届かない民族誌的研究に満足できるはずがない。人類学を専門としない多くの人は、私が綴《つづ》るマライタ島についての物語を、現在の自分たちにとって無関係なものとみなして素通りするだろう（言い換えれば、マライタ島についての民族誌を、自分にとって何らかのかたちで意味のあるものとして受け取るためには、読者の側における相当な努力が必要とされるだろう）。しかし、ほとんど誰も読まないような民族誌を書くことに何の意味があるだろうか？　こうした認識を踏まえ、本書では、マライタ島という「不穏な熱帯」についての一見「遠い」物語が、思いもかけず「近い」ものとして読者に届く可能性を探求したい。本書で採用する、フィールドワーク中の日誌を引用する形式は、そのためのささやかな工夫の一つである。また本書が、人類学やオセアニア地域研究を専門としない――あるいは、これから学ぼうとしている――読者を第一に想定していることも、ここで明示しておこう。

次に、本書の概要を紹介しておく。第一部「他者」では、二〇〇八年に始まるマライタ島での私のフィールドワークの過程をたどり、調査地と主な人物を紹介する。そうする中で、私のフィールドワークが、人文知を取り巻く現代的状況の中でいかなる人類学と民族誌を実践すべきか、という模索の過程にほかならなかったことを示したい。第二部「歴史」では、アシの住まう島々が帯びている独特な歴史性をいかにとらえるかという問題に取り組むことを通して、一九八〇年代以降の人類学で顕在化してきた「歴史」の主題について考える。ここでの課題は、アシにとっての「歴史」のあり方を、現在を生きる自分たちに対してアイデンティティの基盤を提供するものとは対極的な、不穏で不定形の謎として描き出すことにある。第三部「自然」では、右で述べたように、現代の人類学において中心的な主題として浮上してきた「自然」について考える。アシの人々は、自分たちは「生きている岩」を積み上げて島を造るのだが、それらの岩は徐々に「死に」、それによって島は「沈んでいく」と語る。自らを取り巻く「自然」とその物質性とのこのように独特な関わりを、「自然／文化」という近代的二分法に対する批判の後でいかに記述することができるか、というのがそこでの問題である。

私はこれまでに、二〇〇八年三～四月、二〇〇八年八月～二〇〇九年一月、二〇〇九年四～十月、二〇一一年六〜十月、二〇一四年二〜三月、二〇一八年三月、二〇一八年八月の七つの期間にわたってソロモン諸島でのフィールドワークを行ってきた。調査期間は、日本との往復や通信のために首都ホニアラやマライタ州都アウキに滞在していた期間も含めると、計約一八か月に及ぶ。調査に際しては、二〇〇八年三〜四月の最初の訪問時は英語、その後二〇〇八年八月〜二〇〇九年一月ではソロモン諸島の共通語であるピジン語を用い、後者の期間には、ピジン語を用いて調査を行いつつ、アシの言語であるラウ語の学習を進めた。二〇〇九年四月以降は一貫してラウ語で調査を行うようになったが、これは、十分なラウ語能力が身についたからというよりは、「ともかくラウ語で調査を行うのだ！」と決めたことによる。

本書ではまた、二〇一一年七〜十月のマライタ島における私のフィールドワーク体験を描出するために、この間私がつけていた日誌を一貫して引用する。これらの日誌はなるべく原形に忠実に引用することを心がけたが、日本にいた家族についての記述などは削除されている。またこの間私は、日々の体験の少なからぬ部分を、日誌とは別につけていたフィールドノートに記録しており、このことはとくに、毎日が予想外の出来事に満ちていた二〇一一年九月に顕著である（言い換えれば、この時期の日誌はごく簡潔なものにとどまっていた）。このため本書では、このフィールドノートの内容も日誌に部分的に組み込んである。本書の全体を通して、〔 〕は引用に際しての補足を表す。なお、本書で用いている地名と人名は原則として仮名である（必要に応じて、巻末の、前著で用いた地名との対照表を参照されたい）。これまでの著作において私は、人名に対する仮名を時にアドホックに用いてきたため、本書中の人名にはこれまでの著作との不整合もあるが、この点についてはご容赦いただきたい。また本書中では、個人の年齢として、基本的に二〇一一年の時点で推定されたものを示している。

それでは、「不穏な熱帯」への旅に出ることとしよう。

第一部
他者

第一章　人類学／民族誌の現在

1　マライタ島へ

朝起きてホームステイ先の家の前に出ると、東の空に巨大な入道雲が立ち昇っている。その向こうから昇ってくる朝日に照らされて、その雲は激しく白色に光り輝いている。

＊＊＊

本書の舞台であるマライタ島は、メラネシアのソロモン諸島の一角を占める島である。同島は北西端から南東端まで約一九〇キロの南北に細長い島で、面積は約四二〇〇平方キロで福井県と同じくらい、二〇〇九年の統計によれば人口は約一三・八万人である。[*1] 島内には、数え方にもよるが一一前後の異なる言語・民族集団が居住しており、本書で取り上げるアシ（海の民）、これまでの文献で「ラウ」と呼ばれてきた民族もその一つである。[*2]

私がはじめてマライタ島を訪れたのは二〇〇八年三月のことだった。私が乗った船は、ガダルカナル島にあるソロモン諸島の首都ホニアラの港を夕方に出発し、数時間かけて、マライタ島で唯一の町アウキに渡った。船の中には、マライタ島に渡る多くの人々が黙って座っており、暗闇の中で人々の眼だけが光っていた。船から見ると、天気が悪いわけでもないのに、夜空には稲妻が音もなくたえず光っている。船は途中、ホニアラとマライタ島の間にある島に立ち寄った。船が近付くと、島の浜辺に無数のオレンジ色の光が灯っているのが見えてくる。やがてそれらは、島の人々が、船の乗客を目当てに出している屋台の灯油ランプの灯りであるとわかった。船が浜辺に着くと、乗客たちは、波打ち際をパシャパシャと歩いて島に上がる。浜辺の屋台では、ココヤシの葉を編んだかごに、イモや魚、ゆでたカニなどを盛り付けた「弁当」——一つ一〇ドル（一二五円）くらい[*3]——が売られており、人々はこぞってそれらを買い求める。食欲のなかった私はスイカ一切れだけを買い、かじって皮を海に捨てると船に戻る。

昼間の船からマライタ島を見ると、海岸近くまで山が迫っており、島の大部分が熱帯林に覆われているのが見て取れる。島の中西岸に位置するアウキの町以外の場所には電力の供給はほぼなく、人々は、主としてサゴヤシの葉を建材とする住居に住み、イモ類の焼畑農耕などに依拠する半ば自給的な生活を営んでいる。

本書の第二部でも述べるように、マライタ島が西洋世界との継続的な接触下に置かれるようになったのは一九世紀後半のことである。[*4] ソロモン諸島は一九世紀末にはイギリスの保護領（protectorate）——事実上の植民地——とされるが、一九七八年に独立を遂げている。マライタ島の人々の間ではかつて、ラウ語で「アガロ」（*agalo*）と総称される祖先霊にブタを捧げるなどの祖先祭祀が行われていたが、西洋世界との接触の後、二〇世紀を通じてキリスト教の浸透が進んだ。[*5] 後述する私の調査地に関する限り、現在ではほとんどすべての個人が教会で洗礼を受けたキリスト教徒になっている。

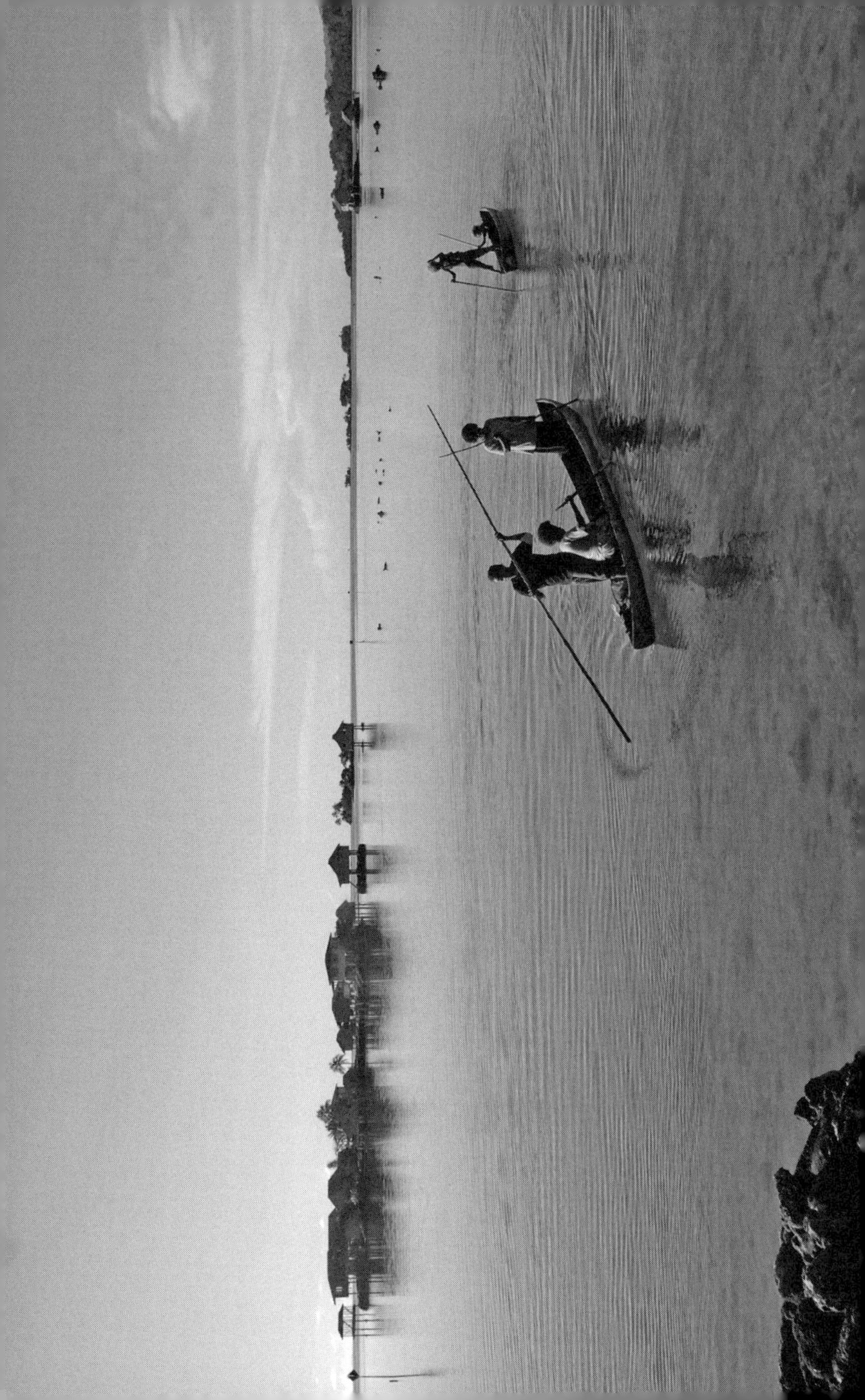

今日のマライタ島民は、自分たちが、キリスト教受容によってそれ以前から明確に切断された「教会の時代」（*kada lotu*）に生きていると認識している。人々は、これに対し、キリスト教受容以前の祖先たちに関わるさまざまな慣習や知識の総体を、英語の「慣習」（custom）に由来する「カストム」（*kastom*）というピジン語表現で呼ぶ。[*6]「カストムの時代（*kada kastom*）／教会の時代」というこのような歴史的・文化的切断の意識は、本書が描き出す二〇一一年の展開にとっても重要な背景となっている。

実を言えば私は、マライタ島を調査対象として「選んだ」のでは決してない。もともと社会学を専攻していた私が、自分自身の学問的な行き詰まりから抜け出すために、人類学をゼロから学んでやり直そうと思ったのは二〇代も終わりの頃だった。何かを多少なりとも考えることができるようになるためには、これまでの私とはまったく異なる生活を営み、これまでの私がまったく知らなかったような人々と出会う必要がある、そうしなければ、私は何一つ考えないままで終わることになるだろう——その頃の私はそう考えていた。[*7]

二〇〇七年夏、はじめて書いた、メラネシアでの経済人類学的なフィールドワークについての研究計画書が、民間財団の研究助成にたまたま採用された（なお二〇〇七年は、次章で述べるように、いわゆる存在論的転回のマニフェストと目されるテクストが刊行された年でもある）。もともと社会学理論や社会思想史を学んでいた私は、第三章で述べるように贈与交換をめぐる議論の長い伝統をもつメラネシア地域で経済人類学的なフィールドワークをすることで、経験的かつ根源的な仕方で「社会」について考えたいと思っていた。しかし、二〇〇七年の時点では、「メラネシアのどこかでフィールドワークをしたい」と思っていただけで、メラネシア人類学についての知識もなければ、具体的な調査地の当てがあるわけでもなかった。偶然にも、私が民間財団からの採択通知を受け取ったのは、「フィールドワークの訓練」と称して一人で伊豆諸島に出かける直前だった。翌朝、夜行フェリーが八丈島に近づいた時、甲板の上に立って一面の明るい海を眺めながら、「私は本当にメラネシアに行くのだろうか……」と自問したことを覚えている。

その後私は、フィールドワークを実現するためには、現地を知っている人たちにアドバイスを仰がなければいけないと考え、日本各地の人類学者たちを訪ね始めた。それと同時に、具体的な調査地を定めるために、二〇〇八年三～四月にはじめてメラネシア諸国――フィジー、ヴァヌアツとソロモン諸島――を訪問することを計画し始めた（パプア・ニューギニアは、広大な上にすでに研究者が多いので敬遠した）。このはじめてのメラネシア旅行の一か月くらい前、ソロモン諸島での豊富な調査経験をもつ人類学者を訪ね、アドバイスを仰いだところ、「自分の知り合いで、首都ホニアラのホテルで働いているマライタ島出身の男性がいる。彼に連絡をとってみればいいだろう」と紹介を受け、この男性のメールアドレスも教えてもらった。もともと調査地の当てはなく、「どこでもいいから、行き着いた場所で住み込み調査をすればいいのだ」と思っていたので、私はともかくこの男性――彼はラウ、あるいは本書で言うアシの出身だった――にメールを送り、「マライタ島の文化について研究したいと思っている」といった意向を伝えた。すると出発の数日前になって、「ぜひ来てください。お待ちしています」といった調子の返事が届いた。ソロモン諸島に着いてみると、本書ではアラドという仮名で登場するこの男性は首都のホテルで私を待っており、さらに準備のよいことに、マライタ島への旅に同伴してくれるオイの青年まで紹介してくれた。その後まもなく、私はこの青年とともに右で述べた船に乗ってマライタ島に渡り、はじめてソロモン諸島に着いたわずか数日後には、その後現在に至る調査地になるフォウバイタ村――字義通りには「大きな岩」(*fou baita*)の意味――に身を置いていた。

2　フォウバイタ村

二〇一一年七月四日（月）　フォウバイタ村への道中は曇りときどき雨

翌日になってからこの日誌を書いている。ホニアラ、アウキを経て、ようやくフォウバイタ村に着いた。アウキからフォウバイタ村への行程は、これまで経験した中でいちばん過酷なものだった。

朝、アウキの町のある店の裏で、フォウバイタ村の知り合いの若者たちがトラックを修繕していた。当初はこのトラックに乗せてもらって村まで行けるはずだったのだが、修理がだんだん滞ってきて、この日のうちには村に行けそうにないということになった。その後、以前にいつもそうしていたように、町中を歩き回ってマライタ島の北道を行くトラックを探し、ようやく一台見つけて運転手と交渉し、フォウバイタ村まで連れて行ってもらえることになる。蚊取り線香や缶詰の食品など、村での日用品をあれこれ買い込んでトラックに積み、荷台に乗り込んでアウキの町を出発したのは十四時半頃だったが、フォウバイタ村に着いたのは二十一時過ぎだった〔以前は四時間ほどで着いていたというのに……〕。これだけ時間がかかったのは、主として道路の整備が滞って状態が悪くなっているためで、フォウバイタ村に近いマライタ島北部になると、路面のところどころがひどくえぐれ、水がたまって泥沼のようになっている。はじめのうち多くの人が乗っていたトラックは、日没後には乗客は僕一人になり、ときどき雨が降る中を、レインコートを着てひどく揺れるトラックの荷台にしがみついていた。

フォウバイタ村に着くと、なぜか外を出歩いていたサデ〔村でのホームステイ先の二軒隣に住む五〇代男性〕が僕に気付き、人を呼びに行ってくれる。しばらくすると〔隣家に住む三〇代男性〕ジャケやその

子どもたちがやってきて、僕の荷物を手分けして運んでくれる。そうして二十一時半頃には、いつものホームステイ先であるジャウおじさんとオロドおばさん、それから二人の孫が住む家に落ち着いた（ただし、ジャウおじさんは「世界青年の日」〔次章で述べるカトリック教会の催し〕の準備の関係でホニアラに滞在しており不在）。ジャケやオロドおばさんとしばらくおしゃべりをして、時間も遅いので水浴びもせずに就寝。

二〇一一年七月五日（火）　終日、晴れの合間に断続的な雨

今回のフォウバイタ村滞在の実質的な一日目。家にいた時間がやや長かったわりには、盛りだくさんの一日だった。当然ながら、基本的に丸一日、村の人たちへの顔見せのために費やす。朝は荷物の整理や洗濯をして、昨夜していなかった水浴びをする。朝、〔ノートパソコンを充電するための〕バッテリーとコンバーターをつなごうとして、誤ってフューズを飛ばしてしまった。到着早々冷や汗をかいたが、代わりのケーブルがあったのは幸いだった……午後市場があったこともあり、今日再会した人たちは数え切れない。僕に会った人たちは、ほとんど例外なく日本の「ツナミ」のことを話題に出す。残念ながら、いちばん親しい人工島居住者たち、すなわちメケとサマニには会えなかった（メケは、自分がリーダーを務めるダンス・グループの男性たちとともにホニアラに行っているとのこと）。僕の言語の聞き取り能力は、わずかながら以前より上がっているような気もした。調査の上でとくに重要だったのは、〔フォウバイタ村の四〇代漁師〕ジョンとの会話だったかもしれない。彼が早朝に網を仕掛けるのに同行させてもらい、午前中に網を引き上げるのを再び見せてもらうといった調査を、多分に具体的に予定できるようになってきた。今日は〔隣家の〕ジャケと会話をし損なったので（彼は家でどうしているのだろうか?）、明日はぜひ話をしに行きたいところだ。「今回は、僕はいつも海に行きた

い（*doori lea 'i asi*）と思っている」といった言い方で、端的に僕の調査計画を伝えるのがいいだろう。

＊＊＊

本書の主な舞台であるフォウバイタ村は、マライタ島の北東部に位置し、サンゴ礁が広がる海に面した集落である。村の沖合には、本書冒頭のテクストでも触れられていたように、これまでの文献で「人工島」と呼ばれてきた島々が一六個点在している。本書では、フォウバイタ村と沖合の島々を合わせて「フォウバイタ地域」と呼ぶこととする。

マライタ島には、先述のように一一前後の言語・民族集団が居住しているが、同島北部では、日常的な自称・他称として、それらの言語・民族集団名よりも、「アシ（海の民）／トロ（Tolo、山の民）」という区別が用いられる。[*8]「アシ」は、マライタ島の海岸部や海上に住み、漁撈《ぎょろう》や市場交易を主な生業とする人々であり、これまでの民族誌的文献で「ラウ」と呼ばれてきた言語・民族集団がこれに当たる。[*9]他方、「トロ」は、同じく「トロ」（*tolo*）と呼ばれる内陸山地部に住み、イモ類の焼畑農耕を主な生業とする人々であり、マライタ島北部では、バエレレア、バエグ、トアバイタといった言語・民族集団がこれに当たる。この地域では、すぐ右の日誌でも触れられているように、「トロ」の人々が持ち寄るイモ類が「アシ」が持ち寄る魚と取引される市場（*uusia*）が現在でも日常的に開かれており、これらの市場は人々にとって重要な社交場となっている[*10]（フィールドワーク中の私も、誰かに会いたいときには、決まって市場に行ってその人を探したものだ）。なお本書では、アシの人々が居住するマライタ島北東岸と海上の島々を合わせて「アシ地域」と呼ぶこととする。

フォウバイタ村は、本書で言う「アシ」の人々が住む集落であり、約三九世帯二六〇人が住む、マライタ島の基準からすれば比較的大規模な集落である。同村は、海に向かってゆるやかな斜面をなす、おおよそ平坦だがところどころに石灰岩（*fou lafu*）が露出する土地の上に位置する。村の東南側には、小さいがつねに清浄で豊富な水流をもつフォウバイタ川が流れており、現在ではこの川の水が、村内に点在する蛇口まで水道で引かれている。また海の近くには、一九九〇年代に日本からの開発援助によって魚の出荷用の製氷機と発電機が設置された「フィッシャリー」（*fisharii*、英語の fisheries から）と通称される建物もあり、この施設はこの地域における漁業活動の中心になっている。

フォウバイタ村には、一九三五年に設置されたカトリック教会があり、もともと教会の付属施設として始まった小中学校や小さな診療所が現在でも続いている。二〇〇八年三月に私がはじめてこの村に滞在したのは、ちょうどイースターの時期であった。イースターの日曜日には、海に面した教会前の広場——そこからは沖合の島々が見える——で受難劇が上演され、マライタ島南部出身の司祭がはりつけにされるキリスト役を務めていた。日本でもキリスト教の行事にほとんど接したことがなかった私は、はじめて訪れたメラネシアの村落で目撃した、現地の人々が演じるこの受難劇に強烈な印象を受けた。

フォウバイタ村をはじめて訪れた時から、私は、日本の研究者に紹介された男性アラドの親族に当たる、元小学校教師の老夫婦——この地域の人々の呼び方にならうならば、ジャウおじさんとオロドおばさん——の家にホームステイさせてもらうことになった。この家は、現在に至るまで私のフィールドワーク時の住まいとなっている。村には電力の供給がないので、調査の内容をノートパソコンで記録するために、首都のホニアラで購入した太陽電池システムを主に用いて充電を行っていた。二〇〇八年三月のはじめての訪問の後、同年九月から本格的な住み込み調査を開始したが、当時のマライタ島では携帯電話はほとんど通じておらず、日本との通信のためには、一～二か月に

一度アウキの町に出かけ、郵便物を受け取ったり電話局のインターネットを使用したりしなければならなかった。その後、二〇一一年にはマライタ島でも通信状況がかなり改善し、携帯電話が急速に普及していた。それにより、たとえばフォウバイタ村から沖合の島に住む相手に電話をかけるといったことがはじめて可能になったのだが、そうした状況は、本書の日誌の中でもたびたび言及されている。

フィールドワークをはじめた当初、私は、フォウバイタ村と沖合の島々の関係について、いくつかの根本的な誤解をしていた。具体的には、フォウバイタ村はずっと昔、たとえば一〇〇年前からある集落である、さらにはまた、フォウバイタ村と沖合の島々は集落として互いに独立・無関係である、といった誤解がそれである。住み込みを始めて間もなく、今後の調査の方針について相談していた私に、ホームステイ先のジャウおじさんは、「島々に住んでいる人たちについても調べたいのか？」と尋ねた。それに対し、「大きな集落なので、フォウバイタ村について調べるだけでも大変そうだ」と思っていた私は、「いいえ、島々のことはしばらく置いておきましょう」といったように答えた。ここには、当時の私の誤解がよく表れている。

そのような誤解から脱し、フォウバイタ村と沖合の島々の歴史的関係に私が気付いたきっかけは、フィールドワークを始めて間もない二〇〇八年十月十五日に、村の沖合にある後述のフォウイアシ島で開かれたミサだった。その日の朝、私は事前にアポイントメントをとってあったある男性を訪ねたのだが、行ってみると彼は不在だった。仕方なく家に帰ると、ジャウおじさんが、「フォウイアシ島出身の男性が〔首都の〕ホニアラで亡くなったので、島でミサをすることになっている。お前も来るか？」と言う（ジャウおじさんもこの島の出身者である）。島を訪問したかったので、私は喜んで同行した。島の上で、フォウバイタ村のカトリック教会の司祭が到着するのを待っているとき、私は思いもかけないことを目にした。私は、フォウイアシ島の居住者――後述のように、当時子どもも含めて三〇人程度――だけでミサを行うのだと思っていたのだが、この時、カヌーやボートがフォウバイタ村と島の間をひっきりなしに往復し、結果的に数十人もの人々が島にやって来たのである。ではなぜ、それほど多くの人がフォウイアシ島のミサに集まったのか？　島の片隅から私と並んで海を眺めながら、フォウバイタ村に住む男性ピーター（四〇代）はこう言った。「われわれは皆もともとはこの島に住んでいたのだけれど、サイクロンの後で陸に移ったんだ」。

この後私が徐々に理解するに至ったところによると、現在フォウバイタ村に住んでいる人々やその父母のほとんどは、かつて沖合の島々に住んでいた。ところが、一九七〇～八〇年代にいくつかの大きなサイクロンが島々を襲い、島の岩積みや住居が壊れるなどの被害が生じた。この時人々は、すでに海岸部にあった教会付属の小学校の校舎などに避難したのだが、その後、その付近に仮住まいを設けるようになり、やがては生活の拠点を島々から「陸」（*hara*）に移すことになった。現在のフォウバイタ村は、このような避難・移住の過程で徐々に形成されたというのである。高齢者たちによれば、それまで現在のフォウバイタ村のあたりは、教会のわずかな敷地を除けば一面の「茂み」（*gano*）と「沼地」（*kumu*）で、沖合の島々に住む人々が、「カカマ」（*kakama*）と呼ばれる湿地性のタロイモを植えていたという。

現在フォウバイタ村に住む人々やその父母のほとんどは、かつては沖合の島々に住んでいた――このことを認識したことで、島々はフィールドワークを行う私の視野にはじめて入ってきた。

3　島々

二〇一一年七月六日（水）　終日曇りで南東からの風が強い

今回僕は、はっきりと天気がよくないときのマライタ島にやってきたようだ。たしかに過去にも、七月には雨が多いと老人たちから聞かされていた。漁撈活動の調査のためには、これはあいにくなことだ。午前中、アルバン神父に会いに行く。五〇歳くらいか、〔以前のフィールドワーク中にフォウバイタ村にいた〕フレッド神父よりもだいぶ年長。話に聞いていた通り巨体で、低くて大きな声がよく通る感じ。ミサを録音したりすることも、まず確実に許してくれそうだ。昼前、ビデオ撮影のテストのつもりで、〔隣家のジャケの次女で、当時一一歳くらいの〕ウーナたちが床下で「お話」（*unuunu*）をする〔民話を語る〕のを撮影してみた。僕は、ウーナが語る「お話」を以前からすてきだと思っていたのだ。夕方にはジャケとも話す。僕が今回「しょっちゅう海に出たい」と思っていることを、はっきり伝えられたのでよかった。今朝僕は、〔フォウイアシ島の〕メケがホニアラに行って留守ならば、サマニに頼んで、早ければ明日からでも一週間ぐらいエリフォウ島に滞在させてもらおうかと考えていたが、残念ながら朝は電話はつながらず。今夜また電話してみるつもりだ。

＊＊＊

大マラ〔マライタ島〕の北岸には、アタア湾の少し南のマヌ岬から、「スー湾」の東にあるワルルと呼ばれる天然の島（natural island）に至る二〇マイル以上にわたって広がるサンゴ礁がある。

このサンゴ礁の中には、人間の手で築かれた、いろいろな大きさの三三の島がある。人為的に建設されていることにより、これらの島々は「人工島」（Artificial Islands）と呼ばれている。[*11]

一九二七年、本書で言うアシ地域に数か月にわたって滞在した英国国教会の宣教師アイヴェンズは、アシの人々が住まう島々を右のように紹介している。これらの「人工島」こそ、これまでの民族誌的文献においても当のマライタ島においても、自他によってアシに特徴的な生活様式とみなされてきたものにほかならない。そして本書においても、これらの島々は、たびたび謎めいた姿でアシの人々と私の前に立ち現れることになる。本書のタイトルに言う「不穏な熱帯」とは、何よりもまず、島々のそのようなあらわれを指すものにほかならない。

二〇〇八年にフィールドワークを始めた当初、これらの島々を前にするたびに抱いていた困惑を、私は今でも覚えている。なるほどたしかに、これはアシの人々に独特の「文化」あるいは生活様式であるように見える。しかし、それについて何を調べ、どのように書けば現代的な人類学の研究になるというのか？　数十年前までの人類学であれば、アシの島々に関わる神話・伝承や儀礼、あるいはそこに住む人々の親族関係などを調査し、「このような文化・社会組織がありますよ」と報告していればよかったのかもしれないが……二〇〇八年当時、人類学を学び始めて間もなかった私も、主として一九八〇年代頃から、後述するような人類学の問い直しが行われてきたことは聞きかじっていた。そして、このような困惑において、フィールドワーク中の私はたしかに、そのような現代人類学の転回と向き合い始めていたと言える。

本書の第三部で詳述するように、アシが住まう島々は、人々が「マイ」（*mai*）と呼ぶサンゴ礁内の浅い海に、海底で採れる「岩」（*fou*）、すなわちサンゴやサンゴ化石の砕片を無数に積み上げて築

いた居住空間である。これまでの民族誌的文献において、このような海上居住の慣習は、一八世紀あるいはそれ以前にさかのぼる歴史をもつものと推定されてきた。[*12] 現地において、そのような居住空間は多様な呼称で呼ばれる。これまでの文献における「人工島」に対応する表現を強いて挙げるなら、「海の村、海にある住み場所」(*fera 'i asi*) や「岩を積み上げて造った住み場所」(*fera 'uilana*) がそれに当たるが、これらの表現が日常的に多用されるわけではない。より日常的には、単に「村、住む場所」(*fera*) と呼ばれたり島の固有名で呼ばれたりすることが多く、また、英語の「島」(island) に由来する「アエラニ」(*aelani*) というピジン語も用いられる。また動詞的には、これらの島に住むことは「海に住む」(*too 'i asi*) と表現され、けっきょくのところ、アシの島々に対する適切な呼称は見出しがたい。このため本書では、単に「島、島々」という中立的な呼称を用いる。私自身がこれまでの著作で便宜的に用いてきた「人工島」という呼称をなぜ回避するかは、本書の第三部で明らかになるだろう。

二〇〇九年九月、私は、隣家のジャケ――彼は本書中の日誌にもたびたび登場する――が運転するボートに乗って、アシの島々が散在するサンゴ礁を三〇キロほどにわたって縦断し、島々を数え上げることを試みた。これによれば、当時、本書で言うアシ地域にはおおよそ九四の島々が存在し、それらのうち、その時点で居住されているものが約七九、無人のものが約一五であった（これらの数が、右の引用でアイヴェンズが述べている三三よりもはるかに多いことに注意されたい。この含意については第三章で述べる）。アシの人々がなぜこのような居住形態をとるようになったのかについては、右で引用した宣教師アイヴェンズらにより、これまでにいくつかの仮説が提示されてきた。[*13] 具体的には、かつてのマライタ島で盛んであった集団間戦闘（本書第二部を参照）における防衛のため、マラリアを媒介する蚊を逃れるため、漁撈や交易活動上の利便性のため、といった説明がそれである。今日のアシ自身、個別の島の建設に関わる動機として、これらの理由を語ることがある。しかし、フィールドワーク中の私の心をつねにとらえていたのは、島々のそうした仮説的な「起源」よりもむしろ、それらが今日まで建設され居住され続けてきたという持続性と、それが帯びている否定しがたい物質性の方であった。島々のそのような歴史をいかに書くか、ということは本書第二部の主題となる。

すでに述べたように、私が調査地とすることになったフォウバイタ村沖には一六の島々が点在しており、右の日誌で言及されているエリフォウ島や、先に言及したミサが行われたフォウイアシ島がそれに含まれる。二〇〇八～一一年の時点で、それらのうち一〇島には人々が居住し、六島は無人となっていた。居住者の合計は、二〇〇八～九年の時点で約三六世帯一九〇人であった。これらの島々は、第四章で言及されるシクワフヌ島——現在は無人の、古く大きな島——を除き、アシ地域の基準からしていずれも小～中規模な島である。島々に住む人々は、男性の多くは活発な漁撈活動に従事していたが、同時に本島のフォウバイタ村周辺にサツマイモなどの自給用の畑をもち、本島と島の間を日常的にカヌーで行き来して生活している。またほとんどの島では、淡水を汲《く》むために、毎日のようにポリタンクやボトルをもって本島に赴く必要がある。

＊＊＊

本書の冒頭で言及された「埠頭」（*waafu*、英語のwharfから）は、フォウバイタ村の中ほどから、サンゴ礁の海に向かってまっすぐに伸びている。この埠頭は、沖合の島々とまったく同じように、海底で掘り出された「岩」を無数に積み上げることで建設されたものである。フォウバイタ地域の人々は、真偽のほどはさておき、この埠頭を「ソロモン諸島国内で最長」と自慢していたが、ある時私がGPS端末を用いて測ったら、その長さは四四〇メートルもあった。

本書冒頭のテクストにあったように、フィールドワーク中の私は、ほとんど毎朝のようにこの長い埠頭の上を散歩し、左右の海に点在する島々の姿を眺めていた。人々によれば、この埠頭は一九六〇年代末、当時フォウバイタ村に駐在していたアイルランド人とアメリカ人の二人の司祭の主導の下で、この地域の人々の「協働」（*rao-ofu-laa*　いっしょに働くこと）によって建設されたものである。フィールドワーク当時の最高齢者の一人であったフォウイアシ島出身の女性（七〇代）は、当時のことを次のように語ってくれた。

〔埠頭が造られた頃、〕私の父さんが島々の間で中心的な人物だった。神父さんが食べ物や着るものを配って、埠頭を造らせたんだ。それぞれの村や島が埠頭の一部分を造った。できた時は本当に立派だったよ。〔完成を祝って、〕神父さんがくれた小麦粉で女の子たちがパンを焼いたものだ。父さんだけが埠頭を仕上げる作業をして、人々はそれを見て笑ったけれど、出来上がった時には神父さんがロー・アバラ（*roo abala*）〔マライタ島で伝統的に用いられる貝貨の中で、通常の二倍の長さがある特別に高価なもの〕を父さんに与えたんだ。（二〇一八年八月）

埠頭の建設当時、フォウバイタ村の集落はまだ形成されていなかったが、建設の狙いは、沖合の島々に住む人々が、教会や学校、診療所のある本島海岸部にアクセスしやすいようにすることであったという。「埠頭ができる前、人々は本当に苦労していた。潮が引いて一面の泥沼が広がっているときには、カヌーに乗ってきた妊婦が診療所になかなかたどりつけず、途中で子どもが生まれてしまうこともあった」――フォウイアシ島の出身で、私をこの地域に紹介してくれたアラドは、あ

る時私にそう語った（二〇一一年八月）。

村から海に向かってまっすぐに伸びたこの長大な埠頭は、フォウバイタ地域の人々の驚くべき協働の産物であり、この地域の人々が、沖合の島々に住みつつ、なおかつカトリック信徒の「コミュニティ」――この語の含意については次章で述べる――としてひとつに結び付いてきた歴史を象徴するような建造物であった。しかし二〇一一年、フォウバイタ地域を再訪した私に対し、人々は、本書の「はじめに」でも述べたように、「あの埠頭はすっかり低くなってしまった。昔はもっとずっと高かったのに」と口々に語ったのである。

4　「文化を書く」――人類学／民族誌批判の展開

すでに述べたように、私は、「人工島」という特徴的な生活様式について調査しようと思ってマライタ島やアシを「選んだ」わけではない。それどころか、同じくすでに述べたように、フォウバイタ地域に住み込みを始めた後になっても、アシの島々が自分の研究対象になりうるとは思えず、「いったい何について調べてどのように書けばよいのだろうか……」とつねに途方に暮れていた。事後的に見れば、これは単に個人的なエピソードではなく、本書で見る人類学の転回の一局面、具体的には、「文化を書く」の論争や「再帰的転回」、あるいはやや大袈裟に人類学における「表象の危機」などと呼ばれる、一九八〇〜九〇年代を中心とする人類学／民族誌批判の動きと深く関わっている。[*14] ある意味では、フィールドワーク中、毎朝埠頭の上を歩き、島々を眺めて困惑することにおいて、私は人類学の現代的変容を私自身の問題として引き受けつつあったのだ。

短く見積もっても過去三〇～四〇年間にわたり、人類学は、エキゾチックな他者あるいは「異文化」の研究という伝統的なあり方から決定的に脱却しようとしてきた[*15]（今日なお、そうした「異文化研究」は、一面で人類学についての一般的なイメージかもしれないが）。そのことはたとえば、二〇〇〇年代に英語圏で出版され、それまでの人類学から切断された「新しい人類学」を提示することを目指したいくつかの論文集に見て取れる。たとえば二〇〇二年、イギリスの人類学者たちは、『エキゾティック・ノー・モア』[*16]と題された論集を出版した。「最前線の人類学」という副題をもつこの本の意図は、「世界の辺境に見られるエキゾチックな異文化の研究」という人類学についてのステレオタイプと手を切り、現代の社会問題に対して実際的な貢献をなしうる新しい人類学――いわゆる公共人類学（public anthropology）――の姿を示すことにあった。そこで扱われているのは、臓器売買、宗教的原理主義、医療、開発援助、難民といった主題であり、結果的に同書は、今日の人類学は、「〇〇族の神話」とか「××島の親族関係」ではなく、それらの「現代的な」テーマを扱っているのだ、というメッセージを伝えるものとなっている。同じように、二〇〇九年にはアメリカで、『フィールドワークはもはやかつてのそれと同じではない』[*17]という、同様に「切断」を強調するタイトルの論文集が出版されている。そこでは、若手の人類学者たちが自身のフィールドワーク体験を振り返り、「今日においてフィールドワークを行い、民族誌を書くとはどういうことか」について反省的に論じている。同書において紹介されているのは、ナイジェリアにおけるＨＩＶ対策に関わる政策と社会運動、アジア通貨危機の前後における韓国のベンチャー資本、アメリカにおける人間の遺伝子の多様性調査プロジェクトに対するインド系移民の反応といった、古典的な人類学からは想像しがたいフィールドワークの現場である。

それでは、過去三〇～四〇年の間に人類学に何が起こったのか。長期のフィールドワークを通して調査地の社会・文化の詳細で全体的な理解を目指すという人類学の研究スタイルは、通説によれば、二〇世紀初頭に私と同じメラネシアで長期調査を行ったマリノフスキによって確立された。[*18] 一九二二年に出版された『西太平洋の遠洋航海者』[*19] において、マリノフスキは、ニューギニア島東端沖のマッシム諸島で行われている、貝殻製の交換財を島から島へと贈与し続ける「クラ」と呼ばれる儀礼的交換のシステムを詳細かつ多角的に描き出した（マリノフスキについては第三章でも再び取り上げる）。それ以後人類学者たちは、主に非西洋地域の、伝統的な生活様式が比較的維持されている――少なくとも、そのように見える――社会、すなわちいわゆる「未開社会」（primitive societies）でのフィールドワークに従事してきた。人類学者たちは、そうしたフィールドワークを通して、一方で個別地域の文化・社会生活を詳細かつ全体論的に理解するとともに、他方で同時に、そうした個別事例の集積から、人類の文化・社会生活の多様性・複雑性や普遍的特質を理解するという課題に取り組んできたと言える。

今日から振り返ると、二〇世紀を通じて行われてきたそのような人類学者の営みは、いくつかの暗黙の想定の上に成り立っていた。第一にそこでは、人類学の研究対象としての「文化」や「社会」が、それぞれが独立した「単位」（unit）をなしていると想定されていた。個別の「文化」や「社会」が、そのようにパズルのピースのような独立した単位をなしているのであれば、マリノフスキが強調したように、その全体を描き出すことを目的として設定することができるし、また、それらの単位どうしを比較することもできることになる。[*20] ここには、「民族／領土／文化」を一体とみなす一九〜二〇世紀のナショナリズム的な想像力が人類学をも支えていたことが読み取れる。[*21] またそのような想定は、次章で問題にする、「単一の自然」を背景として構成された「複数の文化」という近代的な二分法、およびそれに立脚するいわゆる文化相対主義とも表裏一体である。第二に、二〇世紀の多くの人類学者は、非西洋の伝統的な文化や社会生活は、西洋化・植民地化あるいは近代化などと呼ばれる外部からの影響によって失われつつあるのであり、それらを失われる前に記録しなければいけない、という使命感を暗黙のうちに共有していた。[*22] このような姿勢は、後に「サルベージ（救い出し）人類学」と呼ばれることになる。

最後に、二〇世紀の人類学は、「異文化」を知ることを通して自文化・自社会——具体的には、主として欧米の近代社会——のあり方を相対化し、批判的に見ることができるようになる、という想定を共有していた。一九八六年の著書においてマーカスとフィッシャーは、二〇世紀を通して人類学を特徴付けてきたそうした姿勢を「文化批判」(cultural critique) と呼んでいる。[*23] 一例として、アメリカ人類学の確立期に当たる一九二八年に出版されたミードの『サモアの思春期』[*24] は、南太平洋の一地域社会における自由で奔放な若者の性生活を描くことで、同時代のアメリカ社会における「思春期問題」を現代西洋社会に特有のものとして相対化し、ベストセラーになった。ここには、人類学を通じた「文化批判」、さらには、すぐれて二〇世紀的と言うべき「批判的知識人」としての人類学者の姿を典型的に見て取ることができる。

二〇世紀初頭以来の人類学および民族誌の実践を支えてきたこれらの想定は、遅くとも一九八〇年代頃には根本的に疑われるようになり、それにより、それまでの人類学の基本的なあり方自体が疑問視されるようになった。そうした反省的な動きは、すでに述べたように「再帰的人類学」、「文化を書く」の論争、あるいは「ポストモダン／ポストコロニアル人類学」など多様な名前で呼ばれるが、本書ではこれを「人類学／民族誌批判」と呼ぶこととする。

5　問い直される人類学／民族誌

二〇〇八年十一月のある日、フォウバイタ村の市場に行くと、島々の女性たちがもってきたカニ（*ngude*）が市場中にあふれていた。カニは胴体とツメに分けて売られている。胴体の方は、後でココナツ・ミルクなどで煮て調理するために生で売られており、黒い甲羅のままで小山にされている。ツメの方は、スナックとしてその場で食べられるように、胴体から切り離されて赤く茹でられ、同じく小山にされて売られている。小山はいずれも一山一ドル（一二・五円）である。私は、市場の端の丸太の上に座り、村の若者たちといっしょにカニのツメをかじる。近くにいたルシアノ――フォウイアシ島出身の四〇代男性――が私に言う。「今の時期、夜の浜辺に出てみたら、カニが多すぎて浜辺の砂が見えないくらいだぞ」。

＊＊＊

前節で述べたような従来の人類学に対する問い直しの動きは、もちろん一九八〇年代に急に始まったわけではない。たとえば、シュルレアリスム運動に参加した詩人であり、一九三〇年代にフランスのアフリカ横断調査団に加わったレリスは、すでに一九五〇年代に人類学と植民地主義の関係を問題にしていた[*25]。そこで問題にされていた、人類学者による「異文化」の調査・研究それ自体にともなう政治性や権力性の問題は、一九七〇年代前半にアサドらによって取り上げられ[*26]、いわゆるポストコロニアリズムの動きの中で、その後の人類学／民族誌批判における重要な論点となる。人文学におけるポストコロニアリズムは、周知の通り、サイードの一九七八年の著書『オリエンタリズム』[*27]によって決定的な動きとなったが、近代ヨーロッパにおける他者表象が帯びてきた政治性についての彼の問題提起は、人類学にとっても無視しえないものであった。このような動きの中で、「異文化」についての中立的で客観的な報告――それどころか、使命感に満ちた「サルベージ（救い出し）」の試み――というそれまでの人類学の自己規定は、根本的に疑問視されることになる。

さらに、一九八〇年代からは、ウルフの『ヨーロッパと歴史なき人々』[*28]に見られるように、マルクス主義や世界システム論を参照し、従来孤立した不変の「未開社会」として想像されがちであった人類学の研究対象を、グローバルな歴史的かつ政治経済的なつながりの中でとらえ直すアプローチが提唱される。人類学において「ポリティカル・エコノミー」と呼ばれるこのアプローチは、本書第二部で取り上げるいわゆる歴史人類学や、一九九〇年代以降のグローバリゼーション論にも直接つながるものである。[*29]それらにおいて、相互に独立した単位としての「文化」や「社会」という伝統的な想定は根本的に批判されることになる（第三章参照）。

一九八〇年代に先立つ時期は、より理論的な面でも、それまでの人類学に対するさまざまな見直しが行われた時期だった。ここでは、主にアメリカにおけるそのような展開について見ておこう。[*30]たとえばシュナイダーは、二〇世紀前半以来人類学の主要なテーマの一つであった親族関係を取り上げ、他社会における親族関係を分析する人類学の概念的枠組み自体がある種の自文化中心主義に陥っていたことを指摘した。[*31]人類学の分析枠組み自体を問題にするシュナイダーの議論は、その後の再帰的な人類学批判の先鞭《せんべん》をつけるものであった。またそれは、現代アメリカにおいて親族関係の土台とみなされる「生物学的関係」それ自体が一つの文化的構築物であることを示すことで、「自然／文化」の二分法を問題化する後の議論（次章参照）の先駆ともなっていた。さらに、シュナイダーの関心を受け継いだワグナーは、一九七五年に初版が刊行された『文化のインベンション』[*32]において、人類学の研究対象としての「文化」を、所与の客体とみなすのではなく、人類学者と現地の人々の双方向的な創造行為の産物として見直すことを提唱した（同書は本書第六章でも取り上げる）。人類学における「文化」概念を根本的に刷新しようとするワグナーの議論は、一面で、一九八〇年代以降の「文化」概念の構築主義的な見直しにも影響を与えることになる。

これらとほぼ同じ時期、ギアツは解釈人類学と呼ばれるアプローチを提唱し、二〇世紀初頭以来の人類学における実証主義・客観主義からの転換を遂げてみせた。[*33]この転換は時に「解釈的転回」(the interpretive turn)とも呼ばれる。そこにおいて、人類学／民族誌の営みは、客体として存在する「文化」や「社会」について観察し報告することではもはやなく、現地の人々が互いの振る舞いを解釈することによって織り上げている「意味の網の目」をさらに解釈するという「解釈の解釈」として再定義される。ギアツが、「人類学的記述はいかにして可能になっているか」という再帰的な問いを掲げたこと、さらに、「解釈の解釈」としての人類学的知識にある種の構築性を認めたことは、人類学／民族誌をめぐるその後の批判的・再帰的な議論に直接に受け継がれることになる。また、「文化」に関する既存の相対主義の限界を認めつつ、社会生物学その他の、「自然」に依拠する普遍主義を拒絶しようとするギアツの両義的な位置取り――彼の言う「反＝反相対主義」――は、[*34]ずっと後に、「単一の自然／複数の文化」という二〇世紀的な図式を転覆しようとするヴィヴェイロス・デ・カストロ（次章参照）によって、独自の仕方で屈折・展開させられることになる。

このように、遅くとも一九八〇年代には、二〇世紀初頭以来の人類学の実証主義的な前提は根底から疑問視されるに至っていた。そうだとすれば、私は時代遅れの研究をしているのだろうか？すでに述べたように、二〇〇八年にマライタ島でフィールドワークを始めて以降、私に取りついていたのはそのような困惑であった。マリノフスキ以来のフィールドワークと民族誌の様式を反省的に問題化した以上のような動きを踏まえるならば、もはや人類学のかつての「通常営業」に戻ることはできないように見える。それに関連して、二冊の論文集を例に挙げてすでに述べたように、現代の人類学が「エキゾチックな異文化」の研究を回避するようになっていることも無視しえない事実である。日本国内の事例を見ても、近年出版された人類学の教科書や論集には、バイオテクノロジー、医療、情報技術、災害復興といったテーマが、「現代的」なそれとして挙げられていることが多い。一九八〇年代頃からの動きを受けて、人類学の研究対象はたしかに変化してきたのであり、マライタ島のアシとその島々についての研究は、悪くすれば「反動的」として糾弾されかねない。フォウバイタ村の埠頭の上を毎朝歩き、左右の海に点在する島々を眺めながら私が直面していたのは、一つにはそのような問題だった。しかも、次章で述べるように、私がマライタ島で直面した事態は、単に「『エキゾチックな異文化』の研究はもう通用しない」というよりもさらに入り組んでおり、それは、アシの人々自身が「『アシの伝統文化』などというものはもはや存在しない」と断定してみせるような事態だったのである。

6　フォウイアシ島

二〇一一年七月七日（木）　朝から雨、午後に雨はやんで曇り

昨日の夕方、ちょうど僕が彼に電話をかけようと思っていた時に、サマニが、首からバスタオルをかけた――つまり、川かどこかで水浴びをすませてきた――姿でふらりとやってきて、ジャウお

じさん宅の入り口でしばらくおしゃべりをして帰って行った。彼はもちろん、僕がフォウバイタ村に戻ってきたことを聞きつけてやってきたのだ。彼の話では、今続いている雨が来週あたりに終わったら、エリフォウ島に泊まりにくればいいということだった。これはうれしい誘いで、ぜひとも島への滞在が実現してほしいと思っている。

今日は朝から雨で、こうしたことは以前にもよくあったが、家にいて「さあどうしようか」と思っていた。ともかく外に出ようと傘をさして出かけると、ジャケ宅の調理小屋に子どもや大人がたくさんいるようだったので、お邪魔してしばらくおしゃべりをする。ジャケたちはこの時遅い朝食を食べるところだったようで、僕もご飯やゆでたタロイモの葉をごちそうになる。キー老人〔ジャウおじさん宅の二軒隣に住むサデの父で、二〇一〇年、九〇代と推定される高齢で亡くなった。第三章参照〕など、最近フォウバイタ村で亡くなった人たちの話を聞けたのはよかった。

昼過ぎに家にいると、オロドおばさんがウルナバオロの市場に行くというので、他に予定もないのでついて行くことにする。フォウバイタ村の南方の自動車道沿いで開かれる市場で、この市場は僕が以前に滞在していた頃には開かれていなかった新しいもの――正確に言えば、昔の市場が再開されたもの――だ。主に「トロ」の女性たちが、イモや葉物野菜、あるいは自家製のドーナツなどを道路脇に並べて売っている。

それから、市場に行く直前、僕は一人で寄り道をして、〔フォウバイタ村の南方に住む、元フォウイアシ島居住者の五〇代男性〕ディメの家を訪ねた。以前に幾度となくインタヴューに行った家だ。すでにホニアラにいる間に聞いていたことだが、彼は昨年、腰のあたりの異常で手術をして、ホニアラの中央病院に半年も入院していたという。部屋からそろそろと歩み出てきたディメの様子を見て、僕はぎょっとしてしまった。退院当初は車いすを使っていたが、今は自分で歩けるようになったという。

しかし、今の彼は以前とは見違えるほどやせこけて、顔色も異様に悪くなってしまっている。会話を始めてみると、依然としてある種の「頭のキレ」を感じさせるが、以前のような力強さ、押しの強さはすっかりなくなってしまっている。話をしながら僕は、二〇〇八年のクリスマス休暇にディメが、長男ブルーノの結婚式の後で驚くほど盛大なパーティを催したことを思い出していた。あの頃の「重要人物」(*ngwane baita*)としての面影がすっかり過去のものになってしまったように感じて、僕ははっとせずにいられなかった。「まあ、わしはそろそろ行くことになるかな……」と言って彼は力なく笑ってみせたが、正直なところ、彼の今後の健康状態については僕には何とも判断がつかない。元人工島居住者である彼には、今後も話を聞きたいと思っているのだが……

＊＊＊

以上の日誌で何度か言及されているフォウイアシ島——字義通りには「海の岩」(*fou 'i asi*)の意味——は、フォウバイタ村の中心部や埠頭からほど近くに位置する島である。この島と村の埠頭の間はわずか一〇〇メートルほどであり、潮が引いている時には、埠頭から浅瀬の上を歩いて島まで行けるほどである。また、フォウイアシ島を訪ねたい時、私はよく埠頭に立って大声で人を呼んだ。ある時には、私の声を聞いて、親しい友人であるメケの七歳ほどの娘が大きなカヌーをひとりで漕ぎ、埠頭にいる私を迎えに来てくれた。フォウイアシ島には、二〇〇八〜九年の調査時点で六世帯約三〇人が居住していたが、二〇一一年には居住者が大幅に減っていた。他方、人々の証言によれば、過去には一〇世帯六〇人以上が居住していたこともあるという。

すでに述べたように、フォウイアシ島など沖合の島々と本島のフォウバイタ村の歴史的関係に私

が気付くことになったのは、二〇〇八年十月に同島で開かれた追悼ミサがきっかけであった。そのエピソードにも示されている通り、同島からはかつて多くの世帯が本島に移住してフォウバイタ村を形成した。結果として現在では、この村の三九世帯のうち一三世帯にフォウイアシ島の元居住者やその子が含まれる。私のホームステイ先のジャウおじさんもその一人であり、また、私をこの地域に紹介してくれたホニアラ在住のアラドもこの島の出身者である。こうした事情のため、私が沖合の島々の歴史や親族関係を調べる上でも、フォウイアシ島はもっとも中心的な事例になった。右の日誌に登場した、アラドにとっては年上の父系的イトコに当たるディメもこの島の出身であり、次節で述べるように彼は、主として二〇〇八〜九年の間、私にとってフォウイアシ島に関する重要なインフォーマント（情報提供者）になった。

第三章で述べるような歴史的検証によれば、フォウイアシ島は、一九世紀末から二〇世紀初頭に建設された――より正確に言えば、建設が開始された――と推定され、一九二七年の滞在に基づく、先述の宣教師アイヴェンズの著作にもその名が記されている。この島の過去や現在の居住者たちの説明によれば、島を創設したのは、本書でアノメラ氏族と呼ぶ親族集団の成員男性であり、二〇〇八〜九年当時の主な居住者は、創設者から数えてこの島の居住者の第四世代に当たる。なお、アシの個人は、男女いずれも自身の父親と同じ親族集団に帰属し、この帰属に従って土地所有権などを受け取る。この父系出自集団を現地語で「アエ・バラ」（*'ae bara*）――「もとを同じくする人々」といった意味――と呼ぶが、本書では簡潔さのために、既存の民族誌にならってこれを「氏族」と呼ぶこととする。またマライタ島では、婚姻後の男女が、夫の出身地に新居を構える「夫方居住」が行われる場合が多い。さらにアシでは、個人は原則として自身とは異なる氏族の成員と婚姻しなければいけないという「外婚制」が行われているので、結果的にある島には、その島出身の男性たち

と、他のさまざまな地域・島々から来た「妻たち」（afe gi）が住んでいるという傾向が見られる。フォウイアシ島の場合、主な男性居住者たちは、この島の創設者と同じアノメラ氏族と、過去の婚姻によってそれと結び付いたウーボギ氏族の成員であり、右の日誌に登場したディメは当時、後者のウーボギ氏族の中心的な成員であった。

フォウイアシ島は、海で隔てられ、丸木橋で互いに結ばれた三つの部分からなっており、平面図に表すと不規則でいびつなかたちをしている。*35 これは、同島に限らず、アシの島々がつねに間世代的に増築され拡張されてきたことのあらわれにほかならない（第五章では具体的な増築の様子を見る）。フォウイアシ島の場合、はじめに建設された島の中心部は現在三〇メートル×四〇メートル程度の広さであり、小さな二つの部分は、それぞれ一九六〇年代と二〇〇〇年代に増築されたものとされる。このような島の大きさは、アシ地域の基準からして小〜中規模なものに属する。

フォウイアシ島への訪問者は通常、島の中心部にある船着き場（maatakwa）にカヌーを横付けして島に上がる。島の上面は、樹枝状のサンゴの破片や砂が敷き詰められて平坦になっており、一部は芝生のようになっている。島の周囲には、主にサゴヤシの葉を建材とする住居と調理小屋が建ち並んでいる。これらの建物に囲まれた島の中心部は、一五メートル四方ほどの芝生の広場になっており、日常的には子どもたちの遊び場となっているほか、先に見たような親族の集まりやミサの会場としても用いられる（このような島の上の共用の広場は、一般に「ラバタ」（labata）と呼ばれる）。なお、日中のフォウイアシ島は、ほとんどの大人が本島の畑などに出かけてしまうためにひっそりとしており、このことは他の島々でも同様である。

フォウイアシ島の写真を見ると、広場に面した島の南端部分に、その中に住居が四軒ほども収まってしまうような、巨大で暗い樹木の茂みがそびえ立っているのが見える。この茂みは、かつてそ

の中で、「アーライ・ニ・フォア」(aarai ni foa) と呼ばれる祭司によって、祖先霊に対するブタの供犠や死者の埋葬が行われていた「バエ」(bae) と呼ばれる宗教的空間である。二〇世紀を通してキリスト教が浸透した結果、多くの氏族では、一九七〇年代までに最後の祭司が亡くなり、「フォア」(foa) と総称される祖先祭祀が断絶したが、現在でも、バエの空間は一部の島の上に残されている。キリスト教徒となった現在のアシにおいて、先述の「カストム」すなわちかつての祖先祭祀に関わる空間と自分たちが生きるキリスト教的空間は、つねに厳密に区別され分離されていなければならないとされ、バエは「カストム」をもっとも強く、また禍々《まがまが》しく具現する空間とみなされる。人々は島の上のバエに立ち入ってはならないとされており、この禁止に違反した場合、当事者やその親族には病や死などの災厄が訪れるとされる。「昔はバエは小さな茂みに過ぎなかった。人々がバエを恐れて近寄らなくなったために、木が生い茂って、今のような大きな茂みになったのだ」——二〇〇九年九月、フォウイアシ島に住む男性マレフォ（五〇代）は私にそう語った。このような事情から、狭小なフォウイアシ島上の空間において、バエの暗く巨大な茂みは、そこに住む人々に独特な脅威や不気味さを感じさせるものとなっている。そして二〇一一年の私のフィールドワーク中、フォウイアシ島のバエは、まったく思いもかけない不穏な姿で人々の前に現れることになる。

7　ディメ

海に住まうことはよいものだ。陸に暮らしていたらいつも草刈りをしていなければいけないが、島では朝起きてほうきで掃くだけでいい。ゴミは海に捨てればいいいし、トイレも陸のトイレのように汚くなることがない。しかしやっかいなことも多い。二～三日でも島にいるために必要なものをよく考えて働かなくてはいけない。今日は畑に行って食べ物をとってきて、薪を運んだり川の水を汲んできたりする、明日は魚を捕る、といったように。一九六六年に大きなサイクロンが来た時、わしは中学生くらいだったが、兄さんとわしだけが陸に逃げて、父さんと母さんは島に残った。サイクロンが去った後でわしたちは島に戻った。しかし、人が戻らず無人になった島もある。（ディメ、二〇一一年七月）

＊＊＊

先の日誌で言及されていた男性ディメは、かつてフォウイアシ島に住んでいたウーボギ氏族の中心的な――具体的には、長男の系譜に属する――成員で、二〇〇八～九年のフィールドワークにおける私の主要なインフォーマントの一人であった。その彼は、右の日誌にあったように、二〇一一年七月、大病の後で著しく衰えた姿で私の前に現れた。当時、ディメは五〇代で、フォウバイタ村ではなくその少し南方にある小集落に住んでいた。その場所に彼は、マライタ島の基準からすればかなり立派な、通常のサゴヤシ製ではなく木造の住居を構えて住んでおり、フォウイアシ島の歴史や親族関係に関するインタヴューのために、私はこの家を何度となく訪れた。

二〇〇八年にフィールドワークを始めた頃、ディメの自宅にはじめてあいさつに行った時のことを覚えている。それはちょうど、ディメ宅の隣に住む親族の青年の結婚式が行われる夜だった。親族の人々は、来客に供するために何頭ものブタを殺して石蒸し焼きにしており、ディメと対面する私の前にも、大量の豚肉が載せられた皿が置かれた（夜の闇のために、私には自分が食べているものがほとんど見えなかったが)。私が食べられるだけの豚肉を食べ、親族の少女が持ってきてくれたたらいで手を洗い終えた頃、ディメは、「もう夜遅いから帰りなさい。君はこの土地に住み始めたばかりなんだから」と私を促した。フォウバイタ村のホームステイ先の家まで、ある少年が私の前に立って夜道を案内してくれた。少年は、ココヤシの葉に火をつけた松明《たいまつ》(*kwesu*)を掲げて道を照らしていた。松明からは、オレンジ色の火の粉が、バチバチと音を立てて絶えず夜の闇の中に散っていた。

ディメは、青年時代から一九九〇年代まで、マライタ州政府の水産局(Fisheries Division)に勤めており、マライタ島では珍しい現金収入をもっていた(彼の自宅が立派であることは、明らかにこのことと関連している)。水産局職員だった頃、彼は研修のために日本に数か月間滞在したことがあり、このことを私の前でたびたび誇示してみせた。先の日誌で述べられていた通り、二〇〇八年十二月に彼は長男の結婚式を盛大に催したのだが、その席上で彼が自慢げに着ていたのは、日本での研修の際にもらったと見られる、日本の農業機械メーカーのロゴが入った水色の作業服だった。右でも述べたように、彼はフォウイアシ島のウーボギ氏族の長男の系譜に属し、ホニアラに住むアラドなど他の成員たちと比べても、氏族の系譜や移住史について豊富な知識をもっていた。彼が私にとって——とくに、そうした「人類学的データ」を集めなければいけないと思っていた、フィールドワーク初期の私にとって——主要なインフォーマントとなったのは、まさしくそのためである。それだけでなく彼は、競争心が強く攻撃的なその性格により、周囲の人々に尊敬されると同時に恐れられており、その点でも、彼はマライタ島における「重要人物」の類型にまさしく合致していた。[*36] 彼はまた、次章で述べるようにフォウバイタ村の「土地所有者」(*landouna*、英語のlandownerから)であるとされるフォウバイタ氏族の人々ともライバル関係にあった。彼がフォウバイタ村ではなく、南方の少し離れた小集落に住んでいたことは、明らかにそのことと関係していた。

フォウバイタ地域における「重要人物」としてのディメの立場は、一九九〇年代前半に亡くなった彼の父をめぐる一連の出来事と、問題含みな仕方で結び付いていた。ディメの父は、一九九〇年代前半まで、フォウイアシ島に伝わる祖先祭祀の一部を継承していた人物であり、氏族の系譜や移住史についてのディメの豊富な知識は、この父から授けられたものだという。先述のようにフォウバイタ地域では、一九七〇年代までにほとんどの個人が洗礼を受けてキリスト教徒となり、多くの氏族では祖先祭祀が断絶していた。これに対し、ディメの父は例外的に遅くまで祖先祭祀を維持していた例と言える。この父は一九九三年、キリスト教徒となることなく亡くなったのだが、当時のアシ地域において、キリスト教徒でない個人が亡くなるということは、その死者をどのように埋葬するかという困難な問題を伴っていた。遺された親族はすでにキリスト教徒になっている以上、死者を「カストム」のやり方に従って埋葬することはできないが、かといって、キリスト教徒にならないままに亡くなった死者をキリスト教式に埋葬することもできない。どちらの場合でも、そのような境界侵犯は祖先霊の怒りとそれによる災厄を招くことになるとされる。二〇世紀後半のアシ地域においては、そのようなダブル・バインドを回避するために、キリスト教徒でなかった個人に対し、死の床で一方的に洗礼を施してキリスト教式に埋葬するというやり方が一般的であった。しかし、ディメの父の場合、司祭が不在であったなどの理由からそれが行われず、この父は「異教徒」（*'ukiita*、英語の wicked から）のままで亡くなったとされる。

それでは、フォウイアシ島の「最後の祭司」（*aarai ni foa 'isi*）であるディメの父は、どこにどのように埋葬されたのか。このことについての私の聞き取りは奇妙な経過をたどった。フォウバイタ地域におけるキリスト教受容の歴史に興味があった私は、ディメの父の埋葬について多くの人々に尋ねたのだが、これに関わる人々の証言はしばしば食い違った。私の目の前で、二人のインフォーマントが、「ディメの父は〔祖先祭祀のやり方に従い〕フォウイアシ島のバエに埋葬されている」、「いや、そうではなくて、キリスト教式に埋葬され、コンクリート製の墓石もある」と議論を始めたことさえある（二〇〇九年五月。私が繰り返し確認したところでは、フォウイアシ島にディメの父の墓石はない）。同じように、父の埋葬についてのディメ自身の説明も二転三転し、彼はこれについて言葉を濁しているようにも見えた。そのような聞き取りを繰り返す中でディメ自身から語られたのは、自分たち兄弟がこの父を、他地域からカトリック教会の司祭を島に招き、祈禱《きとう》を行ってバエの内部に埋葬する、という折衷的な仕方で埋葬したという予想外の事情であった。「カストム」の領域と「教会」(*lotu*)の領域は峻別《しゅんべつ》されなければならないとされる現在のマライタ島において、そのように折衷的な埋葬は、一般には「あってはならない」(*abu*)[*37]とされ、私が知る限りフォウバイタ地域では他に例がない（人々の証言の混乱も、まさしくこのことに由来していると考えられる）。ディメ自身は、そうした例外的な埋葬の意図を、「教会」の力によって、父が受け継いでいた祖先祭祀の力を「封じる」(*bokosia*)ことにあったと説明した。「〔そうした埋葬を行ったのは、〕父さんの祖先祭祀を、他の者たちが引き継ぐことがないようにするためだ。というのも、正しく行われないならば、そのようなカストムは〔故人の〕親族に問題をもたらすものだから」――二〇〇九年八月、ディメは私にそう語った。

しかし、この埋葬の後の二〇〇〇年代前半、ディメは一〇代の娘二人を相次いで亡くす（彼を見舞ったこの災厄は、現在のフォウバイタ地域でよく知られている）。彼はある時、父の埋葬の際に自分たちが「過ち」(*garo*)を犯したために娘たちは死んだのだ、と私に語った。そうした経験において、ディメは私にとって、キリスト教受容や祖先祭祀の継承と断絶といったフォウイアシ島の歴史とその不穏さを一身に背負った人物であるように思われた。そして二〇一一年、先の日誌にあったように、大病のために著しく衰えた姿で私の前に現れたのは、そのような人物であった。

8　民族誌をめぐる実験――テクスト性の問題

すでに述べた通り、二〇〇八年にマライタ島でのフィールドワークを始めた私は、半ばは自覚的に、半ばはあくまで潜在的なかたちで、遅くとも一九八〇年代には顕著になっていた、既存の人類学／民族誌に対する問い直しの動きと向き合っていた。そのような問い直しにおいて浮上していたのは、二〇世紀初頭以来の人類学が半ば実体化していた「異文化」の観念が相対化されたとき、いかなる人類学／民族誌を実践するか、という問題にほかならない。たしかに、次章で取り上げるいわゆる存在論的転回の唱道者たちが一面でそう述べていたように、人類学／民族誌の実践についてのそうした認識論・表象論的な反省をすでに「終わった」ものとみなす人は少なくないだろう。しかし、本書の「はじめに」でも述べたように、今日、存在論的転回や「広義の自然」の主題化を踏まえて人類学と民族誌を実践する上で、「いかに書くか」をめぐる様式論的な問題は決して解消しえないと私は考えている。[*38] 本章で示そうとしているのは、マライタ島という「不穏な熱帯」でのフィールドワークを通して、私自身がそのような問題とどのように向き合ってきたかということにほかならない。

ここでは、一九八〇～九〇年代を中心とする人類学／民族誌の問い直しの内実を、二冊の代表的な著作に基づいて確認しておきたい。一冊目は、一九八六年に出版され、人類学／民族誌批判の代名詞となったクリフォードとマーカス編の論集『文化を書く』[*39]である。「民族誌の詩学と政治学」という副題の通り、同書において論者たちは、人類学の客体としての「文化」がいかなるテクスト性を通して構築されてきたか[*40]、および、そこにいかなる政治性・権力性が隠されてきたかを問題にしている。なお、そのような議論は、先に述べたギアツの解釈学的・テクスト論的な方法論を一面で受け継ぎつつ、そこになおも残っていた実体的で安定的な「文化」概念を乗り越えようとするものであったと言える。

たとえば、同書の第二章において、植民地文学の研究者であるプラットは、二〇世紀の民族誌が相反する二つのテクスト論的要請に従ってきたことを指摘している。[*41] すなわち一方の、学問的言説としての客観性という要請と、他方の、「たしかに私はフィールドワークをした」ということ——ギアツの言う「あちら側にいたこと」[*42] (being there) ——を語ることによって説得力をもたせるための主観的・個人的な側面への要請がそれである。プラットによれば、この矛盾する要請に対し、二〇世紀の多くの人類学者たちは、ある明確な様式上の戦略によって対処してきた。具体的には、民族誌の導入部でフィールドワーク体験——とくに、その最初期の体験——を物語的に語り、その後、民族誌の本体では客観主義的な文体に移行する、という使い分けがそれである。そのような文体上の使い分けは、マリノフスキ以来の民族誌において典型的に見られるものであり、二〇世紀の人類学において、それは半ば無意識的な土台をなしてきたとプラットは分析する（本書も含め、私自身の民族誌も、一面ではそうしたテクスト論的な制約を逃れていない）。このような分析によって、『文化を書く』の論者らは、人類学の研究対象としての「異文化」が所与の客体では決してなく、根本においてテクスチュアルに構築されるものであることを示してみせた。そうした議論は、それまで明示的に問われることが必ずしもなかった、「文化」がいかに「書かれる」か、という水準を主題化することで、人類学／民族誌の実践それ自体を反省的に問題にするものであった。

二冊目に取り上げたいのは、一九八三年に出版され、現象学や実存主義、さらにはバンヴェニストの人称代名詞論の影響下で独自の人類学／民族誌批判を提示したファビアンの『時間と他者』[*43]である。同書においてファビアンは、従来の民族誌における時制と人称の用法を問題にすることで、これまでの人類学を「異‐時間論」（allochronism）に陥っていたとして批判している。[*44] では、ファビアンの言う「異‐時間論」とは何なのか。彼の議論によれば、人類学的なフィールドワークとは、人類学者と調査地の人々が「私／あなた」の関係に立ち、同じ時間を生きて双方向的なコミュニケーションを行うような、すぐれて間主体的な状況である。これに対し、人類学者が帰国して民族誌を執筆する段になると、民族誌のテクストにおいて、調査地の人々は「あなた」という二人称から「彼ら」という匿名的な三人称に転換されてしまう。[*45] さらに、次に述べる民族誌に特有の時制の使い方によって、調査地の人々は、「われわれ」すなわち人類学者とその読者から切り離されて別の時間の中に追いやられる。そのようにして、フィールドワークにおける同時性は忘却され、調査地の人々が、「われわれ」とは異なる時間——具体的には、数百年も不変の「未開社会」の時間——の中に閉じ込められているかのような印象が生み出されるのである。[*46]

ファビアンが「異‐時間論」と呼んで批判するこうした時間的切り離しを象徴しているのが、「民族誌的現在」（ethnographic present）と呼ばれる時制である。[*47] 彼が指摘するように、マリノフスキ以来の人類学者たちは、ほとんどの場合民族誌を現在形で書いてきた（正確に言えば、右で見たプラットが指摘したように、民族誌の導入部だけを物語的な過去形で書き、それに続く本編は現在形で書いてきた）。フィールドワーク体験の一回性をとどめる過去形に対し、そのような「民族誌的現在」によって、民族誌のテクストには、「彼ら」が永久不変の「異文化」や「未開社会」の中に生きているかのような印象が付与されてきたとファビアンは言う。ファビアンは、時制と人称代名詞のこのような使い分けによって、フィールドワークにおける「私」との間主体的な相互行為から独立して「異文化」があるかのような印象が生み出されてきたことを指摘し、さらには、「他者」や「異文化」のそのような客体化それ自体が帯びている暴力性を批判する。そのように論じることによって、彼は、現代の人類学において従来とは異なる書き方が求められていることを訴えるのである。[48]

既存の人類学／民族誌に対するこれらの批判を受け、一九八〇年前後から、人類学的知識の構築性や、そこから排除しがたい主観性・テクスト性や政治性を明示的に認めるような、再帰的あるいは自己言及的な形式の民族誌が次々に生み出される。ここでは、慣例にならい、それらの民族誌を「実験的民族誌」と呼ぶこととしたい。[49] 以下でも述べるように、この時期の自己批判的で「実験的」な動きを今日どのように評価するかについては議論の余地があるが、いずれにしても、人類学の対象としての「文化」や「社会」――たとえば「マライタ島のアシの文化」――が存在し、それを客観的に記述すればよいという想定がもはや維持しえなくなっていたこと、そしてそれにともない、人類学における記述の様式それ自体の変容が求められていたことは疑いない。その意味で、少なくとも一面において、かつての人類学／民族誌批判の問題提起は、本書でも決して無視することができない。

この時期における実験的民族誌の代表的な例として、モロッコでのフィールドワークに基づき一九八〇年に出版された、クラパンザーノの『精霊と結婚した男』[50] を挙げておきたい。『文化を書く』において、クラパンザーノもその一人である論者たちは、人類学的知識を生み出すフィールドワーク中の間主体的プロセスを隠蔽せず、現地の人々との「対話」(dialogue) を、民族誌の中に明示的に書き込むことを主張していた。[51]「対話」は、一九八〇～九〇年代の人類学／民族誌批判のキーワードの一つであり、一面において、クラパンザーノの著書はそうした方向性を体現するものである。同書において彼は、フィールドワーク中に出会った瓦職人の男性トゥハーミによる、女性の精霊との関係についての語りを、文字通り対話形式で記録している。

『私はおまえと結婚したい』彼女はそう言うでしょう。『だが、そうなったらおまえは手の爪を切ってはならないし、髪も切ってはいけない。そうすれば、おまえの望みはすべてかなえられるのだ。』男が同意すれば、彼は自分の望みのものを手に入れることができます。けれども、それは人の眼には見えません。まわりの者が眼にするのは、爪も髪も伸ばし放題の薄汚い男でしかないのです。男がもし同意しなければ（トゥハーミは最初の説明に辻つまを合わせるように、言い添えた）アイシャは彼をそのままにしておきます。」

「その男はどうしてナイフを地面に突き刺すのですか。」

「彼女が地面の下に住んでいるからです。」

「彼女は男が爪とか髪を切るのをどうして嫌がるのですか。」

「男がそこまで薄汚い格好をする気があるかどうかで、自分に対する相手の気持を確かめることができるからです。」

「その男は——いや彼以外の誰でもいいですが、彼女と寝ることはできるのですか。」

「ええ、彼女と寝ることはできます。ほかの女とまったく同じで、彼女の中で射精することも可能ですし、子供を生ませることだってできます。しかし、そのことをもし誰かに話したりしたら、あなたは死んでしまうでしょう。[*52]」


トゥハーミはこのように、読者には半ば妄想的と見える、自身と女性の精霊との関係を物語るのだが、その語りを記録することで、クラパンザーノは、「もう一つの現実」とでも呼ぶべきトゥハーミの精神世界に自ら入っていこうとするプロセスを描き出している。このような対話形式は、たしかに一面で、社会的に共有された「文化」という対象について客観主義的に報告する代わりに、人類学的知識それ自体の生成過程を明示するものと言える。[*53]

ただし、ここで指摘しておかなければならないのは、以上で述べた、一九八〇年代を中心に盛り上がった人類学／民族誌批判それ自体が、現在ではある種の行き詰まりに陥ったと評価されていることである（その一つのあらわれとして、次章で言及する、いわゆる存在論的転回のマニフェストと目される二〇〇七年の『モノを通して考える』の序論は、一九八〇〜九〇年代の「再帰的」な議論との決別を宣言していた）。ごく大雑把にまとめるならば、かつての自己言及的な人類学／民族誌論は、「テクスト」や「他者表象」をめぐる表象論的で構築主義的な議論への偏向、「立場性」（positionality）をめぐる政治的あるいは道義的な議論への閉塞、「対話」や「主観性」あるいは「私」の語りを取り込めばよい、といった安易なスタイルへの帰着、さらには、テクスト・表象論に還元しがたい実在性——次章で述べる「広義の自然」——への視点の欠如、といった問題点を抱えていたとされる。[*54] そして次章で見るように、その後の人類学は、そうした閉塞から逃れるべくさらなる変容を遂げていくのである。

その意味で、本書における民族誌的実践は、かつての人類学／民族誌批判に対して両義的な関係にある。一方で、この時期の議論が二〇世紀初頭以来の「文化」や「社会」の概念を相対化したことは、私のフィールドワークと民族誌にとっても基本的な前提となっている。端的に言うなら、私は「アシの文化」や「社会組織」についての客観主義的な報告に戻ることはできないし、同じように、そこにあって解釈されるのを待っている「テクストとしての文化」といった概念を採用することもできない。また本書が、私自身がこれまで書いてきた民族誌と比べて自由なスタイルを採用していることや、より広い読者層を想定してある種の物語性を意識的に導入していることも、「実験的民族誌」の動きからの間接的な影響下にある。しかし他方で、本書は民族誌の様式上の「実験」

それ自体を目的とするものではないし、「対話」や「私」の語りを導入することが、次章以下で論じるような現代の人類学にとっての問題の答えになるとは決して思われない。また、急いで付け加えておけば、本書で日誌を引用することのねらいは、フィールドワーク体験についての「告白」や「反省」をすることではなく、特定の日時をもったその不穏な出来事性を再現することにある。

今から振り返れば、仮に私自身が右で述べたような「再帰的」な人類学／民族誌批判の圏内にとどまっていたならば、私にできたことは、一方で「失われつつあるアシの文化」について報告しつつ、他方で同時に「このような他者像は構築されたものに過ぎない」とか、「アシの人々と私の間に権力関係があることを、私は否定することができない」とか但し書きするような、奇妙に倒錯的な民族誌を書くことだけであったろう。たしかに、それは私がやろうとしていたことではない。マライタ島での私自身のフィールドワークは結果的に、「エキゾチックな異文化」の構築性をたしかに認めつつ、次章で見るように、かつての人類学／民族誌批判から決定的なかたちで逸脱することになったのである。

あるいは、当時のフィールドワークを振り返って、今なら次のように問うこともできるだろう。すなわち、熱帯の「エキゾチックな異文化」についての「昔ながらの」人類学は、本当に終わったのか。そうではなくてむしろ、次章で見るようなさらなる変転の中で、「エキゾチックな異文化」とわれわれが生きている近代性を同じように見ることができるような、新たな人類学的視座が生成してきたのではないか。実のところ、本書の「はじめに」で述べた、日本とマライタ島を暴力的に結び付けた「ツナミ」のエピソードは、このことを象徴するものにほかならない。このエピソードが端的に示すように、マライタ島の人々はわれわれと同じ現在を生きているのであって、過去に属しているのではない。だとすれば、そのような同時代性にこそ、私の民族誌的実践は定位されなければならないのではないか。同じように、二〇世紀の人類学を支えてきた「異文化」に関するエキゾティシズムは、実は、他者を「異文化」として客体化して固定化するものでは必ずしもなく、むしろ異質な他者を異質なままに、その非決定的で非同一的な姿において記述するための技法としてもあったのではないか。そうだとすれば、「エキゾチックな異文化」に対するまなざしを過去のものとして放棄する必要はないのではないか——そのように思われるのである。

9　バハイ

ここで場面を、先に言及した二〇〇八年十月のフォウイアシ島での追悼ミサに戻したい。その日、フォウバイタ村のカトリック教会の司祭が着くのを待つ間、島の男性たちは、誰が買ってきたのか、村落部では贅沢品《ぜいたくひん》の缶ビールを飲んで酔っ払っていた。その輪の中に、当時六〇代と思われるやせて小柄な男性がいた。それがバハイである。

本書において、バハイは例外的に「本名」で、正確に言えば、彼の実際の「あだ名」(*bata litalana*)で登場する。彼と出会った当初から、私はバハーイー教にちなんだこのあだ名を奇妙だと思っていた。マライタ島の人々は、中年以上になると太って巨体になる場合が多いのだが、バハイは例外的にやせて細面で、いつもひょうひょうとした雰囲気をたたえていた。私ははじめ、アジア系を思わせるその風貌のためにこのあだ名がついたのかと思っていたが、フォウイアシ島の人々によるとそうではないらしい（実際には、かつてガダルカナル島のカトリック教会で用務員として働いていた頃、寛大な性格のバハイが、ソロモン諸島にも少数いるバハーイー教徒たちを自宅に泊めていたことがあり、他の人々がそれをからかってこのあだ名をつけたのだという)。追悼ミサの日、司祭が着くのが遅れ人々が待ちくたびれた頃、缶ビールで酔っ払ったバハイは島の丸木橋から海に転落したが、笑ったのは子どもたちと私だけだった。

後で知ったことだが、私がフィールドワークを始めた二〇〇八～九年は、バハイが、出身地であるフォウイアシ島に居住していた例外的な時期だった。同じくやがてわかったように、ひょうひょうとした放浪者のような雰囲気――彼は実際に放浪者であった――とは裏腹に、彼はフォウイアシ島創設者の長男の長男の系譜に属する、この島の親族関係において際立って重要な人物であった。通常であれば、そうした立場にある男性は、「重要人物」として島にとどまり、リーダーシップを発揮することを期待される。それに対しバハイは、若くしてフォウイアシ島を離れ、首都ホニアラがあるガダルカナル島の各地でカトリック教会の用務員を務めるなどしながら放浪の人生を歩んできた(彼の妻も、アシ地域では珍しいガダルカナル島出身の女性である)。彼の近親者に当たるフォウイアシ島のマレフォ(五〇代)はある時、これを評して「バハイは自分の生き方に従って生きているのだ」と語った(二〇一一年九月)。バハイはたしかに比較的高齢であったが、フィールドワーク中の私には、そもそもほとんどこの地域に住んでこなかった――しかも、先のディメのような「重要人物」としての威厳を一切もたない――彼が、フォウイアシ島の歴史や系譜についての知識を豊富にもっているとは思えなかった。

フォウイアシ島の歴史について調査を進めるにつれ、私は、バハイのそのような生き方が、おそらく彼の父の生涯と関わっていると考えるようになった。バハイの父は、生前から「九本の貝貨」を意味する特徴的なあだ名で呼ばれていた。フィールドワーク中の私にはつねづね奇妙に思われたことだが、「九本の貝貨」というあだ名は、今日、フォウイアシ島と関わりのある多数の――幼児から高齢者まで、おそらく数十人もの――男性の名前として受け継がれている(名前というものが個人

を区別するために存在すると思っているわれわれからすれば、これは奇妙なことだ）。私のホームステイ先のジャウおじさんは、このことを、「『九本の貝貨』という名前は、フォウイアシ島の人々にとっての守護聖人（patron saint）の名前のようなものだ」と説明した（二〇〇八年十月）。他ならぬバハイもこの名前を受け継いでおり、フォウバイタ地域における彼の「フル・ネーム」は「バハイ・九本の貝貨」であった。

一九四〇年代はじめに亡くなったとされるバハイの父は、この「九本の貝貨」というあだ名をはじめてつけられた人物である。今日のフォウイアシ島の人々は、この名前の由来を次のように説明する。現在でもマライタ島では、女性を妻として迎える際の婚資（bridewealth）――夫方から妻方への支払い――として、「マレフォ」（*malefo*）と総称される貝貨が用いられる。これはビーズ状にした貝殻を数珠のように連ねたものを十本束ねて一束としたものであり、この一束のことを「十本の貝貨」（*taafuli'ae*）と呼ぶ（調査時点では、この一束が六〇〇～一〇〇〇ドル――約七五〇〇～一万二五〇〇円――の現金と交換されていた）。言い伝えによれば、フォウイアシ島創設者の長男に当たるバハイの父方祖父は、「けちな」（*basi bila*）人物であったので、親族の婚姻などに際して貝貨の寄付・供出を求められると、「あいにくうちには九本の〔すなわち、一本欠けた〕貝貨しかないんだ」と言って断っていたという。このバハイの父方祖父の伝説的な吝嗇《りんしょく》にちなんで、バハイの父は「九本の貝貨」というあだ名をつけられたのだという。

それでは、なぜこの「九本の貝貨」という名が「守護聖人」の名のように広まったのか？　このことは、バハイの父の劇的な生涯とおそらく関わっている。バハイの父は、フォウイアシ島創設の少し後の一九〇〇年代に生まれたと推定されるが、一九三〇年代に、フォウバイタ地域にはじめてキリスト教をもたらした人物として語り継がれている。マライタ島では二〇世紀初頭からカトリック教会の宣教団――フランスに拠点を置くマリスト会――による布教活動が行われていたが、マライタ島中西部に拠点を置いた宣教師たちは、船で各地を巡回し、主として若者を信者の候補として集めていた。[*55] バハイの父も、はじめそのようにして宣教拠点に連れて行かれ、同地で洗礼を受けたとされる。フォウバイタ地域に戻った彼は、フォウイアシ島の上に礼拝のための小屋を建て、当時は少数であったアシ地域の信者たちを集めつつ、近隣氏族の長老たちにカトリック教会を受け入れるよう働きかけた。結果的に、長老たちは現在のフォウバイタ村の土地を提供することに同意し、一九三五年にカトリック教会が開設されることになる。

フォウイアシ島の人々によれば、バハイの父が結婚したのもこれと同じ頃である。言い伝えによれば彼は、近隣のマーシオル島に別の男性の妻として嫁入りした女性を、婚礼の場から――正確に言えば、マライタ島では婚礼の後、妻方の親族が夫方で新たな畑を拓く儀礼的な労働をするのだが、その畑仕事の場から――誘拐して自分の妻にするという離れ業をやってのけた。バハイはこの結婚から生まれた子にほかならない（正確には、彼の前に一人男の子が生まれたのだが、その子は出生後まもなく亡くなっており、バハイが事実上の長子である）。ところが、人々が語り継ぐところによれば、バハイの出生前、近隣のクワレウ島（第三～五章参照）に住むある女性がバハイの父に恋をした。彼は既婚者であり、しかもこの女性は彼と同じアノメラ氏族の成員なのだから、そのような恋が許されるわけはない（先述のように、アシの氏族は原則として外婚的である）。バハイの父に拒絶されたこの女性は、彼を恨んで「毒を盛った」（*faadorea*）、すなわち邪術を使って危害を加えた。バハイの父は、当時おそらくまだ三〇代の若さであったが、この「毒」のために次第に衰弱し、「イスに座ったまま死んだ」（*mae la sea*）とされる（*sea* は英語の chair のなまり。なおマライタ島には、近親者の死に様にちなんで子どもが名付けられる慣習があり、この「イスに座ったまま死んだ」という言葉も一部の人々の名前として使われ続けている）。二〇〇九年五月にフォウイアシ島に滞在した時、私が「あなたはお父さんに会ったことがあるのですか？」と尋ねると、バハイは黙って自分の腹をポンポンと叩いた。「父が死んだ時、自分は母のお腹の中にいた」という意味である。バハイの父はフォウイアシ島にキリスト教式に埋葬された最初の個人であり、バハイによればこれは一九四一年のことだという（この父の墓石は現在でも見ることができる）。

すでに述べたように、バハイが若くして島を離れ、放浪の人生を歩んできたこと、そして、「九本の貝貨」というあだ名が多数の親族に受け継がれていることは、彼の父のこのように劇的な生き様と関わっているように私には思われた。長男の長男の系譜に属し、フォウバイタ地域にキリスト教をもたらした「重要人物」であったにもかかわらず若くして「毒殺」された父……そして、二〇〇八～九年の私のフィールドワーク中に珍しくフォウイアシ島に戻っていたバハイは、私が、「ツナミ」の後の二〇一一年にこの地域に戻ると、再び島を離れていた。人々によれば彼は、ホニアラの親族宅に寄宿して、連日ビールを飲んで酔っ払っているのだという。そして、第二部以下で述べる二〇一一年の一連の出来事の中で、人々は、思いもかけない仕方で彼を待ち望み、求めることになる。

＊＊＊

「あの島を見てくれ！」――二〇〇八年十一月のある日、カヌーを漕ぎながら、サマニが自身と兄弟の住むエリフォウ島（第五章参照）の方を指した。この日、彼は私に対し、自分たちの兄弟が経済的に豊かになっておらず、伝統的なサゴヤシ製の住居に住み続けていることを繰り返し嘆いていた。「［エリフォウ島は、一九六〇年代に］父さんが造った時のままだ。いったいい何が間違っていたんだ、と思わずにはいられない」（強調は引用者）。この言葉に表れているように、アシが住まう島々は、ほかならぬこの人々自身に対してたえず問いを投げかける不穏な島々としてある。そして、本書でその日誌を引用している二〇一一年のフィールドワークにおいて、私はまさしくそのような問いのただ中に身を投じることになった。

第二章　浮上する「自然」[*1]

1　「ツナミ」の夜

二〇一一年七月八日（金）　前夜は雨が降ったが、朝から終日晴れ

夜の間に天気が好転し、今回の到着以来はじめて、この土地の本格的な暑さを体験することになった。今日は、わりと一人で過ごす時間が長く、またとくにインタヴューなどのアポイントメントがなかったが、それなりに充実した一日が過ごせた。〔サデの娘婿である二〇代男性〕ブーガにばったり会うと、今夜漁に出る予定だというので、GPS端末を見せたりして、もし彼が実際に漁に出てくれるなら、GPSを使った夜間の潜水漁についての調査をはじめて試せる見込みになった。昼前後にGPSデータをパソコンで処理する仕方をあらためて練習してみて、問題なくできるという見通しも得る。午前や午後、フォウバイタ村のいろいろな人たちとおしゃべり。〔二〇〇八～九年のフィールドワークの際にとくに親しかったフォウィアシ島の四〇代男性〕メケの娘が妊娠・出産し高校を中退し、しかも、相手の男と結婚するかどうかもわからないと聞いて、僕はショックを受ける。なお、到着以来、僕はたしかに言語の聞き取りの耳がよくなっているという実感を得ているし、日常的にダラダラと

村の人たちのおしゃべりにつきあっていても、きっと何かが得られるときがあるはずだと思っている。午後は〔フォウバイタ村の小中学校の〕バスケットボール・コート横の墓地を一人で観察・スケッチして、夕方には写真に撮影した。この墓地については、いつか誰かに頼んで、被埋葬者について説明してもらう必要がある。ブーガはまだ家に帰っていないようだが、彼はほんとうに今夜漁に出てくれるだろうか……

＊＊＊

ここで、本書の「はじめに」で紹介した「ツナミ」をめぐるエピソードに立ち返りたい。そこで述べた通り、私は、東日本大震災から間もない二〇一一年七月にマライタ島に戻った。本書で引用しているのはその時の日誌にほかならない。当時、福島の原発事故は収束からはほど遠く、日本に家族を残し、首都圏の計画停電の際に使っていた懐中電灯を握りしめ、私は混乱した気持ちでマライタ島に向かった。

フォウバイタ地域に戻ってみると、人々は、思いがけないことに、私のことを日本を襲った「ツナミ」からの避難者として迎え入れ、「ツナミのニュースを聞いて、私たちはあなたのことを本当に心配したんだよ」と声をかけてきた。同じく私にとって思いがけなかったのは、震災の日、海を隔てたマライタ島でも津波警報が出され、島々や海岸部に住む人々が慌てて高台に避難したという事実であった。後述する男性イロイの長男に当たるローレンス（二〇代）は、先に引用したように、「あの夜の海はおかしかったよ！　海底がすっかり干上がるくらいの干潮で、しかも干潮がずっと続いた。島の人たちは、ふだんと違う潮の流れを感じたらしい。それで怖くなって逃げてきたという人たちもいたよ」と私に語った（二〇一一年七月）。

「ツナミ」からの避難に関するローレンスの語りを聞きながら、私は、「おや、これと似た話を前にも聞いたような気がするぞ」と感じていた。島々から逃げてきた人たち、小学校の校舎への避難……どこで聞いた話だったか……間もなく私が思い至ったのは、「ツナミ」からの避難についてのこの語りが、村の高齢者たちがそれまでたびたび聞かせてくれていた、ほかならぬフォウバイタ村ができた時のエピソードと驚くほど似ているという事実であった。

フォウバイタ村の形成史については前章ですでに述べた。高齢者たちによれば、四〇年くらい前まで、現在フォウバイタ村に住んでいる人々やその父母たちのほとんどは、沖合の島々に住んでいた。当時、マライタ島本島の海岸部には、教会のわずかな敷地を除けば「茂み」と「沼地」が広がっているだけだったという。ところが、一九七〇年代から八〇年代にかけていくつかの大きなサイクロンがこの地域を襲い、島の上の住居が倒壊したり、島の岩積みが崩落したりといった被害が生じた。これを受けて「海に住むのが怖くなった」（*mou ama toolaa 'i asi*）一部の人々は、島々を離れて海岸部に移り住んだ――これが現在のフォウバイタ村のはじまりだとされる。このような経緯について語る時、高齢者たちは、島の人々が暴風雨を逃れて海岸部に避難し、その際、現在でも使われている小学校の校舎に寝泊まりしたことを一様に証言する。先のローレンスの語りを聞いて私が気付いたのは、人々が島々から避難して小学校校舎で不安な一夜を過ごしたという「ツナミ」の夜の出来事が、三〇〜四〇年の時を隔て、かつてのサイクロンからの避難を反復・再現するものとなっている、ということだったのである。

二〇一一年三月十一日の「ツナミ」からの避難のエピソードは、アシの人々の「海に住まうこと」、具体的には島々や海岸部での暮らしが現在、根本的に不安定になっているということを象徴

するものと私には思われた。「人々は今、海に住むことを恐れている。今の世の中ではいろいろなことが起こりすぎるから。わかるだろう？　地震だのツナミだの」――本書の「はじめに」でも引用したように、二〇一一年七月、ある三〇代の男性は私にそう語った。注目すべきことに、「ツナミ」によってそのように深く揺り動かされる体験において、日本に住む「われわれ」とマライタ島に住むアシの人々は、思いもかけない仕方で相互に結び付けられていた。すでに述べた通り、二〇一一年、私がマライタ島に持参したのは、首都圏の計画停電の際に使っていた懐中電灯だった。そこにおいて、日本における「われわれ」の生活とマライタ島の「彼ら」の生活は、以下で問題にする「(広義の)自然」との関わりにおいて、ともに揺り動かされ、自明性を失っていたのである。「不穏な熱帯」という本書の多義的なタイトル――誰にとって「不穏」なのか――は、二〇一一年のフィールドワークにおけるそのような体験を表すものにほかならない。

ただし、実を言えば、「もう海には住めない」というアシの語りは、私にとって目新しいものではけっしてなかった。それどころか私は、二〇〇八年に最初のフィールドワークを始めた当初から、そのような語りに頻繁に接していたのである。「人工島」という独特な生活様式をもつ人々の下で、そのように特徴的な「文化」やこの人々の「社会組織」について人類学的な調査を行う――そうした素朴な想定に対し、私は調査の開始当初から、「もう海には住めない」とか、「われわれの伝統文化はもう失われてしまった」とか、「われわれもともとはアシではないのだ」といった語りに繰り返し接してきた。そしてそれによって、私のフィールドワークは、アシの「文化」や「社会」についての古典的で実証主義的な研究から、意図せずして遠く隔たることになったのである。

2「故地に帰る」

われわれは、よそ者としてやって来てここに住み着いた。もともとここに住んでいた人々はどこへ行ってしまったのだろうか？　死んでしまったのか？　これが最大の問題だ。もともとは島々もなかった。蚊が来ないこと、漁に出やすいこと、敵を逃れること、こういったよいところを人々が見て、「自分も島を造ろう」と思うようになった。それで島々ができたのだ。今、多くの人は、自分たちがどこから移り住んできたのか、自分たちが誰なのかを知らない。多くの人が、そうしたことについて調査（*riseech*）〔英語の research から〕をしようとしているが、これは難しい。（フォウイアシ島の五〇代男性マレフォ、二〇一一年七月。強調引用者）

＊＊＊

右でも述べたように、アシの「海に住まうこと」の揺らぎは二〇一一年に始まったものではけっしてなく、二〇〇八年にフォウバイタ村に住み始めた当初から、私が一貫して直面してきた事態だった。フィールドワークを始めて間もなく、私は、現在のアシの間で、島々や海岸部を去って、「トロ」（マライタ島の内陸山地部）にあるという「故地」（*'ae fera*）に「帰る」（*'oli*）という構想が広く共有されていることに気付いた。たとえば、前章で紹介したディメは、二〇〇八年九月、フォウバイタ地域を去って、マライタ島北部のファタレカ地域西部にあるとされるウーボギ氏族の「故地」に「帰る」という計画を私に語った。彼によれば、自分たちウーボギ氏族はもともと「ここ」すなわちフォウバイタ地域の人々ではなく、そのためフォウバイタ村の周辺に「自分たちのもの」と言える土地をもたない。そのため、子どもや孫たちが将来もこの地域で畑などを確保できるかどうかには不安がある。そこで近年、関係する親族たちが話し合って、ファタレカ地域にある「故地」に「帰る」ことを決めた。現在この「故地」には自分たちの遠縁の親族が住んでいるが、すでにこの人々とも交渉し、同地に住居や畑を設けることについて同意を得ているという。同様な語りは他の多くの人々からも聞かれ、また、「トロ」の「故地」への訪問やそこに住む親族との右のような交渉は、実際に散発的に行われていた。

フィールドワークを始めた当初、私は、ほとんどの場合自ら居住したことのない「トロ」の土地に「帰る」というこれらの構想を、非常に空想的で奇妙なものと感じた。これに対し、現在のアシの間では、そのような構想はあくまで自然な、当然ともいうべきものとして通用し、共有されているように見える。加えて私は、アシが「海」で営んできた生活について民族誌的な調査をしようとしている時に、当の人々が、あたかも自分たちのこれまでの生活様式を否定するかのように、「もう海には住めない」、「トロに帰ろうと思う」と語る状況に接し、深く困惑し動揺した。そこにおいてはあたかも、「われわれはアシである」という自己同一性（アイデンティティ）それ自体が括弧に入れられ、宙吊りにされているかのようであった。事実、右の引用においてマレフォは、「われわれはよそ者としてやって来た」のであり、「多くの人は自分たちが誰なのかを知らない」と述べていた。そうであるとすれば、私は何をどのように調査し、民族誌に書けばよいのか？　このようにして、私のフィールドワークはその最初期から不穏な相貌を帯びることになった。

「故地に帰る」というこのような動きの背景を探っていくと、以下のような事情が明らかになった。まず、現在「アシ」と呼ばれる人々は、例外なく、祖先たちはもともと「トロ」、すなわちマライタ島内陸部の各地に住んでいたのだが、移住を繰り返す過程で島々を建設し、「海に住まう」ようになったと認識している。このことは、右で引用したマレフォの語りにも示されている。こうした認識の根拠になるのが、「アイ・ニ・マエ」（*ai ni mae*）と総称される一群の移住伝承であり、*2 それらに語られる氏族の祖先のかつての居住地が「故地、もともとの土地」（*'ae fera*）と呼ばれる。

なお、マライタ島の慣習的土地保有制度においては、当該の土地——たとえばフォウバイタ村とその周辺の土地——に最初に定着したとされる人々の父系的子孫が優位の土地権をもつ。そのような先住集団は、「故地」と同じ「アエ・フェラ」という言葉で呼ばれる。フォウバイタ地域の場合、日常的には、後に登場する男性マエリ（四〇代）を中心とするフォウバイタ氏族がそのような先住集団に当たるとみなされている。これに対し、今日「アシ」と呼ばれる人々の大多数は、自他により、長期にわたる島から島への移住を経て現在の場所に定着した人々とみなされており、右のマレフォの言葉にもあるように、自らを、先住集団に対比される「よそから来て居着いた人」（*imola dao ka too*）と認めている。フォウィアシ島の出身で、現在はマライタ州都アウキの町外れに住んでいるマチルダ（五〇代女性）——彼女は主に第三部で登場する——は、このことを、「私たちはみんな、よそ者としてやって来て住んでいるだけなんだよ。あんたと同じようにね！」と表現した（二〇一一年八月、強調引用者）。私は二〇〇八年以来、そのように自らを「よそ者」（*bala*）とみなす人々の下で、しかも、私自身一人の「よそ者」としてフィールドワークを行うことになったのである（「よそ者」を自認する人々の間で一人の「よそ者」としてフィールドワークを行う、という私の体験が、フィールドワークにおいては現地社会に「溶け込む」ことが重要だ、という素朴な通念とどれほど隔たっているかに注意されたい）。

右で述べたような立場の結果として、多くのアシは、ディメの言葉にあったように、現住地やその近隣に「自分たちのもの」と言える土地をもたず、土地権に関して明確に劣位にある。また、自

らを「よそから来て居着いた人」と認めるアシは、ほとんどの場合、優位の土地権を主張して他集団と争うということをしない（このことは、そうした土地権争いがメラネシアの他地域からたびたび報告されてきたことと対照的である）。[*3]「よそから来て居着いた」アシは、伝統的に、その土地の先住集団――たとえばフォウバイタ地域におけるフォウバイタ氏族――との通婚関係などに基づき、海岸部の土地を自給的農耕などに利用してきたとされる。これに対し、現在のマライタ島では、二〇世紀後半以降に進んだ人口の増加と海岸部への密集により、自給的農耕のための土地が足りなくなりつつあるという懸念が広く共有されている。[*4]そのような中、今日のアシは、同じくディメの言葉にあったように、現在のような土地利用が将来にわたって継続できるかについて不安を抱くに至っているのである。

なお、このような不安は決して観念的・空想的なものではない。二〇〇九年七月のある日、私は、元フォウイアシ島居住者の女性に同行して、彼女が夫とともに耕作する畑を訪ねた（後述するように、私はその頃、アシの人々の生業活動についての調査に力を入れていた）。フォウバイタ村の周辺には、同村と沖合の島々に住む人々が耕す小規模な畑――主として、連作に強いサツマイモ（*kairoki*）およびキャッサヴァ（*kai'ai*）の――が一面に密集している。この女性は、そのような一帯に位置する自身の畑の中に立ってあたりを見回すと、あらためて気付いたかのように、「おやまあ、このあたりには茂み（*gano*）がないねえ」とつぶやいた。一見なにげないこのつぶやきは、実のところ、人口が密集した現在のフォウバイタ地域において土地の利用状況が逼迫《ひっぱく》しており、これまで焼畑農耕を支えてきた二次林――現在耕作されていない土地――が事実上消失していることを意味するものにほかならない。[*5]

このような状況の中、現在のフォウバイタ地域では、先住集団とされる先述のフォウバイタ氏族が他の人々の土地利用を制限・排除するようになり、自分たちは現在の土地を追い出されることになるのではないか、という不安が広く共有されるに至っている。そのような不安は、一九九〇年代末から二〇〇〇年代初頭にかけてソロモン諸島で生じた「民族紛争」(Ethnic Tension) によっていっそう強められた。この「民族紛争」では、多数のマライタ島出身者が、移住先のガダルカナル島――ソロモン諸島の首都ホニアラがある島――から武装勢力によって暴力的に排除・追放されるという事態が生じた。このような紛争と避難・移住の体験は、「自分たちの土地」ではない土地に生活することの不安定性を、マライタ島の人々に強く印象付けたと考えられる。[*6] このことは、右で述べたように自らを「よそから来て居着いた人」と規定し、自らの土地権の弱さを認めるアシに関して、とくに強く当てはまる。

海上の島々であれマライタ島本島の海岸部であれ、自分たちは、現在の居住地を離れ、「トロ」の各地にあるそれぞれの氏族の「故地」に「帰る」べきだ、という意識の背景にあるのは、以上のような事情である。「人は空から降ってきたり海から出てきたりはしない。だから、人には必ず帰ることのできる土地というものがあるのだ」――二〇〇九年六月、元フォウイアシ島居住者の男性アクワイ（五〇代）が語ったように、今日のアシは、伝承に語られる移住経路を逆向きにたどり、「トロ」にある「故地」を、自分たちの「本来の住み場所」として特定しようとしている。注目すべきことに、そのように不安定な動きの中で、アシの人々の伝統的な住まいであったはずの島々は、明確に否定的・消極的な評価を受けるようになっている。事実、今日のアシ地域において、「島には畑を作ることもできない。だから自分たちは故地に帰ろうと思う」といった言葉を聞くことは珍しくない。島々に対する意味付けがこのように否定的になっていることは、フィールドワークを始めた当初の私にとってきわめて意外であり、そこでは、私の調査対象であったはずの「アシ」というアイデンティティ自体が宙吊りにされているように思われた。さらに二〇一一年、日本で起きた

「ツナミ」の後でマライタ島に戻った私に対し、人々は「もう海には住めない」と口々に語った。そこにおいて、アシの「海に住まうこと」はいっそう深く揺り動かされているように見えた。

そうであるとすれば、本書でその日誌を引用している二〇一一年において、私は、「民族誌を書くこと」をめぐる二重の困難に直面していたと言える。第一に、前章で述べた通り、主に一九八〇年代以降の人類学においては、「異文化」を客体化して描くこと自体の正当性が疑問視されており、「アシの伝統文化」という対象を素朴に記述する「通常営業」には、私はけっして戻ることができなかった。第二に、そればかりか、私がマライタ島で直面したのは、アシの人々自身が、「われわれはもう海には住めない」と語り、自らの生活様式や集団的アイデンティティを疑問視しているような不穏な状況であった。では、私はどうすればよいのか？　私は何についてどのようなフィールドワークを行い、どのような民族誌を書けばよいのか？　このような問いにおいて、フィールドワーク中の私は、先に述べた「文化を書く」の問題系を引き受け、なおかつ結果的に、それを乗り越えるような人類学／民族誌の可能性を探ることになったのである。

3　存在論的転回――「単一の自然／複数の文化」の問題

二〇一一年七月九日（土）　終日晴れ

まだ時刻は早いが、バッテリーが切れかかっているのでさっさと書いてしまう。いろいろと新しい調査法を試せて充実した一日だった。今日は一日休みにしようかとも思っていたが、結果的にそれは取り消しに。昨夜、ブーガが言葉通り漁に出てくれたおかげで、漁師の出漁と移動のルートをはじめてGPSで記録することができた。僕は夕食後、ブーガが約束通りGPS端末を取りに来てくれるだろうかと、やや不安に思いながら彼を待っていたのだが。ブーガの出漁についてはフィールドノートを参照。僕は勤勉にも早朝三時に目覚ましをかけ、サデ宅の周辺を見回りながら待っていたのだが、漁から戻ったブーガが姿を現したのは七時頃と非常に遅かった。GPSはまったく問題なく動いてくれた。出漁中の彼の移動の軌跡は予想とまったく違っていたが、GPSのデータから、これまで知らなかったいろいろなことが、文字通り「見えてくる」のは非常におもしろく、この調査は今後も積み重ねたいところだ。睡眠時間が短かったので、朝涼しいうちにしばらく部屋で横になる。フィールドノートの記入にかなりの時間をかけ、その後市場へ。市場では〔フォウバイタ村近隣の「トロ」に住む〕エディやサレイと再会。

＊＊＊

先に述べたように、人類学についてごくわずかな知識しかもたないままで二〇〇八年にフィールドワークを始めた私は、二〇〇九年十月に帰国して後、遅ればせながら現代の人類学における理論的動きについて学び始めた。たとえば、帰国の翌週に始まった大学のセミナーでは、一九八〇年代以降のメラネシア人類学を方向づけ、以下で述べるいわゆる存在論的転回にも多大な影響を与えたとされるストラザーンの大著『贈与のジェンダー』[*7]を講読した。また、二〇一〇年に別の大学のセミナーで読んだ、ヴィヴェイロス・デ・カストロのアラウェテ民族誌は、伝統的な人類学における自己／他者の弁証法、および「つねに自己と同一にとどまろうとする未開社会」のイメージを転覆しようとするその試みにおいて、その後の私の民族誌を決定的に方向付けた[*8]。こうした勉強を進める中で、私は、自分自身のフィールドワーク体験と同時代の理論的な動きを拙い仕方で突き合わせたり、理論と対話する中でその後の──具体的には、二〇一一年以降の──フィールドワークを方向修正したりするようになった。とくに、この時期の私が言うなれば現在進行形で出会うことになったのが、当時「存在論的転回」という名前で知られつつあった動きであった。

すでに広く紹介されているように、二〇〇〇年代以降の人類学においては、本書の「はじめに」で言及したような同時代の思想・哲学とも共鳴しつつ、「存在論」（ontology）を主題化する動きが顕著になった。[*9] 中でも、ヴィヴェイロス・デ・カストロ、ホルブラードらは、人類学における理論的・方法論的な動きとしての「存在論的転回」を意識的に主導してきた。これらの論者に共通するのは、「人々は世界をいかに認識・表象しているか」という認識論的な問題設定に偏った従来の人類学と、それを支えていた「単一の自然／複数の文化」という近代的な二分法を批判し、調査対象の人々における「存在論」、すなわち世界に何が存在するかについての想定を「真剣に受け取る」（take seriously）という姿勢である。そこではまた、そのような民族誌的取り組みを通じて、人類学者の手持ちの概念を根本的に変容させることが目指されていた。

いわゆる存在論的転回の端緒としては、一般に、一九九八年にヴィヴェイロス・デ・カストロがケンブリッジ大学で行った一連の講義、[*10] および同年に英語版が発表された彼の論文「宇宙論的直示とアメリカ大陸先住民のパースペクティヴィズム」[*11]（以下、パースペクティヴィズム論文と略）が挙げられる。その後二〇〇七年には、この講義を聴講していた若手人類学者たちが中心となり、存在論的転回のマニフェストと目される、論集『モノを通して考える』への序論が発表される[*12]（マライタ島から帰国した直後、大学の図書館の地下の書庫で同書を偶然に手に取ったことを今でも覚えている）。そこでは、一九八〇～九〇年代に隆盛した「再帰的」な人類学／民族誌批判（前章参照）が認識論・表象論に偏向した議論として批判され、「認識論的苦悩から存在論的転回へ」という旗印の下、それを決定的に乗り越えることが訴えられていた。[13] いわゆる存在論的転回の主張をめぐっては、その後激しい賛否両論が引き起こされるが、[14] 二〇一七年には、転回の主導者らによる総括的な著作『存在論的転回』[15] が出版され、今日では議論は一巡したかのような印象がある。

それでは、二〇〇九年にマライタ島から帰国して以降、私が触れるようになったいわゆる存在論的転回とはどのような動きであり、またそれは、本書で述べられているような私自身の民族誌的取り組みにとってどのような意義をもってきたか。このことはとくに、後述のように私のフィールドワークの過程で徐々に浮上してきた「広義の自然」という主題に関わっている。「はじめに」でも述べたように、東日本大震災や原発事故の経験と日本における存在論的転回の受容がほぼ同時期に起こったことは、私にとって無視しえない意味をもってきた。なお、本書はいわゆる存在論的転回の「立場」――そのようなものが仮にあるとして――に立つものではけっしてないが、他方で、この「転回」を通して浮上してきた、「自然／文化」の二分法以後の「自然の人類学」[16] と呼ぶべき問題系は、以下で述べるように私自身の取り組みにおいて無視しえないものであり続けてきた。

そもそも存在論的転回において、「自然／文化」という近代的二分法への批判と、人類学における認識論から存在論への移行という二つの中心的な課題は、どのように結び付いていたのか。この「転回」の主導者らによれば、近代的な人類学が確立された一九世紀末から二〇世紀初頭、デュルケムやボアズは、新カント主義からの深い影響の下、「人々が世界を認識する仕方は社会的・文化的諸条件によって規定されている」というすぐれて相対主義的かつ相関主義的な認識論を打ち立てた。[17] そこでは、世界それ自体は単一で普遍的だが、それを認識する社会的・文化的な仕方は多様であり（＝「単一の自然／複数の文化」という二分法、あるいは文化相対主義）、この多様な仕方を研究すること

（＝認識論）が人類学の務めであるというように、その後の人類学における二つの基本的前提が不可分に結び付いていた。[*18]「転回」の主導者らの見るところ、そうした知的体制は今日に至るまで引き継がれてきた。[*19]

ヴィヴェイロス・デ・カストロらが転覆しようとしたのはまさしく、二〇世紀初頭以来人類学の基底をなしてきたそのような知的体制である。一九九八年の講義において彼は、デカルト、カント以来の近代的二元論や存在論の認識論への解消に言及し、それらを体現する学問としての人類学を存在論へと再転換させることを主張していた。[*20]そのように、近代的な認識主体としての「人間」との相関から脱却することを志向する点において、ヴィヴェイロス・デ・カストロらが掲げる「転回」は、明確に人間〈以後〉の思想としての性格を帯びていた。彼の議論を敷衍するならば、「単一の自然／複数の文化」という二分法と認識論への自己限定のために、人類学はこれまで、自らの根本的主題としての差異あるいは他者性について考えそこなってきた。「人々は単一の自然に対してさまざまな文化的見方をとっている」という図式に従うならば、人類学者がその調査・研究において見出す他者性は、必ず「文化的なものの見方」の領域に属することになり、認識論的・文化相対主義的に飼い馴らされたかたちでしか思考されえなくなる。ヴィヴェイロス・デ・カストロらによれば、一九八〇〜九〇年代の人類学／民族誌批判も、そのような認識論と「文化」概念の枠内で展開されていたものに過ぎない。これに対して彼が提唱するのは、差異や他者性を存在論あるいは「現実」それ自体の次元で根底的にとらえ直すような人類学にほかならない。ここにおいて、人類学と民族誌についての「再帰的」な議論が主題化した他者性の問題（前章参照）は、本章で後に紹介するヴィヴェイロス・デ・カストロの「パースペクティヴィズム」論が論じるように、「自然」や「現実」それ自体の多数性（multiplicity）というまったく異なる次元へと転置されている。

二〇一四年の講演においてヴィヴェイロス・デ・カストロは、いわゆる存在論的転回に三つの同時代的背景を指摘している。[*21] 第一に挙げられるのは、人類学におけるいわゆる「表象の危機」、すなわち先述した一九八〇～九〇年代の人類学／民族誌批判である。『モノを通して考える』の序論において「認識論的苦悩」[*22]と名指されているように、従来半ば不問に付されていた人類学的知識の構築性や政治性を主題化したこの動きは、一面で、もともと認識論的であった二〇世紀の人類学をいっそう強く認識論の枠に閉じ込めるものであった。二〇一七年に出版された『存在論的転回』において、著者の一人であるピーダーセンは、自身が学生時代に接した人類学の状況、具体的には、「民族誌的テクストは著者自身について述べているだけであり、人類学者としてのわれわれの役割は、エキゾチックな〈他者〉についてのそうしたヘゲモニー的な表象をすべて暴露することだ」[*23]とさえ言わんばかりの風潮を苦々しく振り返っている。事後的に見れば、いわゆる存在論的転回は、そのような自己言及の閉塞状況に不満を抱いた若手研究者らによって主導されたのであり、一面において、それは「文化を書く」の論争からの切断を企図するものであった。また、本書の第二部・第三部にも登場するワグナーやストラザーンは、一九八〇～九〇年代にもそうした「再帰的」な論争から一定の距離を取り、人類学の可能性を新たな仕方で基礎付けるような一連の著作を発表していた。これらの論者は、ヴィヴェイロス・デ・カストロらと並び、その後存在論的転回の理論的・方法論的な着想源となる。[*24]

第二の背景として挙げられるのは、人類学の近傍における科学技術社会論（STS）の発展である。科学技術社会論は、科学的知識それ自体に内在する実践性・不確実性や複数性を明らかにすることを通して、近代人類学における文化相対主義を暗に支えてきた、「自然科学によって解明される、客観的・普遍的な唯一の自然」という観念を解体してきた。とくに、本書の第三部でも登場するラトゥールは、科学の現場を対象とした民族誌的研究から出発し、彼が「近代憲法」と呼ぶ「自然／社会」の二分法を問題化することで、いわゆる存在論的転回に多大な影響を及ぼしてきた。[*25]

ヴィヴェイロス・デ・カストロが最後に挙げるのは、本書の「はじめに」でも触れた、グローバルな環境危機という同時代的背景である。地球環境が人間活動によって全面的に攪乱《かくらん》され、しばしば「人新世」と呼ばれる現代の状況——これについては第六章で再び取り上げる——は、「人間による現実の社会的・文化的構築」をもっぱら問題にしてきたこれまでの人類学が、そのような状況と向き合う上で適切な概念的道具立てを備えていないことを露呈させてきた。同じ理由から、以下でも述べるように、今日の人類学は、「他者表象の政治学」をもっぱら問題にするような「文化を書く」の議論の圏内にとどまることもできない。存在論的転回と部分的に重なり合うマルチスピーシーズ民族誌の展開（第五章参照）などに見られるように、今日の人類学は、「自然／文化」という近代的二分法を超えて、人間とそれ以外のさまざまな存在者の関係性を論じる方法論を探究しているのであり、同時代の「ポストヒューマニズム」とも交差するそうした展開は、とくに本書第三部の背景となる。事後的に見れば、二〇一一年およびそれ以降のフィールドワークを通して私が向き合うことになったのは、まさしくそのような「転回」以後の理論的状況であった。

4　「世界青年の日」

「聖体の祝日」（Corpus Christi）を迎えた二〇〇九年六月十四日、フォウバイタ地域では、周辺のカトリック集落から出発してフォウバイタ村の教会へと至る大規模な行進が行われようとしていた。

人々は何週間も前から、この行進が「見栄えのよい」（*ada diana*）ものになるように準備に心を砕いていた。この日のために、人々は苦労して揃いの白いTシャツと、女性たちの場合手製の青いスカートを準備し、当日には、異なる集落からの行列がうまく合流するよう、連絡係の少年たちが村々の間を走り回っていた。やがて、揃いの衣装を身に着け、百数十人の規模に膨れ上がった行列が教会の前に姿を現したとき、人々はその盛大で整った眺めに歓喜の声を上げ、大きな興奮をもってこれを迎え入れた。そのように大人数が一体となった「見栄えのよい」行列は、以下で述べるように「ごちゃ混ぜ」（*dodola*）と形容されるこの地域の日常生活において決して所与のものではなく、かつ、つねに失敗の可能性を含んだ偶有的なものである（たとえば、もし揃いの衣装が準備できなかったら、あるいは隣村の行列がうまく合流できなかったらどうなるか……）。そうであるがゆえに、首尾よく実現した場合には、それは感覚的な喜びとともに、「自分たちがこのように一つ（*tee doo*）になれるとは！」という驚きの感覚を人々にもたらす。そのように、現在のアシ地域において教会関連の行事は、人々が、「われわれ」がどのようでありうるかをその都度試みる機会となっている——フィールドワーク中の私はつねづねそのように感じていた。

＊＊＊

二〇一一年七月にマライタ島を再訪した私を待っていたものは、先に述べた「ツナミ」をめぐる語りだけではなかった。七月四日の日誌ですでに触れられていた通り、フォウバイタ村ではこの年の九月末から、「世界青年の日」（World Youth Day）と通称されるカトリック信者の大集会——正式には、「世界青年の日」祝賀週間（World Youth Day Celebration Week）——が予定されていた。私が村に着く

THE FEAST OF CORPUS CHRISTI
THE YEAR OF THE PRIEST.
FOR THE CONVE SOULS

と、人々はこの催しの話題で持ちきりであり、私はこれに参加するためにビザを延長することにした（この手続きのために、私は八月はじめに首都ホニアラに帰ることになる）。これは具体的には、この年にスペインで開かれたカトリック教会の「世界青年の日」に対応する催しをマライタ島内で開こうというものであり、若者によるスポーツ大会や出し物、祈りの集まりを連日催すことで、カトリック信者の親睦を深める――もっと有体《ありてい》に言えば、中学・高校からの中退率や失業率の高いマライタ島の若者たちを非行から遠ざける――ことがねらいであった。

催しの間には、フォウバイタ地域の人口をはるかに上回る一〇〇〇人以上の人々が集まると予想されており、人々はこのことを考えて浮足立っていた。フォウバイタ村を再訪した私は、人々が、客人が滞在する小屋や催しのための舞台を建設したり、会食の際に食べるサツマイモを植えたり、同じく会食用のブタの買い付けのための下見をしたりといった光景を日常的に目にすることになった。また、この催しに際しては、ふだんは州都アウキの教会にいるアメリカ人の司教（Bishop）も来訪することが予定されていた。一部の人々は私に対し、フォウバイタ地域が誇るあの長大な埠頭を飾り付け、海路で到着する司教に花道として歩いてもらおう、といった構想を興奮気味に語った。

人々と会話する中で明らかになったように、この「世界青年の日」の集会は、フォウバイタ地域の人々の、カトリック信者としての一体性を確認し、また誇示するための機会として認識されていた。そのことは、この催しに関わる会話にしばしば登場した「コミュニティ」（*komiuniti*、英語の community から）というピジン語表現によく示されている。現在のマライタ島において、「コミュニティ」というピジン語は、社会科学において通常想定されるような「村落共同体」や「伝統的共同体」ではけっしてなく、「二〇世紀を通じたキリスト教受容の過程で形成された、教会を中心とする、それまでとは異なる大規模集落」の意味で用いられる。[*26] その意味で、一九七〇～八〇年代の移住によって新たに形成されたフォウバイタ村は典型的な「コミュニティ」である。かつてのマライタ島では、多くの人々が、内陸の山地部に一〜三世帯程度の小規模な「村」(*fera*)を形成して居住していたが、キリスト教受容の過程で海岸部への移住が進み、フォウバイタ村のように教会を中心とする大規模な集落が形成された。アシ地域の場合、そうした新集落の形成は、内陸部からではなく沖合の島々からの移住によって行われた。そのような新しい「コミュニティ」は、それを構成する社会関係の質においても、かつての小集落とは明確に異質であるとされる。小規模な島や内陸部の小集落においては、各世帯の中心である男性たちは、通常相互に男系的な親族関係——具体的には父と息子、実の兄弟など——にあり、そこに見られる親族関係は比較的単純で均質であった。それに対し、多くの島々からの移住者によって構成されたフォウバイタ村の人々どうしの親族関係はきわめて多様で複雑であり、人々はこれを、同村では「〔出自などが〕異なる人々がごちゃ混ぜに住んでいる」という言葉で表現する。

そうした語りに見られるように、この地域の人々は、フォウバイタ村が「新しい」(*faalu*)居住形態であり、そのような居住形態が自分たちにとって自明ではないことを明確に認識している。そこにおいては、右で言われるように互いに比較的疎遠な多数の人々が、教会を中心とするキリスト教徒としての紐帯《ちゅうたい》によって、いくぶん危うく結び付いていると認識されている。右で言う「ごちゃ混ぜ」が意味するのはそのことにほかならない。ある意味では、アシの人々にとって、そのように新しく異質な「コミュニティ」に自分たちが住み続けられるかどうかということは、一つの試みをなしているのであり、右で見た「聖体の祝日」の行列や「世界青年の日」のような教会関連の催しは、「コミュニティ」としての自分たちの一体性を試す機会にほかならなかった。[*27]

しかし、二〇一一年の「世界青年の日」を前にして、フォウバイタ地域の「コミュニティ」はきわめて不確かな状態にあった（少なくとも、私にはそのように思われた）。事実、この時期のフォウバイタ地域には、「コミュニティ」の機能不全を証拠立てるかのような事象がいくつも認められた。たとえば、もともと教会付属の施設として始まったフォウバイタ村の診療所は、オーストラリア政府からの資金援助を受けて改築されかけていたが、資金流用などの疑惑によって改築が途中で放棄されていた。また、フォウバイタ村の教会堂は、私が二〇〇八年に住み込みを始める少し前に新築され、巨大なトタン屋根の下に一〇〇〇人ほどもの人を収容できる大規模な教会であり、この地域の人々の誇りであった。それはもちろん、先の埠頭とまさしく同様に、「コミュニティ」の人々による多大な共同労働によって実現した建築物である。しかし奇妙なことに、私のフィールドワーク中、この教会堂は、司祭による祝別（*faa-abua*）を受けていない「未完成」の状態にとどまっていた（二〇一八年に私がフィールドワークを行った時点でも同様であった）。人々によれば、この教会堂は、床の工事が一部終わっていない、信徒が座るベンチがそろっていないなど、いくつもの点で未完成の状態にあった。教会堂の状態について尋ねる私に対し、人々は、「そろそろ祝別されてもよいところだが……」と言葉を濁した。

同じことは、すでに何度か言及したフォウバイタ村の埠頭についても言える。すでに述べた通り、この埠頭は一九六〇年代末に村の教会の司祭の下で建設されたものであり、島々とフォウバイタ村に住む人々のカトリック的「コミュニティ」としての一体性を象徴するものにほかならなかった。しかし二〇一一年当時、この埠頭は修繕されないままで放置されており、岩積みは多くのところで崩れかけていたし、埠頭の中ほどにあった小さな木製の橋は、海水に日常的に浸されるうちに「腐って」（*fura*）崩れ落ちていた。そして、本書の冒頭でも述べたように、二〇一一年にマライタ島に戻った私に、人々は「あの埠頭はすっかり低くなってしまった」と口々に語ったのである。

フィールドワーク中の私には、「コミュニティ」をめぐるこのような宙吊りの状態は、先に述べた「故地に帰る」という動向と不可分であるように思われた。事実、多くの人々が「もう海には住めない」、「トロの故地に帰ろう」と語っているような状況において、誰がフォウバイタ村の教会堂や埠頭のために働くだろうか？　今日のアシ地域において、近い将来に誰がどこに、どのように住むのかということは、あくまで不確かになっている――二〇一一年に私が直面したのはまさしくそのような状況であった。皮肉なことに、フォウバイタ地域の「コミュニティ」としての一体性を誇示するべき「世界青年の日」を前にして、この「コミュニティ」は救いがたく不確かで不安定なものとなっていたのである。

5　「本当の土地所有者」

二〇一一年七月十一日（月）　晴れ、昼過ぎににわか雨

フォウバイタ村に着いてちょうど一週間という日で、あいかわらず忙しく過ごしている。午前中は、昨日の〔フォウバイタ氏族の中心人物で、代表的な「土地所有者」とされる〕マエリとの会話などをフィールドノートに記入。休み休みやるのでほとんど午前中いっぱいかかった。多少頭が動き始めて、〔フォウイアシ島に住む五〇代男性〕マレフォを今度訪ねて話を聞いてみようなどと考える。午後、急遽《きゅうきょ》決まったらしいが、小学校の校舎内で、司法省（Ministry of Justice）からの巡回調査団を迎え、村落部における問題と司法・紛争解決についての聞き取りの集まりが開かれた。「土地所有者」を代表して、マエリが開会のあいさつをする（彼は「私のコミュニティへようこそ」といった言い方をする）。事前に聞

いていなかった集まりではあるが、ICレコーダーでラウ語の会話を長時間録音できたのは幸運だった。ジャケとアリックの漁についての会話など、インフォーマルな会話も豊富に録音できた。さて明日は、これも今朝になって急に決まった――むしろうれしいことに――のだが、ジャウおじさんのボートを借りて、ジャケと二人で〔フォウバイタ村の北方約五キロに位置する島〕クワル島を訪ねる予定になっている。燃料代が一〇〇ドル〔一二五〇円〕近くかかり、これは通常の村の生活からすればたいへんな出費だが、今回はそんなことは気にせず、どんどん「海の」調査をしたいと思っている。前回の調査では、ボートに乗って遠くの島々を見て回るということを、帰国直前までほとんどやっていなかったが、今回はこうして到着早々にやるわけで、幸先はよいと思っている。また今夜は、ジャケとアリックにGPS端末を使った出漁調査を依頼する予定。

＊＊＊

フォウバイタ村の沖合三〇〇メートルほどのところに、アリテ島という小さな島がある。現在は無人となっているこの島を訪れる人はほとんどおらず、潮流に乗って種子が流れ着いたヒルギなど、島の上ではさまざまな草木が茂り放題に茂っている。周囲の潮が引いているときには、アリテ島は崩れかかった小さな岩山として姿を現し、また潮が満ちている時には、この島は海上に浮かぶ小さな茂みのように見える。

アリテ島には、一九八〇年代初頭まで、現在フォウバイタ村に住むイロイという男性〔六〇代〕とその家族が住んでいた〔「ツナミ」の夜について私に語ってくれたローレンスは、イロイの長男である〕。すでに述べたように、一九七〇年代から八〇年代にかけて、沖合の島々から現在フォウバイタ村があるマラ

イタ島海岸部への移住が進んだ。その過程でいくつかの島は無人となり、海岸部にはフォウバイタ村が形成された。イロイの家族がアリテ島を離れたことも、後から見ればこうした移住の波の一部をなしていた。

私がイロイとはじめて出会ったのは、フォウバイタ村の世帯をなるべく多く訪問しようとしていたフィールドワークの初期のことだった。第一印象からして、イロイはおとなしく寡黙な人物と思われた。私はやがて、「彼はおしゃべりでないから」という人々の評判を知ることになったが、その評判通り、村の中での散歩の途中などで私が彼に話しかけてみても、会話がはずむことはほとんどなかった（おしゃべり好きの彼の妻サロメや娘たちとは親しくすることができたが）。フォウバイタ地域においてイロイは、温和で勤勉な人物として静かな敬意の対象になっていたが、右の日誌に登場したマエリなど、先住集団としてフォウバイタ村の土地を慣習的に保有するとされるフォウバイタ氏族の男性たちや、前章で紹介したディメのように、「カストム」についての豊富な知識をもつとされる「重要人物」たちと比べるならば、イロイは地域の日常生活においてあくまで目立たない人物であった。調査の初期の私は、正直なところ、マエリやディメたちと比べて、イロイは私の調査にとってとくに重要な人物ではないだろう、と思っていた。また、イロイのただ一人の弟――正確に言えば、生存しているただ一人の弟――は、ずっと以前に家族でホニアラに転出してしまっているので、イロイはフォウバイタ地域の社会関係において相対的に孤立した立場にあった。

ところが、フィールドワークを進める中で、物静かで目立たない男性と思われたイロイが、実はこの地域の社会関係において重大な問題を含んだ立場にあることがわかってきた。すでに述べたように、現在フォウバイタ村がある海岸部の土地は、通常、先住集団であるフォウバイタ氏族が慣習的に保有するものとみなされている。フォウバイタ村とその周辺の日常生活において、フォウバイタ氏族の地位は盤石に見え、たとえば新たな畑を拓きたい場合に、同氏族の「首長」(*sifi*、英語のchiefから)であるマエリに許可を求めに行くといったことが日常的に行われている。なお、現在のフォウバイタ地域において、同氏族の成員は比較的少数——フォウバイタ村の約三九世帯中一三世帯——に過ぎないため、同地域の土地保有をめぐる現状は、少数の「土地所有者」と、沖合の島々の居住者を含む多数の非「土地所有者」という明確に非対称的なものになっている。右の日誌にも登場した、中心的な「土地所有者」であるマエリは、まだ四〇代であったが、土地保有の根拠となる系譜や移住伝承についての豊富な知識をもつことで知られていた。それと同時に、マエリを含む一部のフォウバイタ氏族成員たちは、粗暴で攻撃的な性格や飲酒癖のために他の人々から恐れられていた。

ところが、フィールドワークの過程で明らかになったのは、この地域に住む一定数の人々が、フォウバイタ氏族の先住集団としての正統性を懐疑し、イロイこそが「本当の」(*mamana*)先住集団の父系的子孫なのだ、とひそかに考えているという事実であった(なお、ラウ語における「本当の」(*mamana*)は、人類学で古くから知られる「マナ」の概念の同系語である)。これらの人々によれば、フォウバイタ村の先住集団は、過去において何らかの仕方で入れ替わっているのであり、そのために今日、「本当の土地所有者」をめぐる混乱が生じているという。なお、当のイロイは、もともと男性の父系的近親者がほとんどおらず、調査地の親族関係において相対的に孤立した立場にある。「彼はしゃべれないから」という評判の通り、無口でおとなしいイロイが、人数で勝るフォウバイタ氏族の人々を相手取って自らを「本当の」先住集団の子孫であると公然と主張することはなく、彼とフォウバイタ氏族の間の土地所有をめぐる対立は、あくまで潜在的なものにとどまっていた。フォウバイタ村の土地所有関係についてひそかに探ろうとする筆者に対し、多くの人々は、何が真実なのかは「よくわからない」（*langi si haitamana diana*）と答えた。

イロイが「本当の土地所有者」ではないかという疑いは、現在のアシ地域における社会的動態を理解する上で重要な意味を帯びている。すでに述べた通り、今日のアシの多くは、「よそから来て居着いた人々」としての自らの土地権上の劣位性を認め、自給的農耕のための土地を確保するために、現住地を離れ「故地に帰る」という構想を抱いている。そのように、人々と居住地の関係が不安定化している現在のフォウバイタ地域において、イロイとフォウバイタ村の土地をめぐる疑いは、「誰がどのような資格でこの土地に住み続けるのか」という問題の中心を占めるに至っているのである。すでに述べたように、一九七〇～八〇年代における島々から本島への移住に際して、人々は、先住集団としてのフォウバイタ氏族との親族・姻族関係を根拠に現在の土地に住み着いたとされる。しかし、もしフォウバイタ氏族が「本当の先住集団」ではないとすれば、人々がフォウバイタ村に住み続ける根拠はどうなるのか？　フォウバイタ村という「コミュニティ」の姿はこれからどうなるのか？　イロイとフォウバイタ氏族をめぐる疑惑において、問題になっていたのはまさにそのことであった。

このような潜在的問題に加えて、イロイの家族は災厄続きの歴史をもつことでも知られており、このことは、フォウバイタ村の土地をめぐる疑惑をいっそう不穏で謎めいたものにしていた。イロイの姉の一人は若くしてガダルカナル島の川で溺死しており、また彼の末の弟は、二〇代の頃、マライタ島の自動車道でのトラックの転覆事故で死亡している（彼はこの事故での唯一の死者であったという）。マライタ島において、このような災厄の連続は「フヌア」（*funua*）と呼ばれ、通常、当該の家族の過去における「過ち」（*garo*）、すなわち何らかの伝統的禁忌への違反のあらわれとみなされる。同じように、フォウバイタ村の人々は時に、イロイの家系に男子が目立って少ないことも、何らかの「過ち」のあらわれではないかと語った（出自が父系的にたどられるマライタ島では、男子が生まれないならば系譜が途絶えてしまう）。さらに、後に述べるように、二〇一一年のフィールドワークを通じ、私は、イロイの家族をめぐるまた別の災厄にも触れることになった。

6　夜の村で

二〇一一年七月十二日（火）　晴れときどき曇り、午後ににわか雨。終日、風が非常に強い

今回の滞在で初めての「リュウラー・ラ・アシ」（*liulaa la asi*）〔海をぶらつくこと〕を、丸一日かけてジャケと満喫してきた！　昨日の夜、ジャケとアリックが僕のGPS調査を無視して漁に出てしまったのにはがっかりしたが、そのためにさっさと寝ることになったのはある意味ではよかった。なにしろ今朝は、「ファーシア・マイ」（*faasia mai*）〔干潮にならないうちに〕ボートで出発しなければいけないというジャケの指示に従い、五時に目覚ましをかけていたのだ。目覚ましより前に目を覚まし、家の前から名前を呼んでジャケを起こし、お湯をわかして紅茶をいれ、ご飯を炊いて二人分の朝食を用意する。六時には出発。

さて、僕は今日とくに具体的な調査項目や質問内容を用意していなかったのだが、今日の小旅行はほとんど予期していなかった内容を含むことになった。はじめに、〔フォウバイタ地域の北方に位置する〕クワル島に面した本島の海岸部に住んでいるジャケの親族宅を訪ねた。親族の二〇代男性、マエケが出迎えてくれる。彼の家の敷地は非常に美しく整えられており、マエケの家族はここで、太陽電池や洋式のトイレなど、設備の整ったゲストハウスを経営しているそうだ。一泊二〇〇ドルのこと。

〔二五〇〇円〕と「いい値段」だが、ホニアラに住んでいる欧米人などの滞在客がそれなりにあると

さて、ここで僕は、フォウバイタ村に到着して以来たびたび耳にしていた、「マングローヴ（*koa*）を植えることについて話している白人女性（*misisi*）〔英語のMrsから〕」について話を聞くことになった。具体的には、クワル島の人々の親族で、〔マライタ島北端の〕スー地方出身の男性タロ〔四〇代〕が、ホニアラの国連開発計画（UNDP）事務所に「ラウ地域マングローヴ再生プロジェクト」という計画書を提出して採択され、マエケによれば〔日本円にして〕数百万円の支援金を得た。タロは現在、この計画について地域の人々に説明するためにアシ地域を訪れているのだが、彼には、マライタ島における天然資源管理について研究しようとしている白人女性が同行しているという。しかしマエケは、タロたちがこのように多額の援助を得ながら、「自分たちにはお金がない」と説明し、ワークショップなどに参加した地域の人々には一切支払いをしようとしないのが気に入らない（マエケは、僕とジャケにこのことを説明しながら本当に怒り出した！）。タロたち自身は、住居の改築に使うセメントや一輪車など、プロジェクトとは無関係のものをいろいろと購入しているにもかかわらず、である。この問題が発覚し、マエケたちとの間に対立が持ち上がったために、タロたちは、当初滞在していたマエケたちのゲストハウスを離れ、クワル島に「逃げた」（*tafi na*）という。

この話を聞いた後で、僕とジャケは、「本人たちに会ったらこの話はするまい。フレンドリーにしていればいいんだ」などとふざけ合いながら、まだ潮は低かったがボートでクワル島に向かった。僕にとってはクワル島に上がるのははじめてで、これが今日の小旅行の第一の目的だった。島に上がるとすぐに、まったく変な気分にさせられるが、タロと〔オーストラリアの大学に所属する〕白人女性アネットに対面し、勧められたイスに座って英語やピジン語で——つまり、この土地では場違いに

フォーマルな――会話をすることになる。僕は英語力がすっかり衰えている上、現地人ではない人に「どのような調査をしているのか」と聞かれて答える準備もできておらず、たいした会話はできなかったが……その後、昼食をごちそうになり、昼寝するアネットを残して、タロやクワル島の男性たちと家の床下でおしゃべりすることになったが、日本の米やトラックなどについてのこのおしゃべりは非常に盛り上がった。また、ラウ語でしゃべっていると、UNDPから資金援助を取りつけてくるタロ――彼は元公務員であり、マライタ島民としては例外的に書類仕事に通じているという――も、フォウバイタ村の人々などと何ら変わるところはないと思われた。この時には、僕は彼に対する疑念や不信など一切感じなくなっていた。

クワル島の「首長」の男性に会うといいと言われ、彼が漁から帰るのをしばらく待っていたのだが、なかなか帰らなかったので、けっきょく十五時半頃に島を辞し、まだ明るい海の上をジャケとボートを飛ばして帰ってきた。僕が現地語でのおしゃべりを心得ているためか、クワル島の人たちは僕のことを大いに歓迎してくれたので、また機会があれば、質問項目を用意して行ってみようという気になった。一日畑にも行かず付き合ってくれたジャケには、帰宅後、米一キロと現金三〇ドル〔約三八〇円〕のお礼を贈る。[*28]

＊＊＊

本書でその日誌を引用している二〇一一年は、後から見れば、私自身のフィールドワークにおいて一つの転機をなしていた。すでに述べた通り、二〇〇八年にフィールドワークを始めた当初から、私は、アシの人々が「もう海には住めない」と語り、自らの生活様式を疑問視するのに接していた。

それに加えて、主として一九八〇年代以降の人類学においては、人類学者が描いてきた「文化」の構築性や政治性が指摘され、かつてのように「マライタ島の文化」について素朴に語ることは認められなくなっている。さらに二〇〇〇年代以降、先に述べた存在論的転回は、従来の人類学が、「自然／文化」の二分法に基づき、研究対象を「多様な文化」という認識論的かつ相対主義的な観念によって限定していたことを問題にした。そうだとすれば、私はマライタ島でどのような調査をすればよいのか？　私は何について、どのように書けばよいのか？

二〇〇八年にフィールドワークを開始した当初、人類学の現代的状況についてわずかな知識しかもたず、ましてや、そうした状況の中でどのように立ち回るかについて何らの方針ももっていなかった私は、ともかく「データ」を集めなければと、先のディメやマエリのような中高年の「重要人物」とのインタヴューを繰り返した。事前に「〇〇についてお話を聞きたいのですが」とアポイントメントをとっておいて、後日一対一で向き合ってインタヴューをさせてもらうというのが、その頃の通常のやり方であった。二〇〇八～九年の時点では、そうしたインタヴューの主題は、アシの人々の移住史、親族関係、キリスト教受容史など、「文化的」あるいは「社会的」と呼ぶべき内容が多かった。今日から見れば、当時の私は、「文化」や「社会」に関する古典的な想定の内部で調査を行おうとしていたと言えるだろう。

その反面において、二〇〇八～九年の私は、私が一緒に暮らしていたフォウバイタ地域の人々の日常生活が、イモ類の焼畑農耕や「マイ」（*mai*、サンゴ礁）での漁撈活動といった生業活動によって大部分占められており、にもかかわらず、私がそうした活動についてほとんど調査をできていないことに悩んでいた。それらの生業活動について、私が当初調査を進められなかったことには、いくつかの明確な理由がある。たとえば畑仕事は、メラネシアの他地域においてと同様、マライタ島においては主として既婚女性の仕事である。畑仕事の観察がしたいからと言って、村の男性に「お宅の奥さんと一緒に畑に行っていいですか？」と言うことは、道義的に許されないように思われた。また、現在のアシ地域における漁撈活動は、以上で引用した一連の日誌からもわかるように、とくに販売・現金収入目的で行う場合、漁獲効率が高いとされる夜間に行われる。[*29] このことに気付いた時期から、私は夜間の漁や、同じく夜間に行われる魚の買取——その後、魚はアウキやホニアラに運ばれて販売される——を観察したいと思うようになった。しかし、夜の海での漁に同行することには安全上の不安が付きまとう上、夜間の調査と昼間の調査を両立することは困難と思われた（実際、夜に海に出る漁師たちは昼間に寝ている）。アシの人々の日常生活において、これらの生業活動が大きな時間を占めていることを認識するにつれ、私は、こうした困難を乗り越え、また、中高年の男性相手のインタヴューだけの調査を脱却して、生業活動とそれらを通したアシと自然環境の関わりについて調査をしたいと思うようになった。

私がそのように思うようになったことは、すでに繰り返し述べている、「故地に帰る」という動向とも関連している。フィールドワークの初期にすでに気付いていたように、「われわれはもう海には住めない」というアシの語りは、多くの場合、現在のフォウバイタ地域では「小さなイモしかとれなくなっている」あるいは「海の魚が小さくなっている」といった自然環境に関する語りと結び付いている（先に引用した、「このあたりには茂みがないねえ」という女性の言葉をも想起されたい）。そのような語りによって人々が表明しているのは、現在のアシ地域において、人口が増えすぎて身近な自然資源への圧力が高まっているという認識にほかならない。ここにおいて、「もう海には住めない」という人々の語りは、単に「文化」や「社会」の領域を超えて、人々と自然環境の実際的で実体的な関わりと不可分になっている。それでは、今日のアシの人々は、自らと環境の関わりにおけるそう

した変化や困難を、具体的にどのように経験し認識しているのか？　この問いに取り組むためには、日常的な焼畑農耕や漁撈活動の現場を観察し、それに照らして人々の語りを検討する必要があると私には思われた。

　このように認識するようになった私は、フィールドワークの開始後半年くらい経った二〇〇九年から、生業活動についての調査をなんとかして重点化しようとするようになった。といってもアプローチは素朴であり、当初は、畑仕事を見せてくれるよう、近所に住むジャケやブーガ、フォウイアシ島のメケらの親しい男性にしつこく頼み込んだり、彼らの昼間の漁――主に自家消費目的の――に同行させてもらったりといったやり方が中心であった。しかしそれによって、フォウバイタ地域における土地利用や植生の現状や、人々が漁撈や島々の建設を通して利用する「マイ」（サンゴ礁の海）の複雑な実態が徐々に見えるようになってきた。ここにおいて、私のフィールドワークは少しずつ方向転換を遂げつつあったと言える。

　さらに、本書の日誌で語られている二〇一一年のフィールドワークに際しては、GPS端末や衛星画像など初歩的なGIS（地理情報システム）の使い方を独学し、それらを使って、漁師の話を聞いているだけでは把握が困難な、夜間の漁やサンゴ礁の実態に迫ろうとするようになった（実際、GPS端末で記録していなければ、夜間の漁に同行しても漁師がどこで漁を行っているのか把握することは困難だろう）。具体的には、日誌にもたびたび記されているように、夜に出漁する漁師に頼んでカヌーにGPS端末を載せてもらい、出漁の経路と時間を記録する、といったやり方をとった。こうした調査に際しては、同じく日誌に記されているように、漁獲がどれだけで、誰にどのように売られたのかを確認するために、多くの場合、深夜や早朝に起き出して漁師の帰りを待った（出漁時間帯は月齢や潮汐《ちょうせき》に従って変動するので、そうした変動に合わせて起き出さなければならない）。相手の漁師が親しい場合には、陸に戻って後、一緒に火に当たり、その晩の漁について話を聞きながら魚の腹を割いて洗う、といった時間を過ごした。そうした夜の調査法は二〇一一年にはじめて試みたものである。

たとえば、「世界青年の日」の開幕直前の二〇一一年九月二十日の夜にジャケらの漁に同行した時（第六章の日誌を参照）のフィールドノートには、以下のように記されている。そこでの私の文体は、フォウバイタ村沖の海と、それとのアシの人々の関わりに密着し、それらをなぞるかのようである（サンゴ礁内が無数の名称によって区別されていることにも注目されたい）。

○：三〇頃、フォウブリ、フォウイアを通り過ぎて、ゴロナ・アクワゴへ〔いずれもサンゴ礁内の微地形の名称〕。〔同行していた漁師〕ライガは懐中電灯で海面を照らし、「まだちょっとルア（*lua*）だ〔潮が高い〕」と言って、ボートを「向こう」（*bali loko*）すなわち〔フォウバイタ村より北方の〕クワル島側に移動させる。この時のようにクワル島側に移動するときにはもちろん、左右にマライタ島とワルル島の島影が見えている状態で進めばよい。マエロド（*maerodo*）〔月の出ていない夜〕でも方向を把握することは容易。……〔その後〕ジャケたちは、ファカナ（*fakana*）〔浅瀬と深みの境界〕に沿って泳ぎながら、すなわちテーア（*tee'a*）〔円形の離礁〕の縁に沿ってスースー（*suusuu*）〔潜って漁をする〕。ジャケたちはほとんど垂直に海に潜って魚を探す。潜水時間も長く、「息が切れる」（*mango unga*）と。……二：五〇頃、マイ（*mai*）〔浅瀬〕の上ではじめて休憩。ライガとジャケはタバコを吸い、〔この夜〕はじめてカヌーの上に上がる。「タバコを吸い終わったら、ファリタ（*falita*）して〔カヌーを漕いで〕タライ〔微地形の名称〕に行こう」と。

あるいはまた、二〇一一年七月九日のフィールドノートには、この日の早朝のフォウバイタ村の

様子が以下のように記録されている。そこで描かれているのは、夜のフォウバイタ村というもう一つの世界にほかならない（これ以前の私は、夜の間は寝ており、深夜から早朝にかけてのそうした動きをほとんど把握していなかった）。

三：二五、サデがフィッシャリー（*fisharii*）〔先述の、日本からの開発援助によって設置された発電機と製氷機がある建物〕から、アルミおけに入れた氷一つを持って帰る。この時、月は出ておらずマエロド〔月がなく暗い夜〕。……四：五〇、ジョンの弟オイガの若い妻が、オイガが捕ってきた、バケツに半分以下の魚を持ってきて、サデ宅の床下で待っている。五：〇〇過ぎ、サデがハエガノ（*haegano*）〔フォウバイタ村内の海側〕から台秤《だいばかり》を持ってくる。オイガの魚は四・〇キロと少ない。この時サデは、一部の魚を「小さすぎる」と言って買わず（オイガの妻に戻す）。具体的には、尾びれも含め二〇センチ以下くらいの魚。重さを量って買うのはオゴテイニア（*ʻogoteinia*）した〔内臓を取り除いて洗った〕後の魚。またサデらは、量った後で魚をあらためて水洗いしている。六：三〇、海はルア〔潮が満ちつつある〕。

＊＊＊

後から振り返ると、人々の生業活動と環境との関わりに密着しようと試みるこうした調査を通して、私は結果的に、単に「生業活動についてもデータを集めるようになった」というよりもはるかに根本的な水準での変化を経験しつつあった。たとえば、右で見たように、夜間の出漁や早朝における魚の買取を観察するために、この時期から私はしばしば深夜や早朝に起き出すことになった。

漁師とともにカヌーに乗って夜の海にいるとき、あるいは、マラリアを媒介する夜行性の蚊を恐れつつ、漁師が陸に帰って来るのを暗闇の中で待っているとき、そして、帰ってきた漁師と焚火を囲んで会話するとき、私はたしかに、フォウバイタ地域における人々の「海に住まうこと」、およびそれを成り立たせている自然環境と、それまでとは異なる仕方で関わり合っていた。さらに言うなら、私のフィールドワークはこの時期、かつての人類学が多くの場合対象としていた「文化」や「社会」の水準にはとどまらず、たしかに「自然」と呼ぶべき物質的で実在的な水準に触れようとしつつあったのだ（ここでの「自然」の概念を具体的にどのように規定すべきかについては次節および第三部で述べる）。

先に述べたように、フィールドワークの最初期から私は、アシの人々自身が「もう海には住めない」、「故地に帰ろう」と語る状況に直面しており、またそうした不安げな語りは、「畑のイモや海の魚が小さくなっている」といった身近な環境に即したかたちでなされるのがつねであった。今から考えると、そこにおいては、人類学／民族誌の対象としての「アシの文化」や「社会」が不確かになると同時に、次節で述べるように、いわゆる存在論的転回やその近傍の論者たちが主題化した「広義の自然」というもう一つの対象が浮かび上がりつつあったと言える。なお、現代日本の都市での日常生活において、その生活を可能にしている「自然的」と呼ぶべき土台について意識する機会は少ないかもしれない。しかし他方で、人間の営みを根底から揺るがすほかならぬ東日本大震災のような自然災害の際には、人々は、「人間」の関与を超え、それに先立つ「自然」としか呼びようのないものをあらためて意識することになる[*30]（考えてみると、人類学的なフィールドワークの際の持参品には、懐中電灯、浄水器、蚊帳《かや》や多機能ナイフなど、日本で「アウトドア用品」や「防災用品」と呼ばれているものが多く含まれている）。本書で描き出している二〇一一年において、私は、日本における震災や原発事故とマライタ島へのフィールドワークという二重の転置＝転地（displacement）の体験において、まさしく人間〈以前〉的であると同時に人間〈以後〉的なそのような「自然」に触れつつあり、そしてその不穏な体験を民族誌として書くという、すぐれて現代的と言うべき課題を引き受けつつあったのである。

すでに述べたように、かつての私は、アシの人々が「もう海には住めない」と語る状況を、自身のフィールドワークを困難にするものとして受け取り、困惑していた。しかし、次節で述べるような同時代における人類学理論の展開をも踏まえて振り返るならば、実際にはまったく逆に、そのように「文化」や「社会」と呼ばれてきたものが根本的に不確かになっていたことこそが、私のフィールドワークと民族誌、すなわち、アシの人々の現状を、以下で述べる「広義の自然」との関わりにおいて記述しようとするような民族誌を可能にしていたのである。本書が「はじめに」でも述べた「民族誌の自然」という概念によって言い表そうとするのは、フィールドワークや民族誌の実践と「広義の自然」とのそのような関係にほかならない。またそこにおいて、マライタ島という「不穏な熱帯」での私の取り組みは、「他者表象の政治学」や「立場性」をめぐるかつての人類学／民族誌批判からも決定的に脱却しつつあったと言える。

7　広義の自然――ヴィヴェイロス・デ・カストロの「多自然主義」

二〇一一年七月十四日（木）　終日断続的な雨、ときどき暴風雨に

昨日から決めていた通り、今回フォウバイタ村への滞在を始めてはじめての、丸一日の休み。これはいろいろな意味で正解だった！　昨日は頭痛などの体調不良に苦しめられたが、早くから床についてよく眠った。今日休みにして正解だったのは何より、とくに昼前からずっとひどい雨が続いたからだ。家のベンチでコーヒーを飲みながら本を読んだりしたが、終日涼しかった〔寒いくらい〕ので、家で過ごすにも最適だった。朝、村の中を少し散歩した際には、〔前回のフィールドワーク後に、四〇代で〕亡くなったマルの妻アラスーが声をかけてくれ、石蒸し焼きにしたばかりのカカマ〔湿地性のタロイモ〕を食べさせてくれた。マルの臨終の様子について詳しい話を聞くことになったのは予想外だった……ジャケは〔長男の〕ローレンらと昼前後に海に出て、帰ってきたところで調理小屋に誘ってくれたので、僕は米とサラダ油を提供し、ご飯が炊けるまでいっしょに火に当たり、その後は魚とご飯で遅い昼食をいっしょに食べさせてもらう。火に当たりながらのおしゃべりは楽しく（これはもちろん調査としても貴重だ）、炊きたてのご飯もおいしい。雨がひどいので市場には行かず。なお、今日になって知ったのだが、昨日僕は自分の携帯電話が壊れたと思っていたが、実際には、アンテナが風で壊れたのか何なのか、昨日の日中は電話がずっと不通であったそうだ。現在も電話は通じておらず、今日、〔ホニアラに住む〕アラドにビザのことで電話をしようと思っていたのだが、それもできないかもしれない。ともかく、今日一日休みにしたおかげで、頭が多少動きだし、調査の方向性についてもいくらか考えられるようになってきた。

＊＊＊

先に述べたように、二〇〇〇年代後半から人類学の分野で起こってきた理論的な変化の一部は、その後「存在論的転回」の名によって知られるようになった。本書との関連において重要なのは、この「転回」を含む一連の変化が、現代の人類学において、「広義の自然」と呼ぶべき新たな主題を浮上させた点である。先にも述べたように、本書は決して存在論的転回の立場に立つものではないが、他方で、この「転回」を含む一連の動きが、現代の人類学において「自然」を新たなかたちで主題化させてきたという事実を「真剣に受け取る」ものである。そのような「自然」という主題の浮上について、箭内匡《やないただし》は、現代人類学にとっての一つの「原論」を提示しようとする著書『イメージの人類学』において次のように述べている。

> 第三に指摘すべきことは、〈文化〉・〈社会〉のドーナツ型の領域を扱っていた時代とは異なって、現代の民族誌的フィールドワークの対象が人間に限定されるのではなく、人間を含む様々な事物の全体に向かっていることである。……民族誌的フィールドワークは、一言でいうなら、人間的世界を取り囲む、広義における――あらゆる人間的・人工的なものを含めた意味での――自然的世界に向かっていくのである。[31]

すでに述べた通り、いわゆる存在論的転回は、従来の人類学、それどころか近代的思考全般を支えていた「単一の自然／複数の文化」の二分法、および存在論に対する認識論の優越を批判した。そこにおいて問題にされていた従来の近代的な「自然」概念、すなわち、「人間の作為から独立し、普遍的な法則性に従う人間以外のものからなる領域」という意味での、客体化された単数的な自然を、「狭義の自然」と呼ぶことができるだろう。[32] これに対し、存在論的転回を受けた現代の人類学においては、右で箭内が述べているように、また以下のヴィヴェイロス・デ・カストロやデスコラの議論に見られるように、「自然」の概念それ自体が拡張され、言うなれば多数化されるに至っている。具体的には、第五章で言及するいわゆるマルチスピーシーズ民族誌や第六章で取り上げる「人新世」をめぐる議論、あるいは科学技術の現場における「自然」のさまざまな創出についての民族誌的研究などを、そのような「広義の自然」を主題とする人類学に含めることができるだろう。[*33] もちろんここでの「広義の自然」には、二〇一一年の日本においてまさしく問題となっていた原子力技術という主題も含まれうる。[*34] ただし、「広義の自然」という概念は、本書のこの段階では、右で述べた近代的な「狭義の自然」との対比においてのみ定義された消極的なものに過ぎない。人が造ったものであると同時に自ら「育つ」と語られるアシの島々の事例に即して「自然」の概念をいかに再構成するかということは、本書第三部の主題となる。

以下でも見るように、いわゆる存在論的転回を経た今日の人類学は、「自然／文化」の二分法に対する批判の裏面において、これまで「自然」概念によって束ねられてきた諸事象に対する関心の高まりによって特徴付けられている。この転回が（まさしく非相関主義的に）問題にした、「社会的・文化的に表象あるいは構築されたのではないもの」とは、これまで多くの場合「自然」として概念化されてきたものにほかならない以上、これはある意味では必然的である。さらに言えば、そこでは、本書で言う「広義の自然」こそが、今日の人類学にとっての重要な他者性として、あるいは、本書の「はじめに」でフーコーにならって述べた「外」として再発見されているとさえ言えるだろう。[*35] そして、以上で述べてきたように、マライタ島という「不穏な熱帯」における私自身のフィールドワークは結果的に、そのような「外」としての「広義の自然」と向き合い、試行錯誤しながらそれを書きとめようとする「自然の人類学」（本章註16参照）の試みとなった。そのような試みにおいて、人類学を学び始めたばかりの私は、ほとんど意図せずして、「一連の転回の後で民族誌をいかに書くか」という現代的な問題と取り組んでいたのである。

＊＊＊

本節と次節では、現代の人類学における「自然」概念のこのような問題化の主導者として、ヴィヴェイロス・デ・カストロとデスコラの議論を見ておきたい。まずヴィヴェイロス・デ・カストロは、先述のパースペクティヴィズム論文において、彼が「パースペクティヴィズム」（観点主義）と呼ぶアメリカ大陸先住民のコスモロジーを民族誌的に描き出すと同時に、それを通して従来の人類学における「自然／文化」の関係を転倒するという、二重の課題に取り組んでいる[*36]。

そこにおいてヴィヴェイロス・デ・カストロは、多くの動物や精霊が、自らを「文化的」な生活様式をもつ「人間」とみなしているというアメリカ大陸先住民のコスモロジーを、人間の観点、ジャガーの観点、精霊の観点など無数の異なる観点からなる多元的な世界として描き出している。たとえば、ジャガーは自らを人間として見ており、自らの食べ物である獲物の血を、人間の飲み物であるマニオク酒と見、また自らの毛皮を人間と同様な衣服や装飾品とみなしている。他方、ジャガーの眼からは、捕食の対象である人間は、人間ではなくバクやペッカリー（イノシシに似た野生動物）などの獲物に見える。同じように、バクも自らを人間とみなしており、それが好む居場所である泥沼を立派な儀礼小屋として見ている。またハゲタカなどの猛禽類《もうきんるい》は、腐った肉にわくうじ虫を焼いた魚として見ているという[*37]。

このように、さまざまな存在が自らを「人間」とみなしているような世界において、「人間」は、生物種としてのヒトを指す名詞というよりは、むしろ代名詞のようなものである。指摘するまでもなく、「私」や「われわれ」といった代名詞は、文脈によってその指示対象が変わる。アメリカ大陸先住民の世界においては、ジャガーは自らを「私」と呼んでいる、すなわち人間とみなしており、ハゲタカも自らを「私」と呼んでいる、すなわち人間とみなしている。このようにヴィヴェイロス・デ・カストロによれば、アメリカ大陸先住民の世界とは、動植物や精霊などさまざまな存在が「私／われわれは人間だ」と称しているような、すぐれて代名詞的な世界なのである。[*38]

彼によれば、このようなパースペクティヴィズムは、「単一の自然／複数の文化」という従来の人類学的想定に真っ向から挑戦するものである。[*39] 一見したところ、アメリカ大陸先住民のコスモロジーは、異なる存在が、同じ世界（＝自然あるいは現実）をさまざまな仕方で見ている（＝文化的な見方）という、先に指摘した「単一の自然／複数の文化」という文化相対主義的な二分法に合致するように見える。しかし、注意深く検討するならば、事態はむしろ逆であることがわかる。すなわちそれは、あらゆる存在が自分を人間とみなし、人間的な生活を営んでいると見るように、世界に対する見方が共通であり（＝単一の文化）、その一方で、それぞれの存在が見ている対象が異なる（＝複数の自然あるいは現実）という、「多自然主義」（multinaturalism）の思考なのである（たとえば、ジャガーと人間はいずれも自分の飲み物を「マニオク酒」として見ているが、ジャガーにとっての「マニオク酒」と人間にとっての「マニオク酒」は同じ対象ではなく、そこでは「世界」あるいは「現実」が多数化されている）。このようにヴィヴェイロス・デ・カストロは、アメリカ大陸先住民のコスモロジーから出発し、「自然」を、そこではいかなるものも自己と同一ではないような多様体（multiplicity）として再概念化してみせる。[*40] ここにおいては、伝統的な人類学において、「文化」の個別性・相対性に対する普遍性の極を担っていた「自然」が、まったく新たな位置付けを受けるに至っている。

ヴィヴェイロス・デ・カストロは後に、このパースペクティヴィズム論文のねらいを、「比較の仕方を比較する」というメタ人類学的なそれであったと述べている。[*41] すなわちそこで目指されているのは、「同じ現実に対する見方が異なる」という認識論的・文化相対主義的な比較（＝従来の人類学）から、「見られている現実それ自体が異なる（複数的である）」という存在論的・「多自然主義的」な比較への転換にほかならない。そこにおいて、差異・他者性はもはや「文化」ではなく、多数化された「自然」の側に、言い換えれば、無数の観点を通して並存する諸世界の間に位置付けられる。[42]ここにおいてヴィヴェイロス・デ・カストロは、差異・他者性をあくまで「文化」や認識論の水準で論じていた伝統的な人類学の言説圏から、決定的に脱却しようとしている。そのようにして彼は、いわゆる存在論的転回の標語の一つとされる「ラディカルな他者性」[43]（radical alterity）、すなわち認識論と文化相対主義によって飼い馴らされていない他者性の一つの範例を示してみせた。

8　いくつもの「存在論」──デスコラの「自然の人類学」

二〇一一年七月十五日（金）　終日断続的な雨、しばしば暴風雨に

昨日に続き、ひどい悪天候に悩まされた。それでも仕事をちゃんと進めようとしている。朝になっても夜が明けたとは思えぬ暗さで、一日中ひどく寒い。朝、オロドおばさんに尋ねると、〔フォウイアシ島居住者で五〇代の〕マレフォ夫妻はまだ〔親族が住む〕フォウバイタ村の教師用宿舎に滞在しているというので、「よし！」と思い立ってマレフォ夫妻を訪ねる。先週〔マレフォの妻〕バータに会ったとき、「話がしたければ訪ねておいで」と言ってもらっていたので。朝食時のやや図々しい訪問ではあったが、僕としては、こんな悪天候の中でもフォウイアシ島などについていろいろと話を聞かせてもらえてよかった。昼前に帰り、午後は夕方までほぼずっと、断続的にフィールドノートを記入。一昨日からの残りも含め、ちゃんと夕方までに記入を終える。マレフォらのいる宿舎――ただし、夫妻は今日おそらくフォウイアシ島に戻った――は、床が高いために、ベランダに座って二時間あまりも話をしていたら、風に吹かれて非常にからだが冷えてしまった。明日は、天気がよくなってくれれば、ジャケと昼間の潜水漁に行けるのだが。さすがに三日間も荒天では、「家で休むのにちょうどいい」とは言えなくなってくる……

＊＊＊

レヴィ＝ストロースの晩年の教え子であるデスコラは、一九七〇年代以降、南米エクアドルのアチュアルの人々の下でフィールドワークを行い、その中で、西洋近代における「自然／文化」という二分法とはまったく異なる人間とその他の存在者たちの関係性を見出した。主著『自然と文化を越えて』の中で、彼は次のようなエピソードを紹介している。[*44] フィールドワーク中、デスコラが滞在していた家の女性が毒ヘビに噛まれるという出来事があった。彼が持っていた血清を注射したため事なきを得たのだが、この出来事を受け女性の夫は、ヘビに噛まれたのは、その日、自分が手に入れたばかりの銃をヨウモウザルに乱射したためであり、これらの獲物を霊的に司る主からの復讐《ふくしゅう》なのだ、と後悔の念を口にした。しかし、狩猟・農耕民であるアチュアルが動物を殺すのは当然ではないか？　また、自然界では日常的に捕食動物による捕食が行われているではないか？　このようなデスコラの疑問に対し、男性はそうではないと答えた。すなわち、アチュアルの人々にとって、多くの動物や一部の植物は魂をもつ存在であり、自分たちと同じ「人」である（先に見た「パースペクティヴィズム」との一致に注意されたい）。またそれぞれの種は、外婚の規則をもつなど、人間と類似の規則に従った社会生活を営んでいる。さらに、動植物は自らと同種や異種の存在とさまざまなかたちでのコミュニケーションを行っており、たとえばサルと毒ヘビの間にも、人間には通常感知しえないコミュニケーションが行われている。また、狩人が獲物を捕るために用いる呪文も、そのような異種間のコミュニケーションの一例である。

このように、アチュアルの理解によれば、一定の規則に従い、またその中でコミュニケーションが行われる「社会的」な生活を営んでいるのは人間だけではなく、また、人間のみからなる通常の意味での「社会」は、さまざまな動植物からなる大きな「社会」の一部に過ぎない。このことはまた、人間とその他の動植物の関係が、西洋近代において想定されるような「社会」と「自然」の間の関係ではなく、むしろ異質な「人」同士の「社会的」な関係であることを意味する。そうである以上、異なる種の間の社会的関係には、それぞれにふさわしい振る舞いの規則があり、サルの群れに対し必要もなく銃を乱射するなど、それに違反すると制裁が科されることになる。はじめに述べたヨウモウザルと毒ヘビのエピソードは、アチュアルによってそのように解釈されているのである。

デスコラは、このように「社会」が人間の領域を超えてさまざまな動植物を含むかたちで概念化されているアチュアルの事例を手がかりに、一九九〇年代以降、「自然／社会」あるいは「自然／文化」という関係性を、従来の人類学とはまったく異なるかたちで概念化し直す作業に取り組むことになる。[*45] そのような作業は、先に見たヴィヴェイロス・デ・カストロの議論とも並行しつつ、また、自身と同世代に属するラトゥールの議論（本書第五章参照）からも大きな刺激を受けていた。二〇〇五年の主著『自然と文化を越えて』では、世界各地に見られる人間とそれ以外の存在の区別と関係付けの様式——彼はこれを「同定様式」あるいは「存在論」と呼ぶ——が、「アニミズム／ナチュラリズム／トーテミズム／アナロジズム」という四つの類型に区別される。[*46] このような図式化によって、デスコラは、人間が構成する「社会」から自律した客体としての「自然」という西洋近代的な見方――彼の言う「ナチュラリズム」――を、ありうる世界観の一つに過ぎないものとして位置付けてみせるのである。

『自然と文化を越えて』において、デスコラは、人間と動植物などそれ以外の存在の関係付けの様式を、「内面性」と「肉体性」という二つの軸における共通性と差異という観点から類型化している。すなわち、人間と非-人間の間に①共通の内面性と異質な肉体性が想定される場合が「アニミズム」、②異質な内面性と共通の肉体性が想定される場合が「ナチュラリズム」、③共通の内面性と共通の肉体性が想定される場合が「トーテミズム」、④異質な内面性と異質な肉体性が想定される場合が「アナロジズム」、というわけである。たとえば、人間とその他の動物が、異なる身体的外見をもちつつ共通の魂あるいは人格性をもっているとする（先に見たアチュアルを含む）アメリカ大陸先住民の世界観は、「アニミズム」の一例である。これに対し、人間の身体もその他の存在と同じように自然法則に従うが、他方で人間のみが精神や知性をもっているとする西洋近代の思考は「ナチュラリズム」に分類される。また、世界のあらゆる存在を個別的で特異的であるとしつつ、それらの存在を類比や照応関係によって相互に結び付けるような世界観――古代中国や中世ヨーロッパにおける――は「アナロジズム」と呼ばれる。

デスコラはこの著書において、自らはナチュラリズムに依拠しつつ他地域のコスモロジーを「文化的信念」として考察するという人類学の伝統的なアプローチ（先述の存在論的転回、および第五章で見るインゴルドの議論を参照）を離れ、世界各地に見られる異なる「存在論」を対等に考察することができる人類学を提示することを試みている。構造主義を継承し、彼自身が「相対的普遍主義」[*47]と呼ぶそのような試みは、ある時期から――一つにはギアツの解釈学的で文化論的なアプローチ以降――後退してしまった広域的な「比較」のプロジェクトを、今日の人類学に回復しようとするものにほかならない。実際のところ、デスコラのこのような試みがどこまで成功しているか、とくに「内面性／肉体性」という二分法に基づく類型化がどこまで適切かという点や、他の研究者による民族誌から世界各地の「存在論」を抽出して比較しようとする方法論の妥当性については議論の余地がある。とはいえ、アメリカ大陸先住民についての民族誌から出発し、第五章でも取り上げるラトゥールからも影響を受けつつ、「自然／文化」あるいは「自然／社会」の二分法から自由な人類学を打ち立てようとするその意志は、現代の「自然の人類学」の展開において無視しえない意義をもっている。

注目すべきことに、『自然と文化を越えて』の中でデスコラは、世界各地の「存在論」を比較する自身のプロジェクトと、『言葉と物』におけるフーコーの取り組みとの並行性をたびたび指摘している。[*48]この指摘に従うなら、デスコラの言う「ナチュラリズム」あるいは近代的な「自然」観と、フーコーの言う「近代のエピステーメー」は大部分重なり合うことになる。言い換えると、デスコラの理解において、フーコーの言う「先験的＝経験的二重体としての人間」を中心とする知の枠組みと、彼自身の言うナチュラリズムの「自然／文化」観は表裏一体なのである。

そうであるとすると、先述の「狭義の自然」、あるいは「自然／文化」の近代的な関係を相対化しようとするデスコラの試みは、近代的なエピステーメーそれ自体をある仕方で対象化しようとしたフーコーの方法論的な探究と、多かれ少なかれ重なり合うことになる。ここで想起されるのは、とくに初期のフーコーが、彼の言う「先験的＝経験的二重体としての人間」との相関から離れた思考や記述はいかに可能かという方法論的な問題意識を、本書の「はじめに」でも引いた「外の思考」という言葉で表現していたことである。[*49]そのような「外の思考」、あるいは「外の記述」とでも呼ぶべきものに対するフーコーの関心は、周知のようにしばしば現代文学に向かったし、後に「考古学」や「系譜学」といった方法論のかたちで提示されることになった。デスコラとフーコーの間に、近代的な人間〈以後〉をめぐるそうした方法論への関心が共有されているとすれば、「自然／文化」の二分法に対する批判の後で、これまで「自然」と呼ばれてきたものについて再考しようとする本書は、「はじめに」でも述べたように、まさしく現代の人類学における「外の思考」を目指すものと言えるだろう。本書においてデスコラを参照することの意義はまさしくそこにある。

＊＊＊

ヴィヴェイロス・デ・カストロやデスコラによる以上のような「自然」と他者性のとらえ直しは、ウィラースレフが指摘するように、一面において、前章で見たような人類学／民族誌批判の論調と顕著な対比をなすものであった。[*50] 先に見たように、かつての人類学／民族誌批判が指摘していたのは、極言すれば、「これまでの人類学が問題にしてきた文化的他者などというものは実在しない。それは、グローバルな政治経済システムが生み出した周縁を想像上の素材として、西洋近代における表象・言説の機構が構築したものに過ぎない」ということだった。そのような指摘の結果として、この時期以降、多くの人類学者が、人類学における古典的な他者、すなわち、比較的伝統的な生活様式を維持している非欧米圏の地域社会とは異なる研究対象に向かったことは、前章で述べた通りである。これに対し、いわゆる存在論的転回を主導する論者らは、時に「戦略的エキゾティシズム」[*51]とも称される姿勢によって、アマゾニア、メラネシアや中央アジアなど世界システムの周縁に、分析者の概念を転覆し変容させるような極端な他者性を見出し、それを強調するようなスタイルを提示してみせた。そこにおいて、人類学はたしかに再びの屈折を遂げていたのであり、マライタ島についての私自身の民族誌も、後から見れば、一面でそうした再転換を背景としていたと言える。

ただし、それ以前の人類学／民族誌批判と存在論的転回の間には、実際にはより両義的な関係がある。事実、存在論的転回の唱導者たちは、表象論・テクスト論的な民族誌論に反発する反面で、「概念の創造」その他の用語で表現される自らの民族誌の方法論を強調していた。[*52] また今日から見れば、先にも述べた「ラディカルな他者性」を記述しようとするそれらの論者の試みは、かつての実験的民族誌（前章参照）の流れを一面でたしかに汲んでいると言える。さらにヴィヴェイロス・デ・カストロも、本書の第六章で取り上げる「多義性＝取り違え」（equivocation）の概念を軸とする、「存在論的」な民族誌の方法を論じている。[*53] このように、「他者をいかに記述するか」という問題はいわゆる存在論的転回を経て、今日なお現在進行形なのだ。

このような状況に対する応答として、本書では、存在論的転回以後の「自然の人類学」が浮上させた「広義の自然」という主題を、人類学／民族誌という営みの対象にして可能性の条件として、すなわち、「はじめに」で述べた「民族誌の自然」としてとらえ直す。そしてそうすることで、「一連の転回の後でいかなる民族誌を書くべきか」という問いに実践的・遂行的に答えようとする。

いわゆる存在論的転回の提唱者たちが「認識論的苦悩」[*54] と表現したように、これまでの人類学には、「他者理解はいかにして可能か」あるいは「いかなる他者表象が正当なものと言えるか」という認識論的かつ政治的な問題が取りついてきた。しかし、かつての人類学／民族誌批判において繰り返された、「立場性」をめぐる息苦しい議論に見られるように、「自己」と「他者」の確固たる同一性――「われわれ」は「われわれ」であり、「彼ら」は「彼ら」であること――を前提として両者の「関係」を論じようとする議論は、フィールドワークと民族誌の実践を原理的な困難に追い込

んでしまう。身近な例を挙げるなら、私がマライタ島でのフィールドワーク体験を、人類学を専門としない一般の人に話すと、時に、「現地の人たちの生活に土足で踏み込んでいくのは暴力的ではないですか？」といった質問を受けることがある。しかし、「われわれ／彼ら」の境界付けに基づくこのような道義的な質問は、マライタ島の社会を、外部世界に対して伝統的に「閉ざされた」社会であるかのように想像している点で一面的である。まったく逆に、すでにいくつかの語りに見たように、つねに移住を繰り返してきたアシの人々が自らを「よそ者」とみなし、さらには（私のような）他地域からの移住者を「よそ者」としてつねに受け入れてきたとしたらどうだろうか？[*55] この場合、他者性、フィールドワークと民族誌をめぐるこれまで通りの「認識論的苦悩」はもはや成り立たないはずである。

さらに言うなら、フィールドワークと民族誌という実践は、根底において、自己と他者がそれぞれ不確かになることによって可能となっている。おそらくこれは、多くの人類学者が、言語化しないまでも自ら体験してきたことにほかならない。たとえば、先にも引いた箭内は、ドゥルーズに着想を得た「アイデンティティの識別不能地帯」という概念について説明しながら、人類学的なフィールドワークについて以下のように述べている。

> 長期間のフィールドワークを通じ、特定の民族誌的現実の中に深く潜入することによって、人類学者は、単に社会文化システムの「既に構成された形態」だけでなく、その背後にある「構成してゆく諸力」にも次第に接近してゆくようになる。そして、そうした研究対象の社会の「構成してゆく諸力」との接触の中で、人類学者自身も、何らかの意味でアイデンティティの識別不能地帯へと踏み込んでゆくのであり、そこから新しいものを創造しようとする人類学

者の営みは、どこかで、〔箭内の論文に登場するチリの先住民マプーチェの〕マルガリータやセバスティアンやレオネル・リエンラフのような人々の営みとも反響しあうのである。[*56]

本書が提示する「民族誌の自然」の概念は、フィールドワークと民族誌に関するこのような洞察を一つの着想源としつつ、それを、いわゆる存在論的転回あるいは現代の「自然の人類学」を通して浮上した「広義の自然」の主題と結び付けて展開するものにほかならない。二〇一一年の「ツナミ」の後の不安なフィールドワークにおける私自身の体験がまさしく示すように、人類学者と調査地の人々はしばしば、近代的な「自然／文化」観を逸脱する「広義の自然」と関わることによって、箭内が「アイデンティティの識別不能地帯」と呼ぶ領域にともに立ち入っていく。すなわち一方で、二〇一一年における私自身がそうであったように、人類学者はフィールドワークという転置＝転地の体験を通して、それまで生きてきたのとはまったく異質な「自然」、すなわち人間とそれ以外の諸存在からなる関係性の中に入っていく。たとえば夜のフォウバイタ村での私自身の体験が示すように、長期にわたるフィールドワークとは、そのように「広義の自然」との身体的かつ実践的な関わりを作り直し、それによって、言うなれば異なる「私」になるという、本質的に不穏な体験にほかならない。まさしくそのような体験によって、人類学者は、「自然／文化」という近代的二分法や「文化の多様性」といった観念には回収されえない、現地の人々の生のあり様にはじめて近付くことができるようになるのである。[*57]

他方において、調査地の人々は、「もう海には住めない」あるいは「イモや魚が小さくなっている」と私に語ったように、（第五章で見るラトゥールの言葉を借りれば）非‐近代的な「広義の自然」やその不断の変化と日常的に関わることを通して、それまでの同一性――「われわれ」が「われわれ」

であること——から逸脱していく（アシにとっての「自然」がいかなる意味で近代的な図式を逃れるかについては第三部でより立ち入って論じる）。すでに述べたように、二〇一一年のマライタ島で私が見出したのは、「ツナミ」の体験を受けて「アシがアシであること」が根本的に問い直されているような不安定な状況であった。ここにおいては、「広義の自然」との関わりにおいて、右の引用で箭内が言うように、人類学者を含む「われわれ」と「彼ら」の同一性がともに不確かになるような「識別不能地帯」がたしかに生じている。その意味で、本書のタイトルに言う、「われわれ」と「彼ら」を同時に揺り動かす「不穏な熱帯」とは、ドゥルーズを受けて箭内が言う「識別不能地帯」を言い換えたものにほかならない。

東日本大震災の後、計画停電の際に使っていた懐中電灯を握りしめてマライタ島に戻り、アシの人々と、夜の調理小屋で火に当たりながら「ツナミ」の体験について語り合っていたとき、私が経験していたのは、まさしくそのような、「私」と「彼ら」の双方における「広義の自然」との関わり直しであった。そして、本書が提示する民族誌はそのような体験の産物にほかならない。本書において、「自然／文化」という二分法を逃れる「広義の自然」こそが人類学的実践の対象にして可能性の条件であるというのは、まさしくそうした意味においてである。そして、二〇一一年におけ る私の体験はおそらく例外的なものではない。客体としての「文化」や「社会」について調査し記述していると思っていた時でも、人類学者は実はつねに非‐近代的な「広義の自然」と関わり合っていたのであり、そしてそれを通して、別様な自己に変成しつつ他者と出会っていたのではないか。その意味で民族誌とは、無数の「識別不能地帯」あるいは「不穏な熱帯」におけるそのような出会いの産物にほかならない。[*58]

私の見るところ、人類学／民族誌批判から存在論的転回に至る一連の「転回」を経て、現代の人類学が考えるべきはまさにこのことであり、本書は実際の民族誌を通してそのことを遂行的に示そうとする。さらに、本書の内容を先取りするならば、私にとっては、アシの人々が建設し居住してきたあの島々、「人工的」であると同時に「自然的」なあれらの島々こそが、「自然／文化」の近代的な二分法を超える「広義の自然」を端的に具現するものにほかならない。第三部で見るように、アシの人々は、これらの島々は「生きている岩」で造られるのだが、それらの「岩が死ぬ」ことで徐々に「海に沈んで」いくと言う。そのような語りに見られるように、アシの「海に住まうこと」は、つねに変容する「自然」と関わり合っているがゆえに、これまでの人類学が「文化」とか「社会」と呼んできた領域だけで完結することが決してない。私にとってのもっとも中心的な民族誌的課題は、そのような、近代的な「人間」との相関や「自然／文化」の二分法をつねに超え出る「広義の自然」としての島々について考え、書くということにほかならない。そして、本書で日誌を通して語られる二〇一一年の体験において、これらの島々はすぐれて不定形の、不穏な姿で、アシの人々と私の前に立ち現れることになる。

9　コイナ

二〇一一年七月十六日（土）　一時明るくなるが、その後は終日断続的な雨。一時暴風雨

三日目にもなる天気の悪さのせいで、昨日の夜からさすがに体調にやや問題が出てきた。昨夜からノドが痛くなり、肩なども凝っておりわずかにカゼ気味。そんなだから、ジャケらの昼間の潜水漁に同行しなかったのは、調査活動の上では残念だったとはいえあくまで賢明だった。「今日は自分とローレンだけで行く」と聞いたときはややがっかりしたが、その後、ジャケが言った通り雨が降り始め、ときには暴風雨になった。順序が前後するが、昨日の夜は、先日クワル島で会ったタロとアネットが、フォウバイタ村の女性たちを対象として、村落地域の生業と資源保全をテーマとする啓発ワークショップを開き、僕はこれに顔を出させてもらった。寒い雨の中、会場として借りられた村の幼稚園の建物に行くと、十数人の女性たちが集まっていて、〔先述の通り「本当の土地所有者」と疑われる〕イロイの娘たちが米を炊いて、参加者に出す簡単な夕食の準備をしていた。農作業や土地不足の問題などについて、女性たちのラウ語の語りを録音することができたのはよかった。今日はこれも含めフィールドノートを休み休み記入し、また録音を足早に聞き直してメモをつけた。夕方近く、ジャケたちが漁から帰ったので、思いついて、ジャケたちが捕ってきた魚を一種類ずつ写真に撮り、名前を訊ねて書き取るという「勉強」をさせてもらった。

＊＊＊

私が、フォウバイタ村に住むコイナという女性――ほかでもなく、「本当の土地所有者」と疑われる先のイロイの長女――とはじめて会ったのは、たしかにこの日誌に書かれている七月十五日の夜のワークショップにおいてだった。その時、私は彼女の名前も知らなかったが、その時のコイナの言葉は、今でも奇妙なほどに鮮明に覚えている。ワークショップの中で、集まった女性たちは、マライタ島において男性たちが畑仕事にほとんど協力せず、自分たちは「犬だけ連れて畑に行っている」という苦情を口々に語っていた。そうした中、集まった女性たちに簡単な食事を出すのを妹たちと手伝っていたコイナは、私の方にはっきりと向き直ってこう言った。「そうだよ、サトミ。

だから昔の女の人たちは、遠くにお嫁に行きたがらなかったんだよ。近くに住んで、母さんの畑仕事を手伝えるようにね」。

初対面であったはずなのに、なぜ彼女は私の名前を知っていたのか——これはたいした謎ではないだろう。私はこの地域で唯一の外国人であり、それまで私に会ったことがなかったとしても、コイナは家族や近所の人から、「サトミ」という日本人が「調査」（riseech、英語の research から）のために住み込んでいるという話を聞いていただろう。他方で、同じく初対面であったはずなのに、右の日誌にあるように、名前も知らないコイナを私が「イロイの娘」と断定していることはもう少し奇妙である。しかしこれも、コイナが彼女の妹たちとそっくりな、目鼻立ちのすっきりとした整った風貌をもっていることを明かせば納得されるだろう。数日後、私は、以前にカメラで複写しておいた教会の信者名簿を見て、自分がこの夜出会った女性がイロイの長女であり、ローレンシア・コイナという名前であること、彼女が三〇代後半であることを確認した。

しかし、二〇一一年の私にとってもっとも奇妙だったのは、イロイの家族とそれなりに親しくしていたのに、なぜこれまで長女のコイナと知り合っていなかったのかということだ。私のこれまでの調査期間中、彼女は首都ホニアラにでも住んでいたのだろうか？　同じように、フィールドワークのはじめの時期、フォウバイタ地域の世帯構成をせっせと調べていたにもかかわらず、二〇一一年の私は、コイナの夫が誰であるのか——三〇代後半なのだから当然結婚しているだろう、と仮定して——わからなかった。二〇一一年七月、薄暗いフォウバイタ村の幼稚園の園舎の中で、コイナはそのように幾分謎めいた女性として私の前に現れた。

第二部　歴史

第三章　歴史に抗する島々

1　殺戮の夜

島での暮らしは本当にすてきだったよ、サトミ！　月が明るい夜は、家にも入らないで島の上に寝そべって、だいぶたってから家に入った。あそこに私たちの島があるよ！　もう一度島に住みたいな。大きい家はいらない、ほんの小さな家でいいんだ。昔みたいな、床もなくて屋根があるだけの小さな家でいいから。でも、それをやってくれる男の人がいない……（コイナ、二〇一四年三月）

＊＊＊

二〇一一年七月十七日（日）　曇り一時軽い雨。うっすらと晴れ間も

昨夜は、あいかわらずの悪天候と寒さのために引き続きカゼ気味で不調だった。タロとアネットのマングローヴ・プロジェクトの再びのミーティング——今度は成人男性たちを集めるワークショップ——が予定されていたが、二十時頃になってもたびたび豪雨になり、また幼稚園の園舎は真っ

暗なままだったので、「ひょっとしたら今日はなしになったのかもしれない。体調も悪いことだし、かまわず寝てしまおう」と横になっていた。そうするとオロドおばさんが、「幼稚園で灯りがついたよ」と知らせてくれたので、起き出して出かけていく。前日の女性たちの会合と同様に録音したが、参加者が少なく話があまり盛り上がらなかったり、ラウ語ではなくピジン語であったりしたので、調査上の意義はやや乏しいかもしれない。アネットも僕も、ここ数日は悪天候にさんざん悩まされたわけだ……

さて今日は、夕方かいつかアネットらと話す機会があるだろうと思っていたくらいで、ろくろく調査の予定も立てていなかった。朝は今回の滞在ではじめてミサに行く。神父がいないのでカテキスタのライガが取り仕切る。ミサが終わるとそのまま子どもたちの日曜学校が始まったので、大半は歌を歌っているだけであったが観察。前回滞在時、日曜学校の観察を一切していなかったので、これは今回の調査で必ずやろうと思っていたことだ。カテキスタの説教などを聞いていて、来週以降はほぼ毎週ミサを録音させてもらおう――これはする価値がある――とも思う。

ミサの後、ジャケがうちに来たので、二人でベランダに座ってお茶を飲みながら雑談。こうしたときはいつも、「ジャケは何をねだりに来たのだろうか……？」と身構えてしまうのだが、今日はとくに何も切り出されず。むしろ、僕の調査についての希望などをはっきりと伝えられたのでありがたい機会だった。お昼から、小学校の校舎内で、最近フォウバイタ村に滞在していた修道士が今度助祭（deacon）に叙任されるので、そのための旅費などを集めるための催しが開かれていた。スピーカーなども持ち出され、非常に多くの人が集まって盛り上がっている。僕は昼間になってもやや体調不良を感じていたので、フィールドノートの記入をする前に少し横になって休む。今日はほとんど雨が降らず、ようやく天候回復の兆しが見えてきた。洗濯物もようやく乾き始めてくれた……

二〇一一年七月十九日（火）　曇りのち晴れ、その後昼過ぎに暴風雨、その後は雨

翌日の朝になってから書いている。すでに前日の夜にバッテリーが切れてしまっていたので、この日は一切パソコン作業をせず。夜の間は雨で、朝になっても、数日前と比べてはるかに明るいとはいえまだやや曇っていたので、ジャケ宅の調理小屋の様子をうかがいながら、「ジャケたちの漁に同行するのはまた延期になりそうだな……」と思っていた。ところが、ジャケは〔長男の〕ローレンを連れて漁に出るというので、その場で思い立って「僕も行く！」と言う。曇っているせいで海が多少冷たくても大丈夫だろう、寒ければカヌーに上がっていればいいのだ、と考える。

ジャケは午前中、調理小屋の前で薪割りをしており、潮が引き始める十時半頃に二人で出発する。ローレンはアリックの二人の子どもといっしょに別のカヌーに乗り込んだので、僕とジャケだけが、〔フォウバイタ村の漁師〕コケのカヌーを借りて出かける。空はあいかわらず曇っており、日射しにさらされる心配をしなくていい反面で、水中もカヌーの上もやや寒い。東からの風も強く、海から上がったらウインドブレーカーを着ていないといけないくらいだ。一度カヌーに上がった僕が二度目に海に潜り、ジャケが魚を突くのを見ていたところ、やがて東の空がはっきりと暗く、というか黒くなってきた。ジャケもすぐにこれに気付き、「天気にだまされたな。雨にならないうちに帰ろう」と言う。漁への同行観察を短時間で切り上げることになってしまうが、体力的な負担にならなかったのでよいとしよう。しかし、フォウバイタ村に帰る途中で早くも暴風雨が始まり、ジャケはカヌーの上に立ってびしょ濡れになりながら漕いでいる。

ジャケは、雨宿りのつもりか、フォウバイタ村への帰り道にあるアリテ島の風下側にカヌーを泊めて、その場で捕った魚の内臓を取り出し、海水で腹を洗い始めた。僕はアリテ島を間近に見るの

がはじめてだったので、これはいい機会だと思って、ジャケの手伝いはせずに一人で島の上に上がってみる。「島」といっても、周囲の岩積みが大部分崩れてしまっているせいで、上面の平らな部分はごく狭い。島の一番上まで上がってみると、風上からの風雨が猛烈な勢いで吹き付けてきたが、以前にイロイ本人から聞いていたとおり、彼の父親のものであるという墓石がたしかにそこにあった。墓石には大理石製の墓碑銘板までちゃんと据え付けられており、またその周囲は石で四角く囲ってある。暴風雨の中、イロイの父の墓をこのように確認すると、僕は島の斜面を降り、再びジャケとカヌーに乗ってフォウバイタ村へ戻った。

村に帰ってからは水浴びをし、ジャケたちといっしょに紅茶を飲み、それから僕が米一キロを提供して、捕ってきたばかりの（今日は雨のせいで少なかったが）魚で遅い昼食。ジャケ宅の調理小屋で火に当たってからだを温める。天気も悪く、からだはほどよく疲れている感じだったので（また、バッテリーが切れていてパソコン作業ができないので）、夕方はそのまま読書をしたり横になったりして休む。

＊＊＊

右の日誌に登場する無人の島、アリテ島とその元居住者であるイロイ、そして彼の長女であるコイナについては、すでに前章で紹介した。フィールドワーク中の私に対してこの島とイロイが決定的なかたちで立ち現れたのは、二〇〇九年七月のある日のことだった（当時、まだコイナとは出会っていなかった）。その日、散歩の途中でとくに当てもなしにイロイ宅を訪ね、イロイと並んで床下に座っていた際、普段は寡黙な彼が、あたかもその機会を待っていたとでも言わんばかりに、珍しく自分から口を開いた。そして彼が語ったのは、当時の私にとって驚くべき内容であった。

イロイによれば、アリテ島を造った父方祖父の親族たちはかつて、現在のフォウバイタ村の近くに大きな村をつくって住んでいた。ところが、ある晩「オメア」(*omea*)、すなわち戦闘・襲撃のために組織された集団がやって来て、この親族たちはほぼ皆殺しにされてしまう。生き残った男性は、まだ幼かったイロイの祖父一人だけであった。その夜、祖父はあまりに泣くので、二人の姉と一緒に、月経中の女性の隔離区画「マーナ・ビシ」(*maana bisi*)に寝かされていた。オメアの男性たちは、「けがれた」(*sua*)状態になることを恐れてマーナ・ビシには立ち入らないので、この子たちは助かったのだ。オメアを行ったのは、現在この一帯の「土地所有者」とみなされているフォウバイタ氏族の祖先たちで、それ以後、この人々が本来の先住集団の代わりに現在のフォウバイタ村付近に住むことになった。一方、生き残った祖父は、オメアを行ったフォウバイタ氏族に「養子に取られて」(*sulufia*)育てられた。しかし、マライタ島では、自分たちのことを殺しにやってきた人々からは決して食べ物を受け取ってはならないとされる。もし食べ物をもらったならば、自分や親族が必ず死ぬことになり、こうした食べ物のことを「死を覆う食べ物」(*fanga faafi maea*)と呼ぶ。弟がトラック事故で死んだ(前章参照)のもこの食べ物のためである。また、オメアの生き残りである祖父は、自身の親族を殺したフォウバイタ氏族の人々の下で大きくなり、結婚した後にアリテ島を建設してそこに移り住んだ――これがイロイの語りであった。

現在のフォウバイタ村と沖合の島々をめぐる「隠された歴史」とでも呼ぶべきものを語るこのような語りに接し、私は大いに驚き、この語りをどのように受け止めればよいのか、と困惑・動揺した。ごく表面的に見るならば、イロイの説明は、自らを「フォウバイタ村の本当の先住集団の生き残り」として正統化するものとなっている。だとすれば彼は、調査者に対し、自身を「本当の土地所有者」として提示するために、ありもしない話をでっち上げたのだろうか？　しかし、マライタ島の人々は一般に、「祖先やその系譜について虚偽を語るならば、必ず病や死などの災厄が訪れる」と語る。だとすれば、前章でも述べたように、すでにいくつもの災厄に見舞われているイロイが話をでっち上げたとは考えにくい。

同じ会話において、イロイは、一九六〇年代末に亡くなった自身の父が、今では無人となったアリテ島にたった一人埋葬されていることを気にかけている、と語った。右の日誌で書かれているように、ジャケと漁に出た帰りに私が見たのは、まさにこの父の墓である。「父さんをここ〔フォウバイタ村〕に連れてくることができればいいのだが、それもできずにいる……」。男性の死者を島に埋葬することは、アシの間で広く行われてきた慣習であり、[*1] この父が亡くなった当時、イロイや弟たちはアリテ島に住んでいた以上、この埋葬地の選択は自然なものだった。しかしその後、一九八〇年代はじめに彼らの家族がマライタ島本島に転出したことで、父の墓は無人の島に放置されることとなった。イロイが気にかけているのはまさにそのことである。なお、イロイ自身は明確に語らなかったが、彼が父の墓を移すことができないことは、前章でも述べた、本島の土地をめぐるフォウバイタ氏族との潜在的対立とおそらく関わっている。父の移葬に関してフォウバイタ氏族の許可を求めたならば、イロイは同氏族の正統性を認めたことになるが、他方で彼が墓を独断でフォウバイタ村に移したなら、それはその土地に対する所有権を暗に主張したことになる。それだけではない。前章でも述べた通り、イロイにおいて、フォウバイタ村の土地が自身のものであるという「事実」は、確固たる証拠によって支持されることのない、あくまで不確かな知識としてである。もしこの土地が本当にイロイのものでなかったならば、墓を強引に移した場合、彼は再び何らかの災厄を招くことになるであろう。そのように、父の墓を移そうとすることは、イロイにとって危険な賭けであらざるをえない。

なお、右のイロイの不穏な語りにおいては、フォウバイタ村沖におけるアリテ島の建設と、現在の同村のあたりで起こったという「オメア」（戦闘・襲撃）による殺戮《さつりく》が、祖父が成人・婚姻するまでの二〇〜三〇年ほどの時間を隔ててとはいえ、直接に結び付けられている。そして、前章で見たように「しゃべれない」とされるイロイ、自身に関わる過去を流暢《りゅうちょう》に語る言葉をもたない彼において、この島に関わる歴史は、言うなれば「語りうること」と「語りえないこと」の境界上において、かろうじて語り出されている。マライタ島において、系譜や移住史、個別の島の由来といった歴史的過去は通常、祖父、父や父方オジといった父系親族からの口承によって語り継がれるとされる。これに対し、イロイにおいては、祖父の幼少時に起こったという殺戮によって、そのような歴史的記憶を継承する可能性それ自体が断絶していることになる。右に見た語りは、そのような断絶を乗り越えるようにしてなされた、半ば不可能な語りなのである。

2　謎としての歴史

二〇〇九年四月、日本への一時帰国の後にマライタ島に戻る準備をしていた私は、ホニアラのホテルで、私をフォウバイタ地域に紹介してくれたアラドと話をしていた。フォウイアシ島の出身である彼は、前章で述べたように粗暴で悪名高いフォウバイタ氏族の人々に対してつねづね批判的であった。この日の会話においてアラドは、「フォウバイタ氏族は本当の土地所有者ではない。イロイこそが本当の土地所有者だ」といういつもの持論を、多分に雄弁に語った（同様な持論はフォウバイタ地域の一部の人々によっても語られる）。これに対し、私が「ではなぜ、本物でないフォウバイタ氏族が土地所有者として居座っているのか?」と尋ねたところ、アラドの表情は一変した。彼は数十秒にわたって沈黙した後で、眉間に深いしわを寄せて、「わからない……それはわからない……」と声を絞り出すようにして答えた。この会話のエピソード、そして彼の苦悩に満ちた表情が何よりよく示すように、今日のアシにとって、自分たちに関わる歴史的過去はしばしば「よくわからない」(*langi si baitamana diana*)、語ること自体が困難なものであり、かつ、そのことは人々にとって一つの実存的な困難としてあるのだ。

周囲の人々から「しゃべれない」と評されるイロイは、一見特異で例外的な存在に見えながら、実のところ、歴史的記憶をめぐるアシの人々一般の状況を体現している。一方でアシは、自分たちに関わる歴史的過去を実存的とも言うべき仕方で重視する。そのことは、フォウバイタ村近隣に住む男性が、ある時、英語と現地語を取り混ぜて、「歴史(history)こそが人をある場所にとどめさせる(*faa-too imola*)のだ」と語った言葉にも表れている(二〇〇九年九月)。すなわち、自らの祖先の系譜や移住・定着の歴史を知らない者は「根無し草」(*liu ai*)に過ぎず、自分たちはそれらをたしかに知っていなければならない、というわけである。しかし他方で、マライタ島での私のフィールドワーク体験は、そうした歴史的知識がアシにとって決して自明のものではないことを示している。この島はいつ、誰によって建設されたのか、その建設の動機はどのようなものだったのか、かつてそこに住んでいた二つの親族集団の間にはどのような関係があったのか。そのような質問に対し、人々は、雄弁に答えるどころか、右のアラドのように、しばしば戸惑いを示し、言葉に詰まる。アシの人々の歴史的過去との関わりには、たしかにある種の忘却や「語りえないこと」の契機がともなっているのであり、イロイという人物は、そのことを極端なかたちで体現している。

右のイロイやアラドの例が示すように、アシにとって歴史とは、現在における「われわれ」に対しアイデンティティの根拠を提供するようなものでは決してない。それはむしろ、人々をたえざる不安や探究に招き入れる、無数の「謎」としてあるのだ。そして、第一部で見たように、二〇一一年のフォウバイタ地域の人々は、「世界青年の日」を前にカトリック的「コミュニティ」としての自らを省み、「村の埠頭はすっかり低くなってしまった」と語り、また、「もう海に住み続けることはできない」と口々に語っていた。そこで問題になっていたのは、キリスト教受容や島々からフォウバイタ村への移住といった「われわれ」の歴史にほかならない。そしてそれは、まさしく右で述べたような意味での歴史、すなわち、現在の「われわれ」を構成していると同時にそれについて知り、語ることが困難な「謎」としての歴史にほかならなかった。

アシにおける歴史とのこのように両義的で不穏な関係に注目する以下の第二部での考察は、通常の人類学的方法に対して一定の緊張関係にある。多くの人類学的研究においては、今日なお暗黙の前提として、ポジティヴで雄弁な語りが主要な「データ」とされる。たとえば神話や儀礼についての研究は、それらについて雄弁に語ってくれるインフォーマント——多くの場合は高齢の男性——に大きく依存するのが通常であり、「わからない」、「よく知らない」といった返答はしばしば「データ」から排除される。そうであるとすれば、自身に関わる過去について「しゃべれない、語ることができない」とされるイロイ、そして彼がかつて住んでいたアリテ島という岩の山は、そうした通常の人類学的アプローチに対してたしかに異物となっている。右で見た語りにおいて、無人のアリテ島は、人々の過去を証拠立てるかに見えて何も語らない、反歴史的とも言うべき逆説的な存在として立ち現れているのである。

＊＊＊

マライタ島でのフィールドワーク中から、私はつねづね、アシの島々にいわく言い難い歴史的時間を超えた性格を感じ取っていた。以下でも述べるように、アシの島々は一方で、アシ自身にとっても調査者にとっても、すぐれて歴史的な、すなわち過去を記録し、それを具現することによって現在に伝えるような対象である。アシの島々の一つの特徴がその物質的な持続性にあることは明らかであり、右で見たイロイの語りにおいても、アリテ島は祖父をめぐる禍々しい歴史を現在において具現するものとして語られている。しかし他方において、これらの島々はしばしば、歴史的時間とは異なる時間の中に浮かんでいるような、あるいはそのような時間の外に脱落しつつあるような、独特の表情をもっている。事実、アリテ島についてのイロイの語りは、右で述べたように、殺戮の歴史を語り継ぐことの可能性と不可能性の境界上でなされていた。かつて彼の家族が住んでいたこの島は、それがいつ、どのような経緯で成立したのかが、イロイ自身においてもあくまで不確かにしかわからない、それについて語ることが困難な島としてあった。その島は、歴史的な解読や文脈化に抵抗する、あくまで不透明な対象なのだ。

　このような歴史からの脱落は、アリテ島のように、すでに人が住まなくなった無人の島――まったく字義通りに人間〈以後〉の島――の場合に顕著である。たとえば、右のイロイの語りがなされたのと同じ二〇〇九年七月、フォウイアシ島に滞在していた私に対し、当時の私の親しい友人であったメケは、同島の数百メートル沖合に見える無人のフェラゴウ島を示してこう言った。

フェラゴウ島に人が住まなくなったのは、二〇年あまり前だろう。あの島にはもともと一家族だけが住んでいて、息子が一人と娘が二人いた。娘の一人は狂人だった。結婚を娘の父に拒まれた男が腹を立て、霊を使って娘を害したからだ。フェラゴウ島にいた人たちは、今ではこのあたりには一人も残っていないよ。

家族に起こった災厄と島からの転出を暗に結び付けるこの語りにおいて、フェラゴウ島は、島々の歴史をめぐる人々の語りや記憶から半ば脱落しつつある。一方において、この島にかつて居住していた人々や、この人々が過去に経験した災厄はかろうじて記憶にとどめられている。しかし他方において、この島の元居住者たちがすべて他地域に転出しているという事情により、この島のそうした過去が語られるという可能性それ自体がすでに消失しつつある。事実、フォウバイタ地域での調査期間を通じ、私はこの島についての証言にほとんど接していない。フェラゴウ島は、歴史的なそれであれ、親族関係などの社会的なそれであれ、いかなる文脈にも位置付けがたい半ば忘れられた島なのであり、右の語りは、そのような忘却の縁でなされた境界的な語りであると言える。そのようにアシの島々は、すぐれて歴史的であると同時に非歴史的・脱歴史的であるという両義的な対象であり、フィールドワーク中の私が日々向き合っていたのは、研究者とアシの人々の双方に問いを投げかける、そのように不穏な島々であった。

3　交換論とその彼岸

本章で見るように、マライタ島もその一つであるオセアニアの島々は、二〇世紀の人類学史において、ある時にすぐれて非歴史的・無時間的に描かれたと思ったら、別の時には一転して歴史的文脈の中に置かれて論じられる、という往復を繰り返してきた。そもそもオセアニアの島々は、一面において非歴史化されやすい、すなわち、歴史的時間の外にあるかのように想像されやすい対象である。ヨーロッパ人の進出によって近代的な世界システムに組み込まれたのが比較的遅かったオセアニア地域は、以下で見るように人類学者の間においてさえ、世界の歴史から切り離され、独自の文化を保ったままで孤立した「歴史なき島々」であるかのようにしばしば想像されてきた。本書の主題であるアシも、マライタ島の一隅で「人工島」という独自の生活様式を維持してきた人々として、一見しただけでは、外部世界の歴史と無関係であったかのように見える。そして、島々をめぐるそのような想像力は、実のところ、二〇世紀のオセアニア人類学、とくにメラネシアにおける「交換」と「歴史」をめぐる議論に深く根差している。

第一部ですでに述べたように、マリノフスキは、一九二二年に出版された『西太平洋の遠洋航海者』で、長期フィールドワークに基づく民族誌という二〇世紀の人類学の様式を決定的に方向づけた。そこで描かれていたのは、ニューギニア島東端沖において、貝殻製の交換財が島から島へと贈与され続ける「クラ」と呼ばれる儀礼的交換のシステムであった。島々を結ぶこのような交換のネットワークとそれにともなう儀礼や呪術を詳細に記録することによって、マリノフスキは結果的に、「メラネシア交換論」と呼ぶべき研究分野をも立ち上げることになった。

マリノフスキのクラ民族誌を一つの出発点とするメラネシア人類学は、貝殻やブタなどの財貨・食物を大量に贈与し分配する、いわゆる儀礼的交換の諸事例を各地に見出しつつ、分析視角としての「交換」の概念を発展させてきた。そこでの「交換」には、単に個人や集団の間でのモノのやり取りだけでなく、通婚関係や子どもの養育、祖先霊への供犠、さらには儀礼的交換に付随する言語行為など、さまざまな社会的やり取りが含められてきた。[*2] 伝統的なメラネシア人類学において、民族誌の対象としての「社会」や「文化」は、まさしくそのような「広義の交換」を通じて構成され、またそれらの総体として成り立つものと理解されてきたと言える。そこでは、交換は「社会関係」一般の同義語にほかならず、ここでは、そのような見方に基づく一群の――きわめて多数の――研究を「メラネシア交換論」と呼ぶこととする。

マリノフスキがそうしたように、個別の島や社会集団を、それぞれ孤立したものと見るのではなく、広義の交換によって互いに結び付けられたものとして見るというメラネシア交換論の分析視角は、その関係論的・ネットワーク論的な性格において、一面でたしかに現代性を帯びている。私自身、人類学の現状についてほとんど知識をもたないまま二〇〇八年にフィールドワークを始めたとき、マライタ島北部の「アシ」と「トロ」（山の民）の間で行われてきたという市場交易とその現代的変容について経済人類学的な調査をしよう、と漠然と思っていた。[*3] そのようにメラネシア交換論の様式に従っておけば、なんとかもっともらしい民族誌ができるのではないかと、きわめて素朴に考えていたのである。また、その後も私は、アシが住まう島々を、「広義の交換のネットワークの中にある島々」として、繰り返し交換論的に論じてきた。[*4] たとえば、島から島への移住を物語る「アイ・ニ・マエ」と呼ばれる一群の移住伝承は、島々を、婚姻すなわち婚資の贈与を媒介とした「女性の交換」によって互いに結び付けられたものとして描き出している（少なくとも、一面でそのように見える）。また、キリスト教受容以前のアシにおいては、死者の頭蓋骨を切除し保管した後に、氏族ごとに異なる特定の場所に移送して集合的に安置する独特の多段階葬が行われていた。別のところで詳論したように、このような葬送儀礼は島々を結ぶアシの移住や通婚関係と密接に関わっており、私はアシの人々が、生者としてのみならず死者としてもつねに移動することで島々を結び付けてきたことを強調してきた。[*5]

しかし、アシの島々を記述する上で、「ネットワークの中の島々」というそのような交換論的な枠組みはどこまで有効なのか。そのような分析視角にはどこかに限界があるのではないか。無人のアリテ島やフェラゴウ島をめぐる語りに即して先に見たように、今日のアシにとって島々はしばしば、「広義の交換のネットワークの中の島々」ではなく、社会的・歴史的な関係性から繰り返し脱落する、不穏な無関係性の形象としてその姿を現す。[*6] だとすれば、アシの島々を「広義の交換のネットワーク」に回収しようとするような交換論には明確な限界があるはずである。ある意味では、本書の第二部と第三部における考察は、アシの島々に関するこれまでの私の分析をも大きく規定してきたメラネシア交換論を見直そうとするものにほかならない。[*7]

＊＊＊

メラネシア交換論に対するこのような問い直しは、人類学や思想・哲学における現代的な動きとある仕方で交わり合う。事実、本書における交換論の相対化は、ドゥルーズ／ガタリに依拠して人類学的「交換」概念の再構成を試みたヴィヴェイロス・デ・カストロの議論、およびその背景をなすクラストルの交換論／構造主義批判を主な着想源とするものである[*8]（言うまでもなく、「歴史に抗する島々」という本章のタイトルもクラストルへのオマージュである）。

さらに、近年の——具体的には、主に二〇一〇年代以降の——人類学理論の展開を見ると、一部の論者たちの間で、「ネットワーク」その他の語で表現される関係性の広がりを記述するという方法論に対し、一定の不満や留保が表明されていることに気付く。たとえばホルブラードとピーダーセンは、前章でも挙げた、いわゆる存在論的転回について総括的に論じた著書の最終章で、彼らが『ポスト関係論的』な移行」[*9]と呼ぶ理論的方向性について論じている。「関係の後で」と題されたこの章では、通常は関係論的に理解されない「個人」や「神の超越性」といった主題を取り上げることで、二〇〇〇年代以降の人類学における理論的展開の中心にあった「関係」の概念それ自体が反省的に問題化されている。またこの章では、関係性の概念を拡張するのとは異なる議論のモードを探究するという共通の理論的関心をもった多数の論考——いずれも二〇〇〇年代後半以降のもの——が挙げられている。[*10] これによってホルブラードらは、さまざまな存在者の間の関係性を拡張的に記述していくというスタイルとは異なる議論のあり方を模索しているのである。[*11]

同じようにカンデアらは、二〇一五年、端的に「関係論的思考の限界についての試論」を副題とする論集『分離＝乖離（デタッチメント）[*12]』を出版している。この論集の序論では、二〇世紀末以降の学問的および社会的想像力において、関係性あるいは「関わり合い」（engagement）の肯定的なイメージが圧倒的な優位を占めていることへの違和感が表明され、ストラザーンの理論（次章参照）における「切断・断絶」の契機などを手がかりとすることで、関係性の一元論を超え出る新たな人類学の方向性が模索されている。[*13]

ホルブラードやカンデアらによる「ポスト関係論的」人類学の提示がどこまで成功しているかについては、議論の余地があるだろう。それでもなお、これら近年の議論がたしかに示しているのは、今日の人類学理論において、「ネットワーク」や「広義の交換」といった用語に象徴される拡張的・一元的な関係論とは異なる議論のモードがすでに求められているという事情である。ホルブラードとピーダーセンの言葉を借りるならば、「ポスト関係論的な『移行』は、実際に可能である――それどころか、求められている」[*14]。これらの論者に共通するのはおそらく、経験世界の総体を関係性の広がりとして一元的かつ俯《ふ》瞰《かん》的に記述してしまえるとする理論あるいは「概念的美学」[*15]（conceptual aesthetic）への警戒であり、そのような美学を、本書の「はじめに」で引いたフーコーの言葉をもじって「内の思考」と呼ぶことができるだろう。そして本書は、そのような思考に抗おうとする問題意識を共有するものである。また、近年の一部の人類学者におけるそのような問題意識は、同時代の思想・哲学におけるいわゆる思弁的実在論の関心、すなわち、思考・認識主体としての人間との関係性から切り離された「事物それ自体」を再び思考しようとする方向性ともたしかに通じ合う[*16]。以下での課題は、そのような現代的動きをも踏まえつつ、二〇世紀を通して定型化されてきたメラネシア交換論の彼岸において、アシの不穏な島々をその独特の無関係性と呼ぶべき性格において記述することにある。そしてそれこそが本書の目指す「外の思考」なのであり、なおかつ、第三部で見るように、そのような無関係性においてはじめて、アシの島々は人間〈以前〉的かつ人間〈以後〉的な「自然」の島々としてその姿を現すだろう。

4　島々の歴史を書く――マリノフスキから歴史人類学へ

二〇〇八年十二月、私は、自身が生まれ育った島で休暇を過ごすマチルダ――前章でも登場した、州都アウキの町外れに住むアラドの姉――とともにフォウイアシ島に滞在していた。おしゃべりをしているうちに、マチルダがこの島のかつての居住者について話題に出した。「昔この島には、『短い腕』（'Aba kuru）と呼ばれる男が住んでいた。この男は生まれつき右腕が途中までしかなかった。それでも彼は、片手でサゴヤシの葉を編んで家の屋根や壁を作ることもできれば、海で魚を突き捕ることもできたんだ」。この話を聞きながら、私は、マチルダは何か神話的な人物について語っているのだろうと思っていた。しかし、彼女はこう続けた。「ほら、あそこにいる男の子を見てごらん。あの子が『短い腕』の息子だよ」。

＊＊＊

先述したマリノフスキの『西太平洋の遠洋航海者』は、この第二部における「歴史」という主題との関連でも、人類学史における一つの里程標となっている。しばしば指摘されるように、二〇世紀初頭、マリノフスキやラドクリフ＝ブラウンは、長期フィールドワークに基づく個別地域の集中的研究というスタイルを確立するとともに、一九世紀以来の進化論的人類学を「推論的歴史」として厳しく退けた。[*17] そこにおいて二〇世紀の人類学は、フィールドワークの時点における「文化」や「社会」の共時的な全体性を観察し記述する学として自らを定義していた。そのようにマリノフスキらが打ち立てた共時的で非歴史的な人類学は、結果的に一九八〇年代頃まで、人類学における一つの標準的なスタイルとなる。

たとえば、「クラの慣習はいかにして始まったか」といった「起源」の探究は、マリノフスキの関心事ではなかった。彼は次のように述べることで、それ以前の進化論的人類学との差異を強調している。

トロブリアンド諸島における食料品の蓄積の根底にある考え方について論ずるとき、私は住民たちの現在の、実際の心理状態を問題にしているのである。とくに強調しておきたいのは、諸慣習や心理の「起源」や「歴史」については、ここでなんらの推測も提示するつもりはない、ということである。そういうものは、理論的、比較的な研究にまかせたいと思う。[*18]

このように見るとき、マリノフスキが『西太平洋の遠洋航海者』で描き出したのが、島から島へと交換財が儀礼的に贈与され続ける、「クラ」と呼ばれる円環であったことは象徴的である。そこにおいてクラはあたかも、始まりもなければ終わりもなく、永遠に、あるいは無時間的に輪を描いて行われ続ける、すぐれて歴史を超えた事象として描き出されていた。長期フィールドワークに基づく民族誌という研究スタイルにおいてのみならず、このように研究対象を本質的に無時間的で超歴史的なものとして描き出した点でも、マリノフスキのクラ民族誌はその後の人類学のあり方を規定するものとなった。

今日ではよく知られているように、マリノフスキがフィールドワークを行ったのは、ヨーロッパにおける第一次世界大戦というすぐれて歴史的な背景の下においてであった。[*19]これに対し、『西太平洋の遠洋航海者』に描かれたクラは、そのような歴史的時間とはまったく切り離された時間——第一章で論じた、いわゆる民族誌的現在——の中で円環を描き続けているという印象を与える。さらに言うなら、そこにおいて、オセアニアの島々は、たしかに「歴史なき島々」として描き出されていた。さらに言うなら、マリノフスキの民族誌は、神話的とさえ言いたくなるそのような超歴史性のゆえに、二〇

世紀人類学の古典、すなわち歴史的限定性を超えて再解釈され続けるテクストとなりえたように思われるのである。

本章で見るように、マリノフスキらがそのように打ち立てた共時的な人類学を問題視し、人類学に歴史的な視点を再導入する動きは、ずっと後の一九八〇年代頃から顕著になる。そこで提唱された「歴史人類学」という新たなアプローチは、たしかにそれ以前の人類学に対する一つの転回をなしていた。右で述べたようにマリノフスキは、「無数の矢印で互いに結び合わされた島々」というメラネシア交換論の「原イメージ」を決定的な仕方で提示していた。その後のメラネシア人類学が、一面でそのような原イメージを忠実に反復するかのように、「広義の贈与・交換の多様な実践を通してつねに構成され再構成される社会」という社会像を描き出してきたことも、すでに指摘した通りである。と同時に、マリノフスキにおいてあくまで非歴史的・無時間的に想像されていたそれらの矢印は、以下で見る一九八〇年代以降のいわゆる歴史人類学において、島々が相互に結び付けられる歴史的な過程としてとらえ直されることになる。

一例として、北欧におけるオセアニア人類学の主導者の一人であるヴィディングは、一九九〇年代の研究で、ソロモン諸島西部のマロヴォ・ラグーンに住む人々を、漁撈、交易活動や戦闘を通して、つねに外部世界との間に広義の交換関係を結んできた人々として描き出している。[*20] そして彼は、一九世紀以降の西洋世界との接触の歴史をも、あくまでそのような伝統的交換関係の延長として記述しようとする。同書の冒頭近くにおいて、ヴィディングは次のように書いている。

> 口頭伝承および文書記録に基づき、私は、マロヴォにおける、そしてマロヴォを越えて広がる、ヨーロッパとの接触以前の社会政治的システムについて探究する。このシステムは、海を

越えて広範囲に及ぶ首狩りの遠征と儀礼的交換を通じた活発な島嶼《とうしょ》間交通、および、マロヴォ・ラグーン地域内部の海岸居住集団と森林居住集団という明確に区別された集団間の相補的な物々交換の制度に立脚していた。さらに私は、到来したヨーロッパ人がマロヴォの文化的図式に大部分組み込まれた仕方を分析するが、このプロセスはとくに、前植民地時代の海洋システムにおいて支配的であった外向きの指向性に基づくものであった。[*21]

ここでは、マリノフスキ以来のメラネシア交換論の原イメージ、すなわち「つねに交換してきたメラネシアの人々」や「広義の交換のネットワークの中の島々」というイメージが、忠実に反復されると同時に歴史化されて再提示されている。

ヴィディングにその一端を見ることができる、人類学を歴史化しようとする一九八〇年代以降のアプローチに対し、この第二部における考察は両義的な関係にある。すなわち一方で、本章では、アシの島々に関わる意外な歴史的文脈を再構成し、その文脈の中に島々を置こうとする歴史人類学的なアプローチを採る。しかし他方において、以下で提起したいのは、アシの島々を単純に歴史化しようとするそうしたアプローチは、あくまで一面的なのではないかという問いである。この問いは、本書と同じオセアニア地域を対象とする人類学が、島々と歴史の関係をこれまでどのように論じてきたかを問い直す作業にもつながる。すでに述べたように、オセアニアの島々についての人類学的研究は、二〇世紀初頭以来、これらの島々をある時は歴史的文脈の中に置き、またある時は歴史から切り離されたものとして描くという揺れ動きを見せてきた。その意味で、すぐれて歴史的に見えたと思ったらどうしようもなく歴史から脱落したものと見えるというアシの島々の両義性は、これまでのオセアニア人類学における歴史という主題そのものを体現している。

この第二部で目指すところは、一九八〇年代以降のいわゆる歴史人類学がそうしたように、再構成可能な文脈としての「歴史」を明らかにするのではなく、言うなれば歴史が、出来事性に満ちた不定形の姿で現れる瞬間をとらえるような、「歴史」に関する新たな人類学的思考のあり方を示すことである。[*22] 以下で論じるように、イロイの語りに見られるようなアシの不穏な島々は、歴史人類学も含めてこれまでのメラネシア人類学で支配的であったような、「島々を結ぶ無数の矢印」あるいは「ネットワークの中の島々」という交換論や関係論の図式では決してとらえ尽くすことができない。そのことはとくに、アリテ島やフェラゴウ島のような、歴史的な文脈化あるいは関係性から不断に抜け落ちていく無人の島々に明らかである。そして、本書でその日誌を引用している二〇一一年のフィールドワークを通して私がまさしく目撃し体験したように、アシの人々は、文脈化することのできない歴史の不穏なあらわれに接することを通して、歴史との関わりにおいて構築される「われわれ」という自己同一性を離れ、前章の末尾近くで述べた「アイデンティティの識別不能地帯」に歩み入っていくのである。

なお、「歴史」を主題とするこの第二部の考察は、第一部で提示した「今、民族誌をいかに書くか」という主題とも不可分である。以下で紹介するトーマスの議論に典型的に見られるように、一九八〇年代以降のいわゆる歴史人類学は、それまでの人類学におけるエキゾティシズムや「他者」観を根本的に批判しようとするものであった。トーマスらの論者は、それまでの人類学における文化的他者の実体化を批判し、それに代えて、「われわれ」と「他者」の間で共有され、また、その中から「自文化」と「異文化」の双方が構成されてくるような歴史的プロセスに注目することを主張した。ここにおいて歴史は、「他者」や「異文化」の観念を相対化するための準拠点とみなされており、その点において、一九八〇〜九〇年代に隆盛した歴史人類学は、同時代における人類学／

民族誌批判の一環をなしていた。これに対し、前章でも論じた二〇〇〇年代後半以降のいわゆる存在論的転回は、時に「戦略的エキゾティシズム」とも呼ばれる姿勢によって、一九八〇～九〇年代の歴史人類学とは一転して、文化的他者性をあえて強調するスタイルを提示してみせた。このような経緯において、人類学における歴史という主題を考えることは、「他者」や「異文化」をいかに概念化し、それに基づいていかなる民族誌を書くかを考えることに直結する。歴史を単に自己同一性の根拠とみなすのでもなく、また、歴史人類学が主張したように、他者を歴史的過程に解消するのでもなく、他者と歴史という二つの主題をいかに新たな仕方で思考することができるか――それが以下で考えてみたい問題の一つである。

5 「歴史なき島々」と「歴史の中の島々」の間で――サーリンズの歴史人類学

本書で引用している日誌の時期よりもずっと後の二〇一八年八月のある日、私は、フォウバイタ村出身の友人が運転するタクシーに乗って、首都ホニアラの中心部を外れたある集落に向かっていた。目的は、二〇年以上前にフォウバイタ地域からホニアラに転出し、私がこれまでに一度も会ったことがなかった、イロイの唯一の（存命の）弟ゲラ（五〇代）を訪ねることだった。これまでの私は、マライタ島での長期調査を終えるといつも気力を使い果たしており、帰国直前のホニアラ滞在中には調査と言えるほどの調査をできずにいた。この月、親しい友人がホニアラでタクシー運転手をしていることを知ったのをきっかけに、はじめてそうした状況を変えてみようと思い立ったのである。「ゲラのところに連れて行ってくれ」――友人は私の頼みを二つ返事で引き受けてくれた。車を運転しながら、彼は、「ゲラたちはゴミの脇（*noima tafu*）に住んでいるんだ」と言った。しかし、私はこの言葉を別段気にも留めなかった。ホニアラで私が滞在しているアラド宅の周辺も含め、ホニアラでは、道端にゴミが乱雑に捨てられ、小山を作っていることはよくあるからである。しかし、タクシーがゲラ宅に近付いたとき、私は友人の言葉の意味をはじめて理解した。ゲラたちが住んでいるのは、おそらくホニアラ中から集められたゴミが積み上げられる巨大な堆積場の脇であり、彼らはどうやら、このゴミ捨て場の隣の沼地を埋め立て、その上にバラックを建てて住んできたのだった。

ゲラとその家族は、前触れもなく訪ねてきた私を歓迎してくれた。「こうして訪ねてきてくれたということは、私たちのことを大切に思って（*manata baita*）くれているということですね」――ゲラの妻はそう言った。ゲラは、イロイほどではないが無口でおとなしそうな男性で、「ふんふん……そうか……」と小声であいづちを打つ様子がイロイにそっくりだった。彼の家には、同い年だという理由もあって私がフォウバイタ村で親しくしていたイロイの四女フォヌも訪ねてきていた。私の訪問の意図を察したのか、フォヌは、「フォウバイタ村の土地は父さんたちのものだよ、サトミ！〔フォウバイタ氏族の〕マエリたちはよそから来た者に過ぎないんだ」と訴えるように言った。

＊＊＊

アメリカの人類学者サーリンズは、一九五〇年代に、オセアニアの島々における環境と社会経済生活についての進化論的研究から出発し、いくつかの理論的立場を渡り歩きながら、影響力のある著作を次々に発表してきた。その彼は、一九七〇年代末以降、オセアニアの島々におけるヨーロッパ人との初期接触史に注目する一連の歴史人類学的な研究を発表し、多大な反響を呼ぶことになる。サーリンズの議論を受けた一連の論争は、結果的に、オセアニアの島々をめぐる歴史人類学の方向性を形作ってきたとさえ言える。[*23]

この時期のサーリンズの研究をまとめた一九八五年の著書は『歴史の島々』[*24]と題されているが、この簡潔なタイトルには、マリノフスキ以来のオセアニア人類学が描いてきた「歴史なき島々」と、サーリンズが新たに提示しようとする「歴史の中の島々」の間の緊張関係がよく示されている。同書の序論においてサーリンズは、自身の視点の変化を以下のように振り返っている。

私が信じたがっているように、この本が潜在的な首尾一貫性に貫かれているとしたなら、それは各論文が、私が研究してきた太平洋の諸民族にも歴史があるということを発見して情熱が爆発した間の、比較的短い期間内に書かれたからである。普通の平均的研究に登場する《民族誌的現在《エスノグラフィック・プレゼント》》の無時間的姿勢は一種の職業的かつ理論的危険をはらんでいるのだが、その姿勢をとっていた私は長い間、この地域の歴史について無知も同然だった。[*25]

彼自身が述べるように、サーリンズはこの時期、オセアニアにおける初期接触時代の豊富な、かつ比較的新しい文書資料に基づき、オセアニア地域の文化と、この地域が世界史的な関係性の中に巻き込まれていく歴史的過程の相互作用について実証的に研究できる、という着想を得るに至った。具体的に言えば、彼が実践しようとしたのは、構造主義の隆盛以来の「構造と歴史」あるいは「共時態と通時態」の二項対立を乗り越えるような歴史人類学である。[*26]それは、各地域に固有で比較的安定した文化的構造と、一回的な、そして多くの場合外部世界との関係をともなう歴史的過程の

「弁証法的」な相互作用を論じる、構造主義的歴史人類学として提唱された。より具体的に言うなら、サーリンズの構造主義的歴史人類学は、弁証法的に結び合わされた二つのテーゼの上に成り立つ。[*27]すなわち第一に、歴史的出来事は、既存の文化的枠組みに従って意味づけられる（サーリンズの用語法により忠実に言うなら、単なる「起こったこと」（happening）は、既存の文化的枠組みに当てはめられることではじめて、意味をもった「出来事」（event）になる）。そして第二に、既存の文化的枠組みは、その都度異なる歴史的状況にそのように適用されることで、多かれ少なかれ変容する。サーリンズは、既存の文化的カテゴリーが、そのように新たな状況に適用されることで再定義され変容するような、不安定あるいは非決定的な状況を、「状況の構造」（the structure of conjuncture）と呼んでいる。[*28]

このようなサーリンズの構造主義的歴史人類学を端的に代表する議論は、ハワイ諸島へのジェームズ・クックの来航と彼の殺害をめぐるよく知られた分析である。[*29]一七七九年一月、三度目の世界周航の途上でハワイ島に来航したクックの船団は、当初は現地の人々によって歓迎されるが、約一か月の後、クックは現地の人々とのいさかいの中で殺害される。クックはなぜ殺されたのか？　近代史上のこの謎に対し、サーリンズは、『歴史の島々』に集約される一連の著作の中で驚くべき謎解きを提示してみせる。そしてそうすることによって、彼は、オセアニアの島々を「歴史の中の島々」として描き直し、マリノフスキ以来の「民族誌的現在」からの転回に先鞭をつけることになるのである。

クック船長の殺害をめぐるサーリンズの分析は、今日見返してもきわめて刺激的で、またそうであるがゆえに激しい論争を引き起こした。サーリンズが航海日誌や天文学的な計算に基づき推定するところによれば、クックの船団のハワイ島への到着は、偶然にも同島の新年祭であるマカヒキ祭の時期に当たっていた。冬の終わりのこの祭りにおいて、島の人々は、土地に豊饒《ほうじょう》性をもたらすロ

ノ神の再来を祝う。マカヒキ祭においては、ロノ神の像が島を時計回りに一周し、寺院のあるケアラケクア湾に上陸するのだが、偶然にも、クックらの船も島を同じ方向に一周し、さらに偶然にもケアラケクア湾から上陸した。クック一行の記録によれば、クックはロノ神の寺院に招き入れられたのだが、この時彼は、十字架形をしたロノ神の像と同じように、腕を左右に伸ばした姿勢で迎え入れられ、人々は「オ・ロノ」と声を上げたという。すなわち、まったく偶然にマカヒキ祭の文化的構造に合致したかたちで行動したがために、クックはロノ神の役割を引き受けることになったのである。「すべてはまるで何も起こらなかったかのように起こった。予期できない事件はなかったし、文化的に用意できていないできごとはなかったので、あたかも歴史はありえないかのようだった」[*30]。

ここにおいて、クックの来航という一回的な「歴史」と、この島で毎年反復される「文化的構造」は偶然に一致していた、とサーリンズは言う。マカヒキ祭の終わりに、ロノ神は土地の王と儀礼的な戦闘を演じて敗れ、像は解体されて一年後の祭りまで寺院に隠される。このように儀礼的に上演される死によって、ロノ神が体現する豊饒性は土地のものとされるのである。クックらは、島の人々に「一年後に戻ってくる」と約束し、マカヒキ祭の終わりとほぼ時を同じくして出航した。ここまでは、クックらの行動とマカヒキ祭の構造は見事に合致していた。ところが約一週間後、再びまったくの偶然として、クックらの船団は嵐に遭遇して船のマストが折れ、一行はハワイ島に戻ることを余儀なくされる。ハワイ島の人々にとって、この再来は理解しがたい出来事であり、文化的役割から逸脱したクックらは混乱をもって迎えられる。そうした中、些細《ささい》な盗難事件をきっかけに島の人々との小競り合いが起こり、その中でクックは殺害された――それがサーリンズの分析である[*31]。

以上で紹介したクックのハワイ島来航とマカヒキ祭をめぐる分析は、サーリンズの構造主義的歴史人類学のうち、先に述べた第一の面、すなわち、歴史的出来事は既存の文化的枠組みに従って意味付けられる、というテーゼを主として代表するものである。同じ時期の著作には、先の第二の側面、具体的には、ヨーロッパ人との接触を通じてハワイ諸島におけるタブーの観念が変化した、といった分析も見られるが[*32]、こちらはやや精彩を欠いているように思われる。事実、その後の論者によって主として取り上げられてきたのもこの第一の側面であった[*33]。

本章の関心からして注目すべきは、サーリンズの歴史人類学における「文化的構造」と「歴史」、言い換えれば、先にも指摘した「歴史なき島々」と「歴史の中の島々」という二つのイメージの両義的な——サーリンズ自身の言葉では「弁証法的」な——並存であろう。しばしば指摘されるように、クック殺害の解釈をめぐる一連の論争を通じ、サーリンズは結果的に、多分に保守的な文化実在論者、すなわち、相対的に不変で歴史的過程から独立した「ハワイ文化の構造」といったものを想定する論者として位置付けられることになった[*34]。たしかに一面において、彼の分析は、クックの来航という一回的な出来事を、ハワイ島の人々は既存の文化的枠組みに回収して理解した——そのような仕方でしか理解しえなかった——と言うかのような議論になっている（以下で見るトーマスやストラザーンもこの点を批判している）。そのような議論は、オセアニアの人々を根本的に保守的な人々として描くものであり、さらには、西洋世界との接触なしには、これらの島々では何も新しいことが起こりえなかったと言うかのようである。そのように見るならば、サーリンズの歴史人類学は、島々を歴史化するかに見えて、再び「歴史なき島々」に回帰するかのような議論になっていたことになる。

しかし、サーリンズにおける島々と歴史のそのような両義的関係は、論者たちが批判したように、本当に否定的に評価されるべきものなのか。また、サーリンズは本当に、超歴史的な「文化的構造」を実体化する保守的な論者なのか。主観的な印象を語ることが許されるなら、クック船長が神と同一視された上で殺害されたというサーリンズの驚くべき分析は、彼を批判する多くの論者たちの議論よりもはるかに出来事性に富んでおり、その点で魅力的である。右で述べたように、サーリンズの歴史人類学は、たとえばクックのハワイ島への来航と殺害といった出来事を、一つの「状況の構造」として、すなわち、「既存の文化的構造」という文脈と「西洋諸国のグローバルな進出・拡大の歴史」という文脈のいずれにも回収しがたい、宙吊りの状況として描き出すことを目指していた。クックの船団がハワイ島の水平線上に現れたとき、彼は「ロノ神」でもなければ「近代世界システムの先導者」でもない、本質的に非決定的で不定形の存在であった。彼の神格化と殺害という出来事は、まさしくそのような非決定性の空間、言い換えれば本書で言うところの「不穏な熱帯」において起こったのだ。サーリンズの歴史人類学は、島々の「文化」を実体化しているように見える反面で、「歴史なき島々」と「歴史の中の島々」の間において、たしかにそのような歴史をめぐる非決定性と出来事性を思考しようとしている。そして、本書において、歴史的であると同時にどうしようもなく歴史から脱落するアシの島々を思考する手がかりとなりうるのは、まさしくサーリンズのそのような議論なのである。

6　植民地史の中の島々――サーリンズからトーマスへ

本書でその日誌を引用している二〇一一年、フォウバイタ村での「世界青年の日」祝賀週間は九月末に迫っていた。村の多くの家の調理小屋には、祝賀の会食の際に使うためのマングローヴの薪——ふつうの薪より高温になり、「石蒸し焼き」(*biilaa*) に適しているとされる——が積み上げられていた。また、第五章で登場するエリフォゥ島のサマニなど少なからぬ人々は、葉物野菜を育て、来訪者に売って家計の足しにすることを計画していた。しかし他方において、アウキから来るアメリカ人司教を迎える花道にするのだと言われていたフォゥバイタ村の埠頭は、修築されることなく、「低くなった」ままにとどまっていた。二〇一一年、私はあいかわらず毎朝のようにこの埠頭の上を散歩していたが、埠頭の岩積みはあちこちで崩れ落ち、また腐って崩落していた埠頭の中ほどの木製の橋も直されないままになっていた。

＊＊＊

第一部でも言及したように、ソロモン諸島がイギリスの保護領であった一九二七年六〜十月、英国国教会の宣教師であるアイヴェンズはアシ地域に滞在し、その間に得た民族誌的知見を著書として出版した。[*35] この著書のうち、「戦争と戦闘」と題された第一〇章には、アシ地域でもとくに古い島の一つであるフェラスブア島の写真が挿入されている。[*36] この写真の左端を見ると、島の一端に多数の丸太が突き立てられ、柵のようなものが築かれているのがわかる。これについてアイヴェンズのキャプションは、「左側には防御壁の跡が見られる」と述べている。さらに同じ著者によれば、一九二〇年代のイギリス海軍の海図では、アシの島々が「要塞島」(fortified islands) という名で記載されていた。[*37] アイヴェンズは、この呼称が、当時マライタ島に関わりがあったヨーロッパ人の間で一般的であったこと、またここで言われる「要塞化／防御壁」(fortification) が「最近のもの」である

FERA SUBUA ISLAND

Walter G. Ivens 1978 (1930) *The Island Builders of the Pacific,* AMS Press, n. p.

ことを明記している。[*38] すなわち、彼がアシ地域に滞在した当時、アシが住まう島々は、丸太などで造られた防御壁に取り囲まれた「要塞島」の姿を呈していた。アイヴェンズによれば、これらの防御壁は比較的新しいものであり、なおかつ、フェラスブア島のそれが「防御壁の跡」と呼ばれているように、一九二七年の時点ではすでに半ば無用の遺構となっていた——

本章のはじめに見たイロイの語りにおいて、今日では無人のアリテ島に関わる歴史的過去は、たしかに何らかの重大な出来事があったと思われるが、しかし「よくわからない」がゆえにそれについて軽々しく語ることができない、という両義的なものであった。同じように、右で紹介した宣教師の著作において、「要塞島」は、一見した限りではいかなる歴史的文脈にも位置付けがたい、不穏で謎めいた対象として現れている。それは、先に見た水平線上のクックとも類比的な、歴史の不定形のあらわれにほかならない。

＊＊＊

オーストラリア出身の人類学者トーマスは、一九八〇年代後半、オセアニアに関する歴史人類学の若き旗手として華々しく登場し、サーリンズ以後におけるこの分野の担い手となった。トーマスは、自身のアプローチを、既存の人類学に対する根底的な——少なくとも、そのように自負する——批判として提示する。彼が問題にするのは、マリノフスキ以来の人類学が根本的に歴史性を排除し、非歴史的に実体化された「われわれ／彼ら」の対比（us-them opposition）に立脚してきたという事実である。[*39] 先に見たマリノフスキのクラ民族誌がそうであったように、二〇世紀初頭以来の人類学は、「われわれ」から切り離された「彼ら」の独自の文化を描くことを務めとし、そのように異質な「彼ら」を通して「われわれ」――具体的にはたとえば、近代的な経済観や宗教観――を相対化するということを基本姿勢としていた。このことは、第一章で人類学／民族誌批判の文脈でも確認した通りである。これに対しトーマスは、「われわれ」と「彼ら」を相互に切り離して実体化する代わりに、人類学に歴史的な視点を導入し、両者の「もつれ合い」(entanglement) の歴史を新たな研究対象とすることを提唱する。[*40] すなわち、「われわれ」と「彼ら」が共有し、しかも、その中から「われわれ／彼ら」の対比が生み出されてくるような歴史、具体的には主として植民地主義の歴史こそが、人類学の新たな対象として提示されるのである。たとえばトーマスは次のように述べている。

近年の一群の研究〔すなわち歴史人類学〕は、西洋と非西洋の社会を、相対主義における抽象的な差異の観点や、進化主義の階層付けられた時空間の観点からではなく、歴史の中の諸関係という文脈に置いて見る。インドのカースト制やメラネシアの交換といった民族誌的現象は、西洋の社会形態とは純粋に異なる社会形態として単純に見られるのではなく、歴史的に形作られた社会的・文化的現象として見られる。植民地主義は……これらの実践の歴史的形成において無視しえないものとして見られる。言い換えるなら、ヨーロッパ人と非ヨーロッパ人は互いにもつれ合っているのである。[*41]

トーマスは、これまで人類学者が「非学術的」として軽視しがちであった、宣教師や植民地行政官による記録をも広範に参照し、フィールドワークだけを特権化する二〇世紀初頭以来のアプローチをも相対化した。このような、島々を歴史化して見るという明快な宣言は、結果的に一九八〇～

九〇年代のオセアニア人類学において一つの転回を画することになる。

トーマスが提唱した歴史人類学は、一面において、マリノフスキ以来の原イメージ、すなわち「島々を結ぶ無数の矢印」というイメージを保持しつつ、同時にそれを端的に歴史化するものになっている。彼によれば、オセアニアの島々は、西洋世界との接触の前後を問わず、つねに歴史的に結び付いてきたのであり、マリノフスキや（一面で）サーリンズがそうしたように、島々の「伝統文化」を無時間的に実体化する代わりに、島々を結ぶ歴史的過程を検証することこそが人類学の新たな務めである。たとえば、フィジー、サモア、トンガの人々は、西洋世界との接触以前から相互の長距離交易に従事しており、その過程で、たとえば自他における刺青《いれずみ》の様式といった差異を認識し、それらを「フィジー／サモア／トンガ流のやり方」といったかたちで実体化するに至ったと推定される。[*42] このように、「われわれ／彼ら」あるいは「自文化／異文化」が対比され実体化される過程——言うなれば「文化」の構築の過程——は、西洋世界との接触の前後を問わず、オセアニアの至るところで起こってきた。トーマスは、「文化」のそうした構築過程を検証する新しい歴史人類学を提唱したのであり、かつての人類学のように「異文化」を研究するのではなく、「異文化」とされるものが構築される歴史的過程を研究すべき、というそのような提言は、今日から見ると典型的に構築主義的なものと言える。

トーマスは、主として植民地主義の歴史に注目する歴史人類学の立場から、サーリンズをたびたび批判した。そうした批判の中でも代表的なのが、「ケレケレ」（*kerekere*）と呼ばれるフィジーの慣習をめぐる議論である。[*43] ケレケレは、大雑把には、親族間で財やサービスの提供を求めあう慣習であり、サーリンズは初期の著作において、これをフィジーの伝統的慣習として扱い、それが世帯間の不平等を是正し、また与える側に威信をもたらすという機能をもつことを論じていた。[*44] トーマスは、サーリンズのこのような議論に、歴史的過程を捨象して「文化」を実体化するこれまでの人類学の問題が表れていると指摘する。

トーマスは、植民地時代の初期までの文書記録を広範に検討した結果、それらの記録において、ケレケレが確固たるフィジーの慣習として言及されている例はないと指摘する。たしかに、植民地統治以前のフィジーでも「ケレケレのようなもの」は行われていただろう。しかし、それは決して客体化・実体化されたかたちでは存在していなかった、と彼は言う。それでは、ケレケレはいつ、いかにして「確固たるフィジーの慣習」として語られるようになったのか。その過程を、トーマスは、イギリスによるフィジーの植民地統治の歴史に見出していく。一八七〇年代以降に間接統治を実施する過程で、イギリス植民地政府は、統治の基盤として「伝統的フィジー社会」を実体化してとらえるようになる。その過程で、ケレケレはフィジーの伝統的な「共同体的システム」の一部として特定され、かつ、親族間のそのような「ねだり合い」がフィジーの経済発展の妨げになっているると問題視されるようになる。その後、フィジー人自身が、イギリス人によってそのように実体化されたケレケレを、「フィジーの伝統的慣習」として受け止めるようになり、結果的に、「ヨーロッパ人とは異なる分かち合いの道徳をわれわれは持っている」といった、「われわれ／彼ら」の対比に基づく文化の客体化が生じることになる。トーマスは、ケレケレのような慣習を不変の「文化」として実体化する代わりに、このように文化が客体化される歴史的過程をこそ見るべきだ、と主張するのである。

そのような見方からすれば、サーリンズは、オセアニア人類学に歴史的視点を導入することを主張しつつ、なおもフィジーやハワイといった島々の「伝統文化」――たとえばマカヒキ祭の「構造」――を非歴史的に実体化している、として批判されることになる。そして、トーマスが提示した、島々とその結び付きを歴史化するこのようなアプローチは、一九八〇～九〇年代のオセアニア人類学において一つのスタンダードとなる。

7　アシの島々の形成史

二〇一一年七月二十二日（金）　終日晴れて日差しが強く、暑い

ビザの延長手続きのために来週ホニアラに戻らなければならず、そのことを考えてずっと緊張している。朝は三時半に目覚ましをかけ、ジャケが漁から戻るのを待っているつもりだったのだが、一度起きてまた寝てしまっていたようで、四時半頃、窓の外からジャケに起こされる。その後ジャケ宅の調理小屋に行き、捕ってきた魚を〔妻の〕ココシらが洗うのを見たり、この夜の漁などについてジャケから話を聞いたりした。夜の漁撈のGPS調査はまだ始めたばかりだが、以前には決してやらなかった夜や早朝の調査は、この地域の生活のまったく新しい側面に触れているようで、非常に新鮮でやりがいがある。六時頃になってジャケ宅の調理小屋を辞し、朝は洗濯やフィールドノートの記入など。昼前になって、考えていた通り、GPSやカメラを持って一人でフォウバイタ村の南方に行く。この方面へ行くのは、最近雨が続いていたこともあり、今回の滞在ではまだ二回目だ。以前にも広大だと思っていた耕地の間を歩き回り、地図を描く補助にするためGPSでトレースする。また、今回の滞在ではじめてオイガ〔第一章で紹介したディメの親族である六〇代男性〕を訪ねる。彼も去年入院していたとのことで、彼の住居もすっかり傷んでしまっている。村に戻ってからはのんびりと過ごす。村の中はふだんにもまして空っぽな感じだった。明日はジャケ、〔ジャケと同居している姉でシングル・マザーの〕トーサイらと〔マライタ島北端部のスー地方に位置する〕クワイの市場に行く予定になっているので、夕方ジョン宅で燃料を買う。一一リットルで二二〇ドル（二七五〇円）と、ややまとまった出費。しかし、前回の調査ではこうしたお金を惜しんで他地域への訪問をほとんどしていなかったので、今回はこれでいいのだ、こうすべきなのだと思っている。

＊＊＊

キー老人は、二〇〇八〜九年のフィールドワークの時点で九〇代と推定される、フォウバイタ地域の最高齢者だった（先のバハィと同様、彼も本書において例外的に本名で登場している）。彼は、フォウバイタ村沖に自ら建設したラウ島という小さな島に三男の家族と住んでおり、私は、この小柄な老人がカヌーを身体の一部のように操って島とフォウバイタ村を往復する様子を、いつも埠頭から眺めて感嘆していた。また彼は、生涯にマーシオル島とラウ島という二つの島を建設した――これは驚くべきことだ――傑出した島造りとしても知られていた。私のホームステイ先の二軒隣に住むサデはキー老人の次男であり、私はたびたび、サデ宅の床下でくつろぐこの老人に、植民地時代のマライタ島などについての話を聞いた。

二〇〇九年八月のある日曜日、教会でのミサが終わって木陰でくつろいでいた時、フォウバイタ村の何人かの男性たちが、「キー」というこの老人の名前の由来を教えてくれた。キー老人が生まれる少し前に、クイーンズランド――現在のオーストラリア北東部――のサトウキビ・プランテーションに働きに行っていた親族の男性が、マライタ島に帰る船の上で亡くなった。この男性は棺代《ひつぎ》わりの箱に入れられ、「カギ」（key）をかけられて海に流されたという。マライタ島に遺された親族

NA MANATA NIA NI
EMILIAN SIFITEGU
SEFERIN

は、この話に強い印象を受け、間もなく生まれた男の子を「キー」と名付けたのだという――

以上で見たトーマスの提案に従い、一見「歴史なき島々」にも見えるアシの島々を歴史的文脈の中に位置付けて見ようとするなら、そこで見出されるのはいかなる歴史であるのか。「キー」という人名をめぐる右の逸話には、一九世紀後半から二〇世紀初頭のマライタ島における西洋世界との結び付きが、興味深い仕方で示唆されている。以下では、アシ地域が西洋世界との継続的接触の下に置かれるようになった一八七〇年代から、通説によればマライタ島全島が実質的な植民地統治下に置かれた一九二七年頃までを「初期植民地時代」と呼び、この時代に注目したい。ここでまず指摘されるべきは二つの歴史的事実である。すなわち第一に、ここで初期植民地時代と呼ぶ一九世紀末から二〇世紀初頭の時期は、アシ地域を含むマライタ島において「オメア」と呼ばれる戦闘や襲撃が激化した時期であり、先に見たイロイの語りや「要塞島」の形成は、まさしくこのことに関連する。そして第二に、この初期植民地時代は、現在見られるようなアシ地域の島々が実質的に形成され始めた時期であった。すなわち、時期的な重なりに関する限り、アシの島々は初期植民地時代における西洋世界との接触や戦闘の激化と明確な歴史的関連をもっている。そして、本章の冒頭で見た、オメアとアリテ島の建設を結び付けるイロイの語りは、そうした関連を一面でたしかに具現している。

初期植民地時代のヨーロッパ人訪問者たちによる記録には、アシ地域における島々の形成史について示唆的な事実が見出される。たとえば、一九〇〇年代に英国国教会の船でアシ地域を訪れたクームは、同地域の島々は「二〇個くらい」と記録している。[*45] また、先述の宣教師アイヴェンズの著書には、一九二七年の滞在に基づき、三五個の島がそれらの名称とともに列挙されている。[*46] これに対し、本書の「はじめに」で述べた通り、現在のアシ地域には九〇個以上の島が現存する。すなわち、これらの記録を信じるならば、アシの島々の大多数は、以下で述べるように、アシ地域がすでに西洋世界と継続的に接触するようになっていた二〇世紀初頭以降に建設されたものと考えられる。[*47] アシの島々は、意外と言ってよいほどに新しいのだ。

私の調査地であるフォウバイタ村沖に関して、そのような推定を否定する証言——たとえば、アイヴェンズが記載していないある島が、たしかに一九二七年以前に建設されていたはずだ、というような——は得られていない。アイヴェンズの著作や、フォウバイタ村の教会に保存されている洗礼・死亡記録などの文書、および過去の居住者たちの系譜や移住史——ある人がどの島からどの島へ移住したか——などに基づく推定によれば、フォウバイタ村沖の一六島のうち、次節で述べるようにアシ地域が西洋世界との継続的接触の下に置かれるようになった一八七〇年代より前に建設されたのは、次章で言及するシクワフヌ島など、わずかに一～二島のみである。また同様な推定によれば、一六島のうち、アリテ島を含む八島前後が一八八〇年代から一九三〇年代の間に建設されたと考えられる。[*48] このように、現在見られるアシの島々は、まさしく本章で言う初期植民地時代に急速に拡大したのである。その意味で、それらはすぐれて歴史的な島々、具体的に言えば、サーリンズが描いたハワイ諸島とある意味で同様に、西洋を中心とするグローバルな政治経済の拡大という歴史的文脈の中に位置付けられるべき島々であると言える。はじめに「歴史なき島々」であるかのように現れたアシの島々は、サーリンズやトーマス流の歴史化する視点から見直されるとき、こうして「歴史の中の島々」として再び現れる。しかもこの時代は、次に述べる通り、「オメア」と呼ばれる戦闘・襲撃が激化した社会的混乱と流動化の時代であった。

8　「戦闘の時代」

二〇一一年七月のある日、フォウバイタ村の小学校校舎の日陰に数人で座っておしゃべりをしていた時、イロイの長男ローレンス――本書の「はじめに」で引いたように、「ツナミ」の夜について私に語ってくれた男性――が、いわゆる「労働交易」(Labour Trade)、すなわち、初期植民地時代のマライタ島から海外への出稼ぎについて話題にした。*49

白人たちはマライタ島で人々を誘拐したんだ。当時の人たちはタバコを欲しがっていたから、「タバコが船倉の中にあるから拾いに行け」とウソを言って、人々が入ったところで船倉の蓋をしめてしまう、といったことをした。それで、オーストラリアやフィジーの農園に連れて行かれたんだ。今でもクイーンズランドなどには、連れて行かれたわれわれの祖父《じい》さんたちの子孫が住んでいて、故郷を訪ねてくる人も多い。「世界青年の日」の時に、よそから来た人たちは、サトミがラウ語をしゃべるのを聞いて驚くだろう。そしたらその人たちに言えばいい。「サトミも労働交易で連れて行かれた人たちの子孫で、フォウバイタ村に戻ってきたんだ。肌の色が違うだけで、われわれの親戚だよ!」って。

＊＊＊

本章で言うマライタ島の初期植民地時代について、史料から知りうることはごく限られている。

マライタ島は一八九三年にイギリスの保護領となるが、その後一九〇九年まで行政府が置かれることはなく、それ以前の時期について政府の記録はほとんど残っていない。マライタ島には、植民地統治が実質化された一九二〇～三〇年代で五万人程度の人口がいたと推定されているが、この時期になっても、同島にはわずか二～三人の行政官しか駐在していなかった[*50]。さらに、先にフィジーについて見たような、在来の慣習や社会組織を重視する間接統治政策がマライタ島で試みられるのは一九三〇年代以降だが、この試みは第二次世界大戦の勃発により間もなく妨げられている[*51]。このことは、間接統治政策の下で、系譜や伝承、土地所有関係についての公的な文書記録が膨大に蓄積されたフィジー——トーマスはこれを「文書館国家」(archive state)と呼んでいる[*52]——とは対照的である。私自身、ソロモン諸島国立文書館(National Archives of Solomon Islands)でマライタ島の植民地時代についての調査を再三試みたが、一九二〇年代以前の史料はほとんど参照できなかった。これは、もともと記録が乏しい上、少なからぬ史料が散逸しているためと推定される。また、マライタ島の植民地時代に関する本格的な研究も、近年ようやく登場したばかりである[*53]。その意味で、マライタ島の初期植民地時代は、イロイのような現地人にとってのみならず、研究者にとってもひとつの「発端の闇[*54]」、すなわち、現在にとって決定的な何かがそこで起こったらしいが、その何かについて明確に知ることは困難な時代としてある。

通説によれば、アシ地域における西洋世界との継続的接触は、一八七〇年代半ばにおけるいわゆる労働交易の開始を端緒とする。労働交易とは、「キー」という名前についての先の逸話や右のローレンスの冗談において語られていたように、マライタ島を含むメラネシア各地の若年男性たちが、クイーンズランドやフィジーのサトウキビ・プランテーションなどでの労働力として徴募され、数年間の年季労働に従事した制度である(もちろん、この背景には西洋世界における砂糖消費の増大がある[*55])。アシ地域における労働交易は、一八七五年、クイーンズランド行きの船舶ボブテイル・ナッグ号(*Bobtail Nag*)が来航し、労働力を徴募したのが最初とされる。[*56] それ以後、クイーンズランド向けには一九〇四年まで、フィジー向けには一九一一年まで徴募が継続され、マライタ島全体では一万数千人がこれらの地域に渡航したと推定されている。[*57] フォウバイタ地域においても、この時期に労働交易に行った人々の例が語り継がれており、ここには、まさしくトーマスが言うような、初期植民地史と島々の形成史の「もつれ合い」を見て取ることができる。たとえば、フォウバイタ村沖でも比較的早期の島とされるクワレウ島(第四〜五章参照)の創始者は、他の島に住んでいた頃にクイーンズランドに働きに行き、帰還後にクワレウ島を創設したとされる(島々がすでにあってそこに西洋人たちがやって来たのではなく、順序はむしろ逆であることに注意されたい)。このような経歴のため、この男性は、この世代としては例外的に英語風の名前をもっていた。同じように、一九世紀末から二〇世紀初頭に建設されたと推定されるフォウィアシ島(第一章参照)からも、若者たちがフィジーに働きに出ていたと語り継がれている。

同じく通説によれば、労働交易は、鉄製刃物や衣服、タバコ、銃器など西洋世界の物資を大量に流入させることで、植民地統治の開始に先立ち、マライタ島の社会を大きく変容させた。[*58] マライタ島の初期植民地時代を研究した歴史家モーアは、メラネシアの他地域との類比から、鉄製刃物の導入によって農作業が効率化し、そのためマライタ島において儀礼的交換や戦闘により多くの時間が割けるようになった、という変化を推測している。[*59] この関連において決定的であったのは、渡航先からの土産物として持ち帰られたり、労働力としての若者の提供と引き換えに地域の有力者に贈与されたりした銃器——ラウ語では、もともと「雷」を意味する「クワガ」(*kwanga*)の語で呼ばれる——の存在である。先述のアイヴェンズは一九二七年、マライタ島北部の一地域だけで一〇七〇丁

のライフルが植民地政府によって押収されたと記しており、最近の研究では、労働交易の期間を通じマライタ島に数万丁の銃器が流入したと推定されている。[*60] これらの銃器は、「ラモ」（ramo）その他の名称で呼ばれる戦士たち（次章参照）の勢力を拡大させ、マライタ島内で行われる戦闘や襲撃を一時的に激化させたとされる。[*61] ここには、「伝統的」とされる集団間の戦闘が西洋世界との接触によって激化するという、一種の歴史的逆説を見ることができる。アシの島々はまさしくそのようにねじれた歴史的時間の中で形成されたのである。

アイヴェンズは、植民地統治が実質化するまでのマライタ島の初期植民地時代を「三〇年戦争」[*62]と呼び、この社会的混乱の時代を以下のように特徴付けている（なお彼の滞在は、この混乱の時代がちょうど終息する時期に当たっていた）。

ライフルの保有は、これまで多かれ少なかれ平和な状態にあったコミュニティに、戦争と無法状態をつくり出した。かつて殺人は、黒魔術や姦通を行ったとがめられた者に対して行われるに限られており、あるいは何らかの禁忌に違反したり誰かの誇りを傷つけたりした場合に行われていたのだが、今では人々は、人を殺すために殺す、あるいは誰かが持っている望ましい物を自分のものにするために殺すようになっている。大マラ〔マライタ島〕は、銃器の導入によって、殺し屋たちの粗暴な渡り合いの場所になり、戦いのための部隊のために、平和な心性をもつふつうの人々が暮らしていけないような場所になった。[*63]

先に紹介した島々の「要塞化」は、まさしくこの時期の産物であり、アイヴェンズがこれを「最近のもの」とみなしていたのもこのためである。同じように、先述のクームも、一九〇〇年代のマライタ島において「ほとんどすべての集落が、石でできた防御壁で囲まれている」ことを記しており、アシの島々を、戦闘・襲撃からの「避難のための島々」(islets of refuge) と呼んでいる。[*64]

注目すべきことに、以上のような事実を踏まえるならば、本章のはじめに見た、一族の殺戮についてのイロイの語りは単なる個人的な「でっち上げ」ではなく、一定の歴史的な根拠あるいは可能性の条件をもっていることがわかる。一九世紀末から二〇世紀初頭のマライタ島においては、銃器を用いた戦闘・襲撃がたしかに盛んに行われていたのであり、一夜にして居住集団を交代させた「オメア」についてのイロイの語りは、この時代において、そのような社会関係の極端な流動化がたしかにありえたというアシの歴史認識を表現している。また、先に示した推定から、アシ地域の島々が、アイヴェンズの言う「三〇年戦争」、すなわち銃器の流入によりこの地域で戦闘・襲撃が激化していた時代に集中的に建設されていることも明らかである。

それでは、なぜこの時代に新たな島が急増しているのか。記録の乏しいこの時代についてはあくまで大雑把な推定しか行うことができないが、ここにはおそらくいくつかの要因が関わっている。第一に、連作に強いサツマイモが海外から導入されたことにより、島々に居住し海岸部を耕作することが容易になったこと。[*65] マライタ島における伝統的な主作物はタロイモだったが、タロイモは連作ができず広い休耕地を必要とする上、相対的に肥沃でないマライタ島海岸部での栽培には適さなかったとされる。島々に住むアシの人々が海岸部をサツマイモ栽培に利用するという現在のような状態は、それ自体が初期植民地時代の歴史的産物であると考えられる。第二に、西洋世界から鉄製の刃物や棒が流入し、島の建設が飛躍的に容易になったこと。島の実際の建設作業については第五章で見るが、鉄器の流入以前のマライタ島においては、「ナギ」(*nagi*) と呼ばれる一種の打製石器が刃物として用いられていた。そのような道具で海底の「岩」(*fou*) すなわちサンゴやサンゴ化石を打ち割る労働は容易でなく、それを踏まえれば、鉄器の流入以後に島の建設が急激に活発化したことは容易に想像できる。そして最後に、戦闘の激化が、先に見たクームも言うように防衛目的の居住形態という意味をもつ島々への居住を促したこと。かつてのアシの島々が、一面において「戦闘の装置」とも言うべき意義を帯びていたことについては次章で見る。

9　「法律が来た」

二〇一一年七月二十三日の夜明け前、自宅の調理小屋で、アリックとともに漁から戻ってきたジャケが私に語る（彼はこの夜、潜水漁用の懐中電灯ではなく、村の他の漁師から借りた圧力式の灯油ランプを使って漁をしていた）。

今夜は、明け方近くまで潮が引いたままだった。二時頃に陸に戻るつもりだったけど、潮が低くて移動できなかったから漁を続けて、三時半ごろにカヌーに乗ったんだ〔この夜、ジャケは私の腕時計を借りて出漁していた〕。今夜はタライアシ・バイタという浅瀬で潜った。灯油ランプを使って漁をすると、捕れる魚は懐中電灯を使う時とは違っている。ムー（*muu*）〔アイゴ〕など、決まった種類の魚が捕れる。潮が引いてきた時、魚は水路に沿って〔群れで〕移動するんだけど、そこで潜って漁をするから、灯油ランプを使う時には同じ種類の魚ばかりになる。灯油ランプを使う時には、寒ければ浅瀬の上に立って、ランプの火に当たって温まればいい。懐中電灯の時はそうはいかず、寒い時は寒いままなので、海で具合が悪くなることもあるよ。

妻のココシが、ジャケが捕ってきた一匹のカニ――「ウアスー」(*uasuu*)と呼ばれる、腕が長く脚の一部が青いカニ――をつまんで「あんたたちこれをどうするつもりだい？」と文句を言う。ウアスーには甲羅の左右中央に目立つ突起があるが、このカニを女性が食べると、その後生まれてくる子どもの頭に角が生えたり、潰瘍《かいよう》ができたりするという。だから、これから出産する可能性がある女性はウアスーを食べてはならず、また、他の食べ物を調理するのと同じ火でウアスーを焼くのもいけない。だから男性が、調理小屋の外で別に火を起こして焼き、一人で食べなければいけないのだという。「いいから置いとけよ」とジャケが応える。

＊＊＊

行政府が置かれた一九〇九年以降、マライタ島における植民地統治は、労働交易がもたらした混乱を収拾することをもっとも基本的な課題とすることになった。マライタ島におけるいわゆる「平定」(pacification)の過程が本格化するのは、オーストラリア出身の行政官ベルが着任した一九一五年以降のことである。[*66] ベルは、島内に新たな行政区分を施行し、現地人の監督官(headman)や治安官(village constable)を任命して統治の実質化を目指した。また、銃器の没収を精力的に行って次章で述べる「戦士」たちの力を削ごうとしたほか、一九二三年には人頭税の徴収も開始した。一九二七年、マライタ島中東部のクワイオ地域を訪問中のベルは、人頭税に対する不満を一つのきっかけとして、現地の戦士たちによって殺害される。アイヴェンズのアシ地域滞在中に起こったこの事件は、今日のアシの間でも、「ミスター・ベルの事件」(*insident nia Mista Belo*、*insident* は英語の incident から)として広く認識されている。植民地政府は同年、ヨーロッパ人入植者や他地域のマライタ島民からなる征討部隊を組織し、クワイオ地域で大規模な報復攻撃を遂行する。[*67] この事件以後、マライタ島において植民地政府への暴力的な敵対や銃器を用いた戦闘・襲撃はほとんど見られなくなったとされ、一九二七年の事件は今日まで、マライタ島の「平定」の実質的完了を画するものとみなされている。

このように、マライタ島における実質的な植民地統治は、一九〇九年から一九二七年頃にかけて徐々に進展した。この時期の変化を、今日のアシは、「法律が来た」（*loo lea na mai*、*loo* は英語の law から）という言葉で表現する。「法律が来た」のがいつの時点かはアシによって必ずしも明確に認識されていないが、人々はそれにより、それまでの「オメアの時代」（*kada ni omea*）、すなわち激化した戦闘・襲撃の時代が終わったとみなしている。たとえば、先述のクワレウ島出身の四〇代男性は、私に対し、「クワレウ島ができた頃にはすでに法律が来ていたので、戦いは終わっていた。クワレウ島の人々はオメアに加わっていない」と説明し、フォウバイタ村沖における島々の形成時期を限定してみせた（二〇〇九年九月。なお、アシ自身によるこうした歴史的説明をどう評価・解釈すべきかについては次章で論じる）。同じように、個別の島の建設時期を、「ミスター・ベルの事件より前／後」とする説明もしばしば聞かれる。第一章で紹介したフォウイアシ島は、通常「ミスター・ベルの事件より前」に建設されたと語られるが、同島の名は一九二七年の滞在に基づくアイヴェンズの著書にも記されているので、この説明は正確と言える。フォウイアシ島出身者の中で調査時点で最高齢に属する六〇代男性は、かつてのオメアについての私の質問に対し、「ミスター・ベルの事件の時、フォウイアシ島からもオメア（この場合、報復攻撃を指す）に加わった者がいた」と語った（二〇〇九年九月。なお、フォウイアシ島に関するこれと対立する証言を次章で見る）。このような説明において、アシの人々は、「ミスター・ベルの事件」を、「法律が来た」時代、より正確には、「法律が来た」ものの次章で述べる戦士たちによる抵抗がなお行われていた時代を象徴する出来事として語っていると言える。

このように、島々はアシにとって、少なくとも一面で、初期植民地時代の記憶を現在に伝える「歴史の中の島々」としてある。そしてここでの「歴史」には、西洋世界との接触、プランテーション労働、銃器の流入と戦闘の激化、そして島々の形成などが、トーマスの言葉を借りれば複雑に「もつれ合った」かたちで含まれている。しかし他面において、先にイロイの語りを例に見たように、この社会的混乱と流動化の時代は、今日のアシにとってその詳細が「よくわからない」、想起し語ることが困難な時代としてある。それでは、この初期植民地時代は、アシにとってなぜそのような「発端の闇」、不定形の「謎」となっているのか。次章では、アシと島々の歴史のそのように不穏な関係についてさらに見ていきたい。

＊＊＊

二〇一一年七月二十三日（土）　日中は晴れて日差しが強い。海上は風がほとんどなく非常に穏やか。夕方、フォウバイタ村に帰ると曇りで、夜に雨

翌日の昼過ぎになってから書いている。この日は非常に長く、また楽しく充実した一日だった。前々日のジャケからの提案により、前夜にジャケが漁に出て捕ってきた魚を売るために、ジャケ、〔ジャケの姉の〕トーサイ、〔ジャケの次女の〕ウーナと僕の四人で、ジャウおじさんのボートに乗ってクワイの市場へ出かける。この市場は、名前はたびたび聞いていたが行くのははじめてで、〔マライタ島北端の〕スー地方は二回目。前回スーに行ったときは天気が悪く、僕はからだを冷やしてひどく体調を崩してしまった。今回は一転していい天気で、スーの湾に入っていくときの印象も違ったもの

だ。晴れやかで心躍る気分で、アフフ〔スー地方の村の名前〕の、ジャケらの母の親族や〔ジャケの妻〕ココシの実家を訪ねていくと、僕にとってもスーが特別で大切な場所であるように思えてきた。この日は、フォウバイタ村の人たちが自分の親戚を訪ねるのに同行させてもらったというだけでも貴重な体験をした。明日、フォウバイタ村を出てホニアラに戻らなければならない予定になっており、無事にトラックや船が見つかるだろうかなどと行程のことを考えて僕は朝から緊張していたが、トーサイたちと一日いっしょに過ごしてみると、そのときどきが非常に充実しているように思えて、ホニアラ行きのために調査期間が短くなるとか、そんなことで気をもんでいるのがばかばかしく思えてきた。たとえば、周囲にココヤシなどが立ち並ぶクワイの川にボートで入っていくときの、まったく子ども向けの冒険物語のような気分。そして、今にも川に落ちそうになりながら市場に向かう細い道を並んで歩いていくときの気分……

この朝は、ボートで移動しながら、GPSで、フォウバイタ村からクワル島あたりの「マイ」(*mai*)〔サンゴ礁内の浅瀬〕の名称を記録するという調査をジャケに手伝ってもらい、それからスーに向かってアフフで休憩した。持参した米とツナ缶で食事をとり、ココシの妹らとおしゃべり。トーサイは葉で包んで石蒸し焼きにした魚の入った入れ物を持っている。十三時頃だったかにクワイの川から市場に向かったが、魚の売り手が少なかったので、また他の女性たちより低い値を付けていたために、トーサイはあっという間に魚を売り切ってしまった。市場でしばらく過ごして帰る。ジャケらはクワイ川の河口あたりでココヤシの実を拾い集め、ココシの妹とウーナはカカマ〔巨大な湿地性のタロイモ〕を掘り、ボートに積んで帰る。

市場にいるとき、先日クワル島で会った若い男性と顔を合わせ、僕が明日アウキに行こうとしていることをジャケが話すと、「〔先日、クワル島近くで会ったジャケの親族の男性〕マエケが、親戚の男をアウキに送るために、四〇馬力の大きな船外機で明日の朝発つよ。いっしょに行かせてもらえば？」と言ってくれる。これは予期せぬ話で、翌朝となると荷造りの時間がほとんどないこともあり、僕は帰路、「さあ、どうするのがいいのだろうか……」とまた緊張した気分に戻ってしまった。マライタ島の北端を回るあたりの海が浅く、ボートがのろのろ運転になったことや、途中でマエケの家に寄って話したり、フォウバイタ村に着く直前に船外機の調子が悪くなったりしたことのために、村に着いたのは日暮れ時の十八時過ぎと遅かった。翌朝早くにアウキに向けて発つ可能性もあったので僕は引き続きピリピリしていたが、結果的には、マエケの同行者が僕に燃料三ガロンを買えと要求してきたので、それならけっこうと断る。電話口のマエケも、僕に対して非常に申し訳なさそうだった。

＊＊＊

この後私は、ビザの更新のためにフォウバイタ地域を去り、アウキを経てホニアラに戻った。この間約二週間の日誌は本書では省略する。トラックの荷台にしがみつき、徹夜でフォウバイタ村からアウキの町まで一〇〇キロの道のりを移動したこと。アウキに着いたら、ホニアラ行きの船は故障などのためにほとんど出払っていたこと。ようやく見つけた古い貨客船で、速い船なら四時間程度の行程を一二時間かけて移動したこと。船の中での嘔吐。汚れたままの服で、ビザの手続きのために事務所に行ったこと。その後担当大臣が、私への調査延長許可に署名せずに海外出張に行ってしまったこと……こうしたことのすべては割愛する。

第四章　イメージとしての島々

1 「カストムの時代」の島々

二〇一一年八月九日（火）曇り

ついにフォウバイタ村に戻ってきた。朝、アウキの港でうまくフォウバイタ村の人たちが乗るトラックを見つけることができたときから、ビザの更新に関わる昨日までの苦労はすっかり忘れて浮き立った気分だった。トラックは九時頃アウキを出て、だいたい予想通り十六時半頃フォウバイタ村の道路沿いに着く。途中、僕がこれまで行ったことのなかった〔マライタ島北部の山の上の集落〕アダウアの学校近くまでトラックが上がっていったのはおもしろかった。僕はこれまでほとんどマライタ島の「トロ」〔内陸部〕を見たことがないので、海や道路からさほど遠くないにもかかわらず、二次林が発達し、住居はもとより耕地もほとんど目に入らないアダウアのあたりを見ることができたのは幸運だった。フォウバイタ村の道路沿いに着いて電話すると、ジャケたちが荷物を運ぶためにやってきてくれる。明日は洗濯や荷物の整理、それからバッテリーの充電などをしたいと思っているが、最近はフォウバイタ村でも天気が悪いらしく、洗濯などについてはちょっと心配している。

そういえば、〔アウキでの滞在先の家族で、先にも登場したマチルダの五〇代の夫〕デヴェが、「続いていた雨が止む頃には、ガリ（*ngali*）の実〔マライタ島民にとって重要な季節性の木の実〕が熟している」と話してくれていたっけ……

＊＊＊

すぐれて歴史的であると同時にしばしば歴史的文脈から脱落しているように見える、アシの島々の両義的な歴史性をいかに記述するか――この問題を考える手がかりとして、前章では、祖父の親族を一夜にして殺戮したという戦闘・襲撃（オメア）についてのイロイの語りから出発した。この不穏な語りにおいてはまた、そのような戦闘・襲撃の歴史と、フォウバイタ村沖における島々の形成が直接に結び付けられていた。と同時に、自身の祖先についての明確な知識をもたず、「しゃべれない」と評されるイロイにおいて、マライタ島の初期植民地時代についてのそのような語りは、「語りうること」と「語りえないこと」、歴史と非歴史の境界上でかろうじてなされていたものだった。

また前章では、アシの島々について、一九八〇年代に登場した歴史人類学のアプローチにいったん従うことで、初期植民地時代における島々の急速な形成という予期せぬ歴史的文脈を指摘した。そのように見るならば、アシの島々は、オセアニアの一隅において無時間的に営まれてきた「伝統文化」では決してなく、ここでは、人類学の対象としての「他者」のイメージが根本的に書き換えられている。この意味で、歴史人類学のアプローチは、先に指摘したように、同時代の人類学／民族誌批判（第一章参照）の一環をなすものであったといえる。

しかし、すでに前章で指摘したように、「島々の形成にはこのような歴史的背景がある」と客観主義的に指摘するだけでは、議論はあくまで一面的にとどまる。本章では、イロイの語りが示唆するような、初期植民地時代という「発端の闇」と島々の関連を、もう一歩掘り下げて考えてみたい。アシにとって、過去における戦闘・襲撃（オメア）とはいかなる歴史的対象であるのか。人々の認識において、島々とこの戦闘の歴史はどのように関連付けられているのか。そしてそもそも、今日のアシは自分たちの島々の歴史をどのように認識している――あるいは、認識していない――のか。以下で見るように、アシにとって島々は、過去の歴史を具現することで現在の「われわれ」にアイデンティティの基盤を提供するどころか、むしろ無数の謎あるいは不定形の歴史として立ち現れることにより、「われわれ」をたえず揺り動かすものとしてある。本章で論じたいのはそのことだ。

＊＊＊

フォウバイタ村には、もともと教会付属の施設として始まった診療所や小中学校に囲まれた、数百メートル四方の芝生の広場がある。村の教会でミサが行われる毎週日曜日の朝には、沖合の島々からやって来て、教会に向かってこの広場を歩いて横切る人々の列が見られる。また平日でも、診療所で予防接種を受けるために乳児を抱き、日傘をさした女性たちがこの広場を横切る姿がしばしば目に付く。この広場では、フォウバイタ村や沖合の島々に住むカトリック信者たちによって毎週草刈りが行われている。そのため、この地域では珍しく草木が生い茂ることがなく開けた景観が維持されており、この広場を横切る人々の姿はよく目立つ。アシの人々は、かつて祖先たちがキリスト教を受け入れたことと、自分たちが毎週ミサに行くことを、同じ「教会に行く」（*lea 'i lotu*）という

言葉で表現するが、広場を横切る人々の姿はあたかも、かつてのキリスト教受容の歴史をその都度反復している、あるいは、村の教会に向かって小さな巡礼を行っているかのように見える。

第一章で述べたように、今日のアシの人々は、二〇世紀を通してキリスト教を受容してきた自分たちを、「カストムの時代」と対比される「教会の時代」に生きていると認識している。右で述べたフォウバイタ村の広場は、この地域の人々にとって、自分たちが「教会の時代」に生きていることをまさしく象徴するような景観と言える。二〇一一年のフィールドワーク中、この広場は、「世界青年の日」の集会の主要な舞台として位置付けられており、人々はふだんにもまして草刈りに精を出し、また、男性たちは催しのためのステージをそこに建設しつつあった。誰が思い付いたのか、この時期人々は、わずかに隆起しているこの広場の中央部を、「カルヴァリの丘」（キリストがはりつけにされたゴルゴタの丘の別称）と呼び始めていた。

＊＊＊

二〇〇九年五月のある日、フォウバイタ村でジャウおじさん宅の二軒隣に住むサデを訪ねた時、彼の妻リタ（五〇代）が自身の父について話してくれた。リタの父は、フォウバイタ村に定着したばかりの宣教師たちに育てられ、後には教会の用務員として働いた人物として知られている。

私の父さんはトロ（内陸山地部）から来たんだ。父さんがまだ子どもだった頃、父さんの母親が亡くなり、父さんとその父親、それから幼い弟の三人だけが残された。祖父さんたちは、「母親が残されたならまだしも、父親だけになってしまっては子どもは育てられない」と考えた。ちょうどその頃、ここ〔現在のフォウバイタ村〕に宣教師たちがやってきて教会を建てようとしていて、トロの人たちもそのことを聞いていた。よく知らないけれども、白人は食べ物やタバコ、衣服などをくれるらしかった。それで祖父さんたちは、「自分で育てられないなら、この子は白人たちに引き渡して、育ててもらおう」と考えた。それで父さんはここまで連れて来られて、一塊のタバコと引き替えに宣教師たちに渡された。そういうわけで、私の父さんはこの宣教師たちに育てられることになったんだ。

＊＊＊

すでに述べたように、アシの人々の言う「カストム」は、英語の「慣習」（custom）に由来するピジン語表現で、広くは「在地の慣習、伝統文化」を、より限定的には「キリスト教が受容される以前の祖先たちやその生活と結び付いた、さまざまな事物や知識、慣習」を指している。[*1] アシの言う「カストムの時代」は、第一章で紹介した儀礼的空間「バエ」におけるブタの供犠や月経時の女性の隔離など、祖先祭祀と結び付いたさまざまな儀礼や慣習が行われていた時代——おおよそ一九七〇年代まで——を指している。また、前章で述べた「オメア」と呼ばれる集団間の戦闘は、キリスト教徒となって「コミュニティ」に暮らす自分たちはそうした戦闘を決して行わないという歴史的切断の意味において、強い意味で「カストム」に属する事柄と言える。

長期のフィールドワークからの帰国を間近に控えた二〇〇九年九月のある夜、フォウイアシ島に滞在していた私に対し、本書ですでに何度か登場している居住者の男性マレフォ（五〇代）は、いかにも「お前には気の毒だが」という調子でこう言った。「お前はわれわれのカストムについて知りたくてここに来たというが、われわれのところにはカストムはもう残っていない。カストムについて知りたいならトロに行った方がいいだろう」。このマレフォの言葉は、一見したところ、「アシの伝統文化」について調査しようとする私のフィールドワークの可能性それ自体を否定するものに見える。第一章や前章ですでに述べたように、一九八〇～九〇年代を中心とする人類学／民族誌批判や歴史人類学の動きは、それまでの人類学が研究対象としての「異文化」を半ば超時間的・非歴史的に実体化してきたことを問題視した。私自身、二〇〇八年以降のフィールドワークの過程で、「文化」概念のそのような相対化を受け止めてきたことは、すでに述べた通りである。しかしそればかりか、私がマライタ島で直面したのは、右のマレフォの言葉にあるように、アシの人々自身が「もう海には住めない」と語り、それと同時に、人々が「教会に行く」ようになった今、「われわれの伝統文化などもはや存在しない」と語るような状況だった。その意味で、フィールドワーク中の私は二重の困難に直面していたと言える。

アシの意識において、「カストムの時代」から「教会の時代」への移行は、フォウバイタ地域の場合、一九三〇年代から七〇年代に至るキリスト教受容の過程で漸進的に進んだものとみなされている。また同地域の場合、いくつかの氏族における祭司の死による祖先祭祀の断絶と、第一章で述べた沖合の島々から海岸部への移住が時期的に重なり合っており、そのために「カストムの時代／教会の時代」という歴史的切断の意識がいっそう強められている。

加えて、第一章でも述べたように、現在のアシにおいては、「自分たちは教会に行っている以上、カストムには原則として触れてはならない」という意識が一般に共有されている。そのためこの人々にとって「カストム」は、「聖なる／禁じられた」(*abu*) 性格をもった潜在的な脅威、あるいは禍々しい他者性としてある。そのような不穏な他者性としての「カストム」をもっとも強く具現し

ているのが、すでに述べた通り、かつてブタの供犠や死者の埋葬が行われていたバエの巨大な茂みである。バエに眠っている、「アガロ」(*agalo*)と総称される前キリスト教的な祖先たちの霊は、キリスト教徒である現在の人々にとって潜在的な危険あるいは脅威をなすものとみなされており、「教会に従った生活」(*toolaa sulia lotu*)と「カストム」の領域の区分・境界を犯すことに対しては祖先たちの怒りと懲罰の可能性がある。フォウイアシ島のバエに父を折衷的な仕方で埋葬し、その後二人の娘を失ったディメ(第一章参照)はその極端な事例と言える。

このように今日のアシは、「カストムを失ってしまった」と自認する反面で、島の上のバエに具現される「カストム」の脅威に日常的に直面しているという逆説的な状況に置かれている。そして、本章で注目する戦闘や殺戮に関する歴史的記憶は、「カストムの時代」とのそのように両義的な関係と密接に関わっている。

＊＊＊

本書でその日誌を引用している二〇一一年の九月、私は、帰国を間近に控えて再びフォウイアシ島に滞在し、すぐ右でも登場した男性マレフォに話を聞いていた(第六章の日誌を参照)。話の中でマレフォは、一九七〇年代末、自身の父方祖父がキリスト教徒となることなく亡くなったことを話題に出した。第一章で言及したディメの父の事例がそうであったように、二〇世紀後半のマライタ島において、キリスト教徒となることなく亡くなった死者をどう埋葬するかということは大きな問題であった。このことを念頭に、「お祖父さんをどのように埋葬したのですか？」と私が尋ねたところ、マレフォは次のように答えた。「教会のやり方でも、カストムのやり方でもなく、ただ埋めた。

われわれはすでに教会に行っている以上、どちらのやり方をしたとしても、われわれは死んだだろう」（強調は引用者による）。

＊＊＊

二〇一一年八月十一日から十七日まで、私はフォウバイタ村沖のエリフォウ島に滞在し、島の建設作業などを観察した。行論の都合上、この間の日誌は第三部で提示する。

2　戦闘と戦士

二〇一一年八月十八日（木）　晴れ

一週間ぶりにエリフォウ島からフォウバイタ村に戻ったが、わりとうまく、早くも気分を切り替えられているように思う。昨夜はなぜかたびたび目が覚めてあまりよく眠れず。午前中はやや大量に洗濯をし、また昼までの間にフィッシャリーでバッテリー二つを充電。午前から午後にかけて、わずかに残っていたエリフォウ島でのフィールドノートを記入したり、ビデオや写真のバックアップを時間をかけてしたりする。午後、ジャケと二人で、〔フォウバイタ村の南方で開かれる〕ウルナバオロの市場の見物を兼ねて、〔同じく村の南方にある〕ディメ宅の床下で彼の親族がやっている店に買い物に。ジャケは、〔妻の〕ココシが週明けからドーナツを作って村の中で売りたいと言っていると言って、九五ドル〔約一二〇〇円〕の小麦粉一〇キロを買う。ココシは、これを来月末に始まる「世界青年の日」まで続けるつもりのようだ。今のフォウバイタ村では多くの人が、「世界青年の日」に集まる人たちを相手にそうした商売をして、要するに「家計の足しに」しようとしている。ホニアラ行きとエリフォウ島滞在のために、夜間の漁撈活動についての調査は久しく中断していたが、今夜からジャケがしばらく盛んに漁に出るようなので、僕はまだ頭が漁撈の調査の準備ができていないようにも感じるが、ともかくひさしぶりに、GPS調査や夜明けの「張り込み」をやってみようと思っている。

＊＊＊

前章で確認した通り、マライタ島の初期植民地史には、西洋世界との接触によって「ラモ」と呼ばれる戦士たちが主導する戦闘が激化し、同時に島々も増加するという、在地の文化的要素と外来の影響の独特な「もつれ合い」を認めることができる。それでは、前章で見たイロイの語りにもあったような「オメア」すなわち戦闘や襲撃と、その主要な担い手とされる「ラモ」とは、いかなるものであったのか。

アシにおいて、戦闘・襲撃およびそのために組織される集団は「オメア」と呼ばれ、その中で主導的な役割を担った戦士リーダーは「ラモ」と呼ばれる。マライタ島のリーダーシップ類型について検討したキージングは、ラモを、親族集団の祖先祭祀を司る祭司、および世俗的リーダーである首長あるいは「重要人物」（ビッグ・マン）と並ぶリーダーの一類型として位置付けている。[*2]通説によれば、オメアやラモの活動は、一九二七年の行政官ベルの殺害事件（前章参照）の頃まで盛んに見られたとされ、[*3]今日のマライタ島では、それらは強い意味で「カストムの時代」に属する事象とみなされている。一九三三年にマライタ島北部でフィールドワークを行った人類学者ホグビンは、その少し前まで活動していたとされるラモについて以下のように説明している。

> 死者が出たことに対して復讐がなされるべきだということが合意されると、この〔復讐のための〕殺害は、通常、経験豊富な殺し屋（ワネ・ラモ（*ngwane-ramo*）、字義通りには「強い男」）の下で行動する襲撃部隊によって行われた。この殺し屋は、〔死者の〕近親者か、さもなければ集団のワネ・イノト（*ngwane-inoto*）〔中心人物、世俗的リーダー〕によって、〔襲撃部隊を〕主導するように依頼される。一部の地域には複数の殺し屋がいて、それぞれがこのような部隊を組織することができるが、地域にこのようなリーダーがいない場合には、死者の親族は邪術を用いた者の首に値段をつける。この報酬を得るということ、そしてまた名誉を得るということに引き寄せられ、別の場所から殺し屋がやって来て、〔邪術を用いたとされる者を〕ひそかに片付けるのである。[*4]

今日のアシの人々は、ちょうど前章で見たイロイのように、「カストムの時代／教会の時代」という断絶を乗り越え、オメアやラモといった「カストム」について断片的に語ってくれるが、そこからは、おおよそ以下のような像が浮かび上がる。オメアの動機には、ホグビンが述べる邪術の疑いのほかにも、殺人や姦通、「ののしり」（*kwalalaa*）による侮辱など多様なものがあったとされる。襲撃が必要と判断された場合には、ラモが中心となって「男を集めて」（*konia ngwane*）襲撃に赴いた。部隊は出発前に、ブタを屠殺するなどの「占い」（*'ilitooa*）をしばしば行ったと言われる。ブタの鼻を縄で絞めて殺し、鼻から出血したならば、それは戦いに負けることを意味する凶兆であり、遠征は取りやめられたという。戦闘において、西洋世界との接触以前には、呪術的に効力を与えられた棍棒《こんぼう》や弓矢、槍などの武器が用いられた。また、男たちは通常のカヌーとは異なる大型の戦闘用カヌーで移動したとされる。

アシにおいてラモは、祖先祭祀を司る祭司のような職位というよりは性格類型として語られ、出自に基づく継承も行われなかったとされる。[*5] 今日、「ラモとはどのような人物か」という質問に対しては、「子どもが近くで泣いていると、うるさいと言って殺してしまうような粗暴な男だった」という説明がしばしば返ってくる。また、右のホグビンからの引用では、かつてのオメアにおける重要な要素であった「フィニシ」(*fnisi*)と呼ばれる懸賞も言及されている。相手の集団の成員を殺害することに対し、多くの場合貝貨が懸賞として設定され、ラモたちはこの獲得を目指してオメアに参加したとされる。また、目標を達成したことへの褒賞として土地や漁場が与えられる場合もあり、それらの土地や漁場は「ドゥーマエ」(*duumae*)と呼ばれる。

右の引用で述べられているように、オメアは多くの場合報復として行われたが、自他への危害が均衡していると認識されるとは限らず、また、攻撃された集団はさらなる報復のために懸賞をかけることがあったので、オメアは多くの場合報復の連鎖あるいは血讐へと発展した。前章で紹介したアイヴェンズは、先の著書において、自身が滞在した古く大規模な島であるスルフォウ島の人々が過去数十年間に参加した四つのオメアを具体例として挙げている。[*6] これらのうち二つは、アシ地域に銃器が流入するようになって以降の事例とされている。これらのうち、アイヴェンズが一八九〇年前後のことと推定する最後の事例は、彼の調査拠点であったスルフォウ島の首長が、同じく古い島であるフナフォウ島での宴会に参加した直後に病気になったことをきっかけとするオメアである。スルフォウ島の人々は、占いにより、フナフォウ島の男性が邪術を用いたと判断し、報復を決めた。他の島々の人々も攻撃に加わり、フナフォウ島は焼き討ちされた。この戦いでは、労働交易を通じて流入していた銃も使用されたとされる。この報復の連鎖と拡大の中で、アシ地域のいくつもの島が防御壁を築いて「要塞化」したが、前章でも述べたようにアイヴェンズが一九二七年に目撃したのは、この時期の防御壁の名残であるとされる。

なお、かつてのアシにおいて祖先祭祀を司っていた祭司は、多くの場合、現在四〇〜五〇代の人々の祖父の世代でその系譜が断絶したとされる。各親族集団の「最後の祭司」（*aarai ni foa 'isi*）は、アシ地域がつとに植民地統治下に置かれ、先述の通りキリスト教もほぼ一般的に受容されていた一九七〇年代までに亡くなったと言われる。なお、第一章で言及したディメの父は、フォウイアシ島に伝わる祖先祭祀の一部を継承していたが、一九九〇年代はじめに亡くなった。当時、アシの人々はほぼ例外なくキリスト教徒になっており、この時期まで祖先祭祀を行っていた個人はごく例外的である。これに対し、後述のように、ラモは「最後の祭司」より一世代あるいはそれ以上前にいなくなったと語られることが多い。すなわち、今日のアシにおいて、ラモの活動は、「法律が来た」時代、あるいは「ミスター・ベルの事件」の前後には見られなくなったと認識されている。

3　戦闘と移住

二〇一一年七月十日——この日は日曜日であった——の朝、ミサの後でフォウバイタ村のある家の床下でおしゃべりをしていると、ちょっとした事件に遭遇した。人々が知らせてきたところによると、前夜、村に住む小学校の女性教師宅に泥棒が入った。小学校は休暇中であったので教師はおらず、泥棒は、かんぬきのような棒を切断して家に入り、食器や衣類などを盗んだという。村の人々が口々に考えを述べる。「〔前夜は大雨だったが、もし雨でなく〕人々が外を歩き回っていたなら、泥棒が入ることはなかったろうに」。「多くのものをすっかり盗んだのだから、泥棒は一人ではなくたくさんだ」。「たくさんというのなら、村の者ではないだろう」。「しかし、村の者ではないなら、なぜその家が留守だと知っていたのか？」

そこへ何人かの男性がやってきた。彼らによると、侵入された女性教師宅には、泥棒が吸ったものと思われるタバコの吸い殻が落ちていた。これを見つけた男性たちは、「盗んだ者たちが死ぬようにと」、ミサの前にフォウバイタ村近くのバエに行き、吸い殻をその中に投げ入れてきたという（バエへの侵入が病や死をもたらすことについては先に述べた）。これを聞いて、私の隣に座っていたエリフォウ島の青年が批評を述べる。「でも、あなた方は教会に行く者なんでしょう！　そんなことをするなんて、私たちはまるで中間にいる（*too 'i lalo*）ようですね。半分はカストム、半分は教会の中にいるというように。まるで、私たちは前に進んでもいなければ後ろに下がってもおらず、真ん中にいるようです」。

「カストム」と「教会」の「中間」にいる「われわれ」——この聡明な青年がそのように批評したフォウバイタ地域の人々は、間近に迫った「世界青年の日」において、キリスト教的「コミュニティ」としての自らの一体性を証明することができるのだろうか？　人々は「カストム／教会」の切断をあらためて示すことができるのだろうか？　この会話の場に居合わせた私はそう考えた。そしてこうした語りがなされている間にも、フォウバイタ村の埠頭は崩れ、「海に沈み」つつあった

＊＊＊

現在のアシにとって、かつて行われていた——そして重要なことに、「法律」や「教会」が来た後は行われなくなった——ラモを主導者とする戦闘とは、どのような意味をもっているのか。ここで指摘したいのは、アシの認識におけるオメアと移住史の関連である。注目すべきことに、アシの認識において、かつてのオメアおよびラモは、人々が新たな場所に移住し定着する上での原動力とでも言うべき意義を帯びていた。たとえば、次章で登場するエリフォウ島に住む男性サマニ（四〇代）は、自身の父系的祖先がラモであったことを指摘した上で、「祭司というのはただ座っているだけの男だ。出かけて行って土地や漁場を手に入れていたのはラモだ」と語った（二〇〇九年七月）。この語りには、先述の報酬「ドゥーマエ」を目当てとするラモの活動が、アシ地域における土地所有関係などを書き換える動的な原理であったことが示されている。また、フォウイアシ島の出身であるアラドの兄（四〇代）は、私に対し、「昔は、フィニシ〔懸賞〕を目的としてラモが移住するということがよくあったが、今では結婚と親族関係に従って移住することがふつうになった」と語った（二〇〇九年五月）。この語りには二つの重要な認識が含意されている。すなわち第一に、かつてのマライタ島においてラモによるオメアが移住の原動力であったこと、そして第二に、そのような移住はある時期から行われなくなったこと、がそれである。

第二章や前章で述べたように、アシの人々は、各氏族の移住の歴史を、「アイ・ニ・マエ」と呼ばれる一群の口頭伝承のかたちで語り継いでいる。[*7] それらは、各氏族の父系的祖先における、マライタ島の「トロ」から海岸部へ、そして海岸部から既存の島へ、さらには島から島への反復的な移

住を物語るものとなっている。それらの伝承の一定数は、先住集団がいなかった土地への定着や、新たな島の創設を語っているが、同じくしばしば見られるのは、先述の懸賞とオメアを契機としたラモによる単身での移住である。特徴的なことに、ラモによる移住はしばしば、もともと親族関係がほとんど、あるいはまったくなかった場所への移住と定着として語られる。それらの伝承においてラモは、しばしば「ドゥーマエ」として土地の一区画を与えられてそこに定着し、その後その土地の先住集団と姻族関係を結んだとされる。

一例として、第一章で紹介したフォウバイタ村沖のフォウイアシ島に住んでいたウーボギ氏族——ディメやアラドが属する集団——の移住伝承を見てみたい（なお、この伝承のもっとも詳細なヴァージョンを私に語ってくれたのは、第一章で紹介したディメである）。ここでは、マライタ島北西部の「トロ」に住んでいたラモの移住が語られており、このラモの子孫は、その後長期にわたる移住を経てフォウイアシ島に住むようになったとされる。

われわれの祖先の男性Bは、〔マライタ島北西部の〕土地Eに住むラモであった。Bはある時、〔同島北端の〕土地Oの人々がフィニシを掲げていることを聞いた。彼の妹が土地Oに嫁に行っており、妹を通じてこのことについて聞いたのだ。Bは土地Oの人々の戦いに加わりたいと考えた。そこで彼は占いを行った。土地Eを流れる大きな川には、一羽の鷲《わし》が住んでいて、われわれの祖先たちは、戦いの前にはこれを泳いで渡るという占いを行っていた。鷲に襲われることなく川を泳ぎ渡ることができたなら、戦いに勝つことができる。途中で鷲に襲われたなら、戦いには行くべきでないということになる。Bはバナナの幹で筏《いかだ》を作り、それに乗って川を渡り始めたが、鷲がやって来るとその場でつかまえて殺してしまった。彼は「戦いに行っても無事ということだな！」と考え、土地Oに行って戦いに加わった。土地Oの人々は、〔目的通りに〕相手の人々を殺すと、掲げていたフィニシを分けることにした。彼らはBに対し、「貝貨でもブタでも、好きなものを取るがいい」と言った。Bは何も言わずに棍棒を手に取ると、座ったままで地面をコツコツと叩いた。土地Oの人々は、「ああ、土地がほしいのだな」と理解して、彼にOの土地の一部を与えた。Bはこうして土地Oに住むことになり、やがてそこで結婚した。

別のところで述べたように、従来の民族誌的文献において、アシの社会組織は、父系出自に基づく親族集団「アエ・バラ」と、この親族集団を単位とする祖先祭祀や土地所有を基礎とするものとして描かれてきた。[*8] 今日のアシ自身も、そのような単系的な出自集団が自分たちの社会制度の基礎であるかのように語る傾向がある。また一面において、そのような出自・系譜上の連続性は、移住伝承などに表現されるアシの歴史意識の土台にもなっている。そのような社会観や歴史意識に対して、右の伝承で語られているようなオメアを契機とするラモの移住、およびその結果として樹立される姻族関係は重要な異質性を帯びている。すなわち、右の事例においてラモの存在は、親族集団を成り立たせる父系的・垂直的同一性や、「ここはわれわれの父系的祖先が住んできた土地である」という、先住性に基づく集団と土地の結び付き（第二章参照）をものともしないかのように、歴史的な連続性を切断して、土地や他集団との間に新たな関係を、言うなれば横断的に打ち立てる力として語られているのである。前章冒頭で見たイロイの語りにおいても、彼自身にとっては悲劇的なかたちにおいてではあれ、オメアはまさしくそのような力の発現として語られていた。この点において、過去の移住についてのアシの伝承は、かつてのマライタ島を、オメアを契機としたラモによる移住・定着が至るところで行われていたような、きわめて動態的・流動的な様態で描き出すものと言える。またその限りにおいてオメアは、出自集団の父系的な連続性に依拠するアシの通常の歴史意識とも対立している。その意味でオメアは、アシにとって、すぐれて歴史的であると同時に反歴史的と言うべき独自の両義性を帯びた対象なのである。

4　戦闘の装置としての島々

二〇一一年九月のある日、私は、ディメやオイガ宅のあるフォウバイタ村南方から村へ帰る、畑の中の道を歩いていた。一緒にいたクワル島――前章の日誌で言及された、フォウバイタ村北方にある大規模な島――の少年が口を開いた。「サトミ、僕は海に潜る時、けっして一人で潜ることはないんだ」。はじめ私は、この言葉をとくに気にも留めなかった。少年は単に、「海に潜る時は友だちと一緒に行く」と言っているに過ぎないと思ったからである。しかし、実際には違った。彼はこう続けた。「僕が海に潜ると、小さなサメが近付いてくるんだ。そのサメを見れば、〔数年前に亡くなった〕父さんだってわかる。そのサメが一緒に潜ってくれるから、僕は深い海に一人で潜る時でも怖くない」。

＊＊＊

フォウバイタ村沖に位置するシクワフヌ島は、この地域に現存する一六の島々のうちでもっとも古く大規模な島であり、居住者の系譜、移住伝承やその規模からして、明らかに初期植民地時代より前に建設されたと推定される。この島は一九八八年頃に無人化したとされ、現在は巨大な茂みとなっている。二〇〇九年六月の会話において、元シクワフヌ島居住者の五〇代男性――彼の父方曾祖父は、この島の「最後のラモ」であったという――は、この島がかつてのオメアとさまざまなかたちで結び付いていたことを明言した（これとは対照的に、後に見るように、より新しい他の島々とオメアの関わりについては、人々の語りはよりあいまいである）。彼によれば、シクワフヌ島はそもそも、「トロ」に住む他集団との「敵対関係」（*maelimaea*）をきっかけに建設された。オメアが行われていた時代において、海上移動に慣れない「トロ」の集団には、島を攻撃することは困難であったためである。シクワフヌ島に住むクワロフォ氏族には、二〇世紀のはじめ頃までつねにラモがいて盛んな戦闘を行っており、これらの戦闘においては、「白人のところから来た」銃が用いられたこともあった。また、同盟関係にある本島の氏族は、敵を殺した時、その死体をシクワフヌ島に置き、敵が死体を取り戻すことができないようにしたという。

さらに、この男性によれば、クワロフォ氏族の人々は、戦闘に関わる「しるし」（*malafoa*）すなわち予知能力をもっていた。本島で畑仕事をしている際などに、蚊がからだをちくちくと刺す場合、それは敵のオメアが迫っている「しるし」であったという。また、かつてのシクワフヌ島は「ファナタルア」（Fanatalua、矢をよける）という別称を持っていたが、これは、この島に向けて敵が弓を射ても、防衛の呪術のために矢が必ず逸《そ》れたことに由来するという。

このような語りが示すように、アシの認識において島々は、一面においてすぐれて戦闘の装置としての意味をもっていた。先に見たように、現在のアシにおいて、かつての戦闘は、移住史の主要な原動力、すなわち人々と場所との間に新たな関係を打ち立てる力として記憶されている。そして興味深いことに、そのような社会的力あるいは運動性としてのオメアは、アシの島々と固有の結び

付きをもっている。そもそも、現在のアシにおいて島々は、第一章で述べたように、他の集団との敵対関係、およびそれからの逃避・防衛の目的で建設されたとしばしば説明される。また、先のアイヴェンズをはじめ、アシの島々について論じた訪問者たちも、そのようにアシの島々が一面で戦闘の装置としてあったという見方を受け入れてきた。[*9]

戦闘と島々のこのように強い結び付きは、おそらく、この両者がいずれも、先述のラモの移住を典型とする社会的な運動性を体現していることと関連している。すなわち、先に述べたように、かつてのアシにおける戦闘は、ラモによって担われる、出自の同一性や先住性の原理をものともしないような移住の動態性と関わっていた。他方で、第二章でも述べたように、居住形態としての島々は、オメアを含むさまざまな動機によって島から島へ人々が移住してきた動態的な歴史を具現するものにほかならない。[*10]私の調査地においても、たとえば一九世紀末から二〇世紀初頭に建設されたと推定されるフォウイアシ島は、島から島へと移住を繰り返していたラモの父系的子孫によって建設されたと言われる。このようなアシの認識において、島々は、ラモを担い手とするかつての移住の運動性——そのような移住が過去にたしかにあったということ——を、現在へとあたかも凍結保存しているかのようである。

他方で重要なことに、自分たちは「カストムの時代」と対比される「教会の時代」に生きているという今日のアシは、戦闘を原動力とするそのような移住を、「法律が来た」ことにより「終わった」(*sui na*)ものとして語る。前章で見た、「クワレウ島ができた頃にはすでに法律が来ていたので、戦いは終わっていた。クワレウ島の人々はオメアに加わっていない」という語りはその明確な例である。以下で検討するように、「オメアの時代」が「終わった」というアシの語りには、自分たちは、戦闘による移住が行われなくなった、一つの断絶の後に生きているという歴史認識を読み取ることができる。それはあたかも、アシ地域の海に点在する島々が、かつての移住の歴史の物証であると同時に、逆説的にも、そうした移住の歴史が終わった、あるいは停止したことの物証でもあるかのようである。ここにおいて、アシの島々は再び、イロイにとってのアリテ島がまさしくそうであるような、「歴史の中の島々」と「歴史なき島々」の間に位置する境界的な対象として姿を現している。

5　歴史からイメージへ——ストラザーンの歴史人類学批判

二〇一一年八月二十一日（日）　終日晴れ

日曜だがいつになく仕事もできて、充実した気分だ。あらかじめアルバン神父から得ておいた許可に基づき、今日ははじめて教会でのミサを録音。人々はやや怪訝《けげん》そうな顔をしていたが、しかし、録音を後で聞いてみると、これまでしていなかったこのアプローチは非常に重要で、今後もぜひとも継続したい。フォウバイタ地域の人たちにはちょっとずつ説明を積み重ねれば大丈夫なはずだ……共同祈願の終わりに、アルバン神父は、「世界青年の日」の準備が無事に進みますように、とのお祈りをし、またミサの終わりには、準備の中心となって材木の切り出しや舞台の建設をしているジョンやエルソンらへの礼を述べた。ミサの後、ごく短時間ながら、ジャケが漁撈と潮位の関係について説明してくれるのも録音。こうした録音は、単に聞いてメモをとっているだけではとうてい把握できないような詳細な情報を含んでおり、非常に重要な調査法だとわかった。今後もアリックやブーガを相手に、ぜひとも漁撈についての語りの録音を試みるべきだ。午後はこれら二つの録音を聞き直しフィールドノートに記入することにある程度の時間を費やす。朝からフィッシャリーの機械が動いているので、今からパソコンを持って行って充電させてもらうつもり。

＊＊＊

初期植民地時代における戦闘と多義的な仕方で結び付いたアシの島々の歴史性を、いかに記述するか——このことを考える手がかりとして、ここで、第二章で見たいわゆる存在論的転回の理論的淵源《えんげん》の一人とされるストラザーンの議論を見てみたい（なお、ストラザーンの人類学理論の概要については別稿を参照されたい）[*11]。ストラザーンは、一九九〇年に発表された論文「歴史のモノたち——出来事とイメージの解釈」[*12]の中で、同時期に隆盛しつつあった歴史人類学のアプローチを大胆に相対化している。そこでの直接の批判対象は、前章で見たサーリンズの構造主義的歴史人類学、具体的にはクック船長殺害事件の分析にほかならない。

ストラザーンはそこで、サーリンズの歴史人類学を、二重に出来事性を欠いたものとして批判している[*13]。すなわち第一に、サーリンズの議論には、ハワイ島民にとってクックの来航はまったく予期せざる出来事だった、という想定がある。そこでは、伝統的なハワイ社会があたかも内的な革新性や出来事性を欠いていたかのように想定されているが、「閉じた島社会／外部から来る変化」というそのような暗黙の図式において、サーリンズはマリノフスキ以来の「歴史なき島々」像を反復している。第二に、サーリンズの分析はまさしく、ハワイ島民が、この予期せざる出来事を、既存の文化的枠組みに回収することで理解した、というものであった。すでに前章で指摘したように、そこでは、新しいものを古いものに回収し、既存の文化的枠組みを再生産することしかできないオセアニアの人々という像、さらに言えば、文化的同一性をつねに再生産しようとする伝統主義的な「未開社会」像が反復されている。ストラザーンは、サーリンズの歴史人類学に潜むこれらの前提を根底から批判していく。[*14]

実のところ、「歴史のモノたち」におけるストラザーンの議論は、同時代の歴史人類学に対する批判にはとどまらない。彼女は、サーリンズを批判することを通して、二〇世紀の人類学における基本的な説明様式としての「文脈化」(contextualization)の方法を相対化してみせるのだが、その議論の射程はきわめて広い。そこで問題にされる「文脈化」とは、個別の対象は、文化的あるいは歴史的文脈の中に位置付けられることではじめて理解されうるという、一見当たり前すぎて疑いようのない想定を指す。[*15] そのような対象には、物質文化論にとってのモノや、歴史人類学にとっての出来事が含まれる。個別のモノや出来事は、それ自体では何の意味もなく、それらを「文化」、「社会」や「歴史」といった文脈の中に置くことで理解可能にすることこそが人類学者の務めである——これはたしかに、歴史人類学を含む今日までの人類学における不問の前提である。

ストラザーンは、サーリンズの歴史人類学を、このような「文脈化」のアプローチの典型として位置付ける。すなわち、クックの来航のような出来事——サーリンズが「起こったこと」(happening)と呼ぶところの、言うなれば「生の」出来事——は、既存の文化的文脈、たとえばマカヒキ祭の構造の中に位置付けられてはじめて意味を得る、というわけである。サーリンズの想定によれば、ハワイの人々自身がそのような文脈化を行っていたのであり、加えて研究者の側も、ハワイ人による文脈化を、さらに「ハワイ文化」へと再文脈化することではじめて歴史的出来事を理解できる、ということになる。[*16] このような方法においては、文脈がつねに主であり、個別の対象は従として位置付けられる。サーリンズが、クックの来航という個別の出来事とは独立してハワイ文化

の枠組みを想定できたように、個別のモノや出来事は、それらとは独立にすでに知られている「文化的体系」や「社会構造」といった文脈の単なる例示とみなされることになる。[*17]

しかし、出来事はそれを包摂する文脈の中に位置付けられることではじめて意味を得る、というこのような想定は、はたして疑いようのないものなのか。ストラザーンは、サーリンズの研究対象であるポリネシアとの間に差異がありうることを認めつつも、自身の調査地域であるメラネシアの人々における理解が、このような文脈化に決して依拠していないことを示していく。西洋的な思考とメラネシア的思考のそのように原理的な対比を、ストラザーンは、「コード化／イメージ」というワグナー（第六章参照）による対比を借りて説明する。[*18]「コード化」とは右で言う文脈化のことであり、西洋的な思考において、個別的な対象は社会的・文化的な文脈の中に置き入れられることではじめて理解されうるとされる。これに対し、メラネシアの人々の思考における「イメージ」とは、ある種の直観的で感性的な了解によって、ある対象が何を含んでいるかがそれ自体として理解されるようなあり方を指す。たとえば、ニューギニア島東方のサバール島の人々にとって重要な交換財である石斧は、それ自体の中に過去と現在における交換の履歴を含んでおり、また、親族間の互助的関係と潜在的対立関係の双方を含んでいる。[*19]メラネシアの人々は、そのような個別的対象あるいは「イメージ」を、それに外在する文脈といったものを想定することなく直接的に理解するのである。彼女は次のように述べている。

その中に過去と未来という双方の時間を含んでいるイメージは、歴史的文脈の中に位置付けられる必要がない。というのは、それらのイメージ自体が歴史を具現しているからである。そうであるとすれば、人々はそのようなイメージを、それらに外在する出来事を参照することで

「説明する」必要などないということになる。イメージは出来事を「含んでいる」のだ。[20]

ストラザーンによれば、そのようなイメージには、彫像や交換財などのモノのみならず、儀礼における人の身体のあらわれ、さらには個別の地形や景観、場所さえもが含まれうる[21]（この点については第六章で再論する）。加えて、別のところで論じたように、メラネシアの人々にとって、そのように立ち現れる個別のイメージとは、自分たちがもつ内的な能力の効果でありあらわれにほかならない。[22]メラネシアの社会生活とは、自分たちにとっても予期せぬ出来事あるいはイメージを繰り返し生み出すことを通して、自己や他者の、通常は不可視の能力を繰り返し知るという、自己知識（self-knowledge）をめぐるプロセスなのである。

このようにストラザーンが提起する「イメージ」の概念は、一九八〇〜九〇年代に隆盛した歴史人類学を、その土台である文脈化の方法に関して根底的に批判するものになっている。彼女によれば、サーリンズらの歴史人類学の問題は、メラネシアなど他地域では共有されていないかもしれない文脈化あるいはコード化の方法を、これらの地域に対しても無批判的に適用してきたことにある。また、「社会」や「歴史」といった文脈に回収されえない「イメージ」について思考しようとするストラザーンの方向性は、一面において、前章で言及したマリノフスキ以来のメラネシア交換論、すなわち「広義の交換のネットワーク」を主要な文脈として想定する議論をも相対化するものとなっている。[23]

以上のような議論によって、ストラザーンは、クック来航の意味はハワイ島における既存の文化的枠組みによって規定されていた、というサーリンズの議論が、歴史における出来事性、ストラザーン自身の言葉で言えば「驚き」（surprise）や「予期されざるもの」（the unexpected）の契機を見ることができない点を批判する。[*24] オセアニアの島々へのヨーロッパ人の到来について、サーリンズをはじめとする従来の人類学者は、「ヨーロッパ人の到来は現地の人々にとってまったく新しい、予期せぬ出来事であり、このため人々は、これを既存の文化的枠組みに回収することで理解しようとした」という解釈を繰り返してきた。しかしこの解釈では、ヨーロッパ人の到来以前のオセアニアの社会生活に、内的な革新性や出来事性、言い換えれば新たなイメージと自己知識の産出という契機がなかったかのようである。これに対し、メラネシアの人々が、ヨーロッパ人の到来以前からつねに新たな出来事を生み出し、「自分たち自身を……驚かせて」[*25] いたとしたらどうか。事実、ストラザーンによれば、メラネシア人はヨーロッパ人の到来を、自分たちの知られざる内的能力が生み出した予期せぬ効果として受け取ったかもしれないのであり、この出来事あるいはイメージを、それに外在する文化的文脈の中に位置付けて理解する必要などなかったのである。[*26]

なお、以上で見たような批判にもかかわらず、私の見るところ、ストラザーンとサーリンズの間には両義的な関係がある。以上のように、彼女はサーリンズの歴史人類学に出来事性や「予期されざるもの」の契機が欠けていることを批判するのだが、ある意味ではこれは大方の読者の直観に反する。前章でも述べたように、サーリンズが語っているのはクックがロノ神と同一視されて殺害されるという驚くべき物語であり、多くの読者にとっては、これこそが「予期されざる出来事」と感じられるであろう。さらに言うなら、サーリンズが主題化している、ハワイ島の水平線上に現れたクックの船団をこそ、ストラザーンの言うような、文脈化に抗い、出来事性に満ちた「イメージ」としてとらえ直すことができるのではないか。ストラザーンを経由して読み直すとき、サーリンズはたしかにそのような歴史性について思考していたと考えられる（ストラザーンの議論を踏まえるならば、退けられるべきはサーリンズではなく、素朴な文脈化論者であるトーマスの方である）。[*27]

ストラザーンの議論をこのように踏まえることで、アシの島々とその歴史をめぐる本章の考察を、一九八〇～九〇年代の歴史人類学との関係において定位することが可能になる。以下で探究したいのはまさしく、これまで見てきたように歴史に対して両義的な関係にあるアシの不穏な島々を、「交換のネットワーク」からも「歴史的文脈」からも脱落する、ストラザーンの言うような「イメージ」として思考する、という可能性にほかならない。

6　「新しい」島々

二〇一一年八月二十二日（月）　前夜は朝まで断続的な雨。日中は晴れて暑い。ただし「トロ」側には大きな雲も

心づもりとしては、今日から二週間、夜間の潜水漁のGPS調査を継続するつもり。昨夜はアリックに調査を引き受けてもらうことができ、朝六時頃に端末を受け取る。間違えてすぐにスイッチを切ってしまい動揺したが、データがまったく失われていなかったのは幸いだった……なお昨夜は、アリックに端末を渡しに行ったついでに、〔魚を買い付けている〕サデ宅の床下でおしゃべりしている〔ジャケの姉〕トーサイ、サデや〔妻の〕リタたちと一時間以上も話した。「アリテの木の葉が赤くなる頃、夜、海に出たら、カヌーは真っ赤なハレ〔魚の種類〕でいっぱいになるよ」とリタは言う。また彼女は、〔キリスト教受容以前の死者たちの頭蓋骨が集積されている〕フォウエダ島のバエでは、最近、潮が高い時に頭蓋骨が海に流れ出してしまうことがある、という奇妙な話をする。トーサイは「えーっ、怖いよ」と反応し、サデは、「櫂《かい》でかき集めればいいのだ」と冗談を言う。寝たのは二十二時頃で、朝は五時に目覚ましをかけて起きたのだが、昼前後は非常に眠かった……朝にもジャケたちと話をした〔漁撈や埋葬法について、前日の話の続き〕ので、今日の仕事の大半は午前中にすんでしまった感じだ。昼前後に少しずつフィールドノートを記入し、たびたび村の中を散歩していたら夕方に。今夜もGPSを使った漁撈の調査を依頼するつもりだが、多少面倒なことはあっても、「データをとる」ために肝要なのは、何より一定期間継続して調査を依頼することだ。今後の昼間の過ごし方がどうなるかまだわからないが、ともかくうまくいってくれることを願っている。

なお今朝、家にいると怒鳴り声が聞こえ、村の海側の方に行ってみると、〔当時彼が自宅として使っていた〕フィッシャリーの前で〔フォウバイタ氏族の「首長」〕マエリが怒鳴り散らしていた。人々によると、フォウバイタ村の土地所有についてカベオア〔六〇代女性〕[*28]と言い争っているとのことで、マエリは「ここは〔カベオアの父〕ゴレはすぐ後で、「土地についてこうやって争っていること自体がバカらしい」と〔村の五〇代男性〕リュウラアシのではなく自分の土地だ！」といったことを怒鳴っている。いった批評を僕にもらし、他方、ジャケや数人の女性たちは、カベオアの主張――あるいは彼女の性格自体――を悪く思っているようだった〔ジャケは「ケテナ・タアー・ロコ」(*Ketena ta'aa loko*)〔あの人は頭が悪いんだよ〕と語る〕。今日にでもマエリに会いに行き、アポをとって話を聞こうと思っていたのだが、こんな「事件」があったので関わりを恐れて取り消しに。

＊＊＊

イロイの語りにおける、その歴史を語ることが困難なアリテ島や、無人化し、人々の記憶から脱落しつつあるフェラゴウ島――前章以来見てきたように、アシの島々はしばしば、歴史的文脈化か

ら脱落する、あるいはそうした文脈化に抗う不穏な「イメージ」として現れる。「歴史なき島々」と「歴史の中の島々」の緊張関係としてこれまで論じてきたのは、まさしくこのことであった。そこでは、前章で仮に採用したような歴史的文脈化のアプローチはあくまで一面的なものにとどまる。以下ではさらに、初期植民地時代における戦闘との関連で、アシの島々と歴史のそのように両義的な関係について考えたい。

先に述べたように、歴史的検証によれば、アシの島々は、初期植民地時代における戦闘の激化を同時代的な背景として形成された。また先にシクワフヌ島を例に見たように、現在のアシにおいて、島々は時に、かつて戦闘の拠点であったものとして語られる。しかし、島々と戦闘のこのように明示的な結び付きは、実はアシの歴史認識の一面に過ぎない。より詳細に見るならば、島々の歴史についての今日のアシの語りが、戦闘の歴史と島々を結び付ける一方で切り離そうとするような、すぐれて両義的なものであることが明らかになる。それでは、島々とかつての戦闘の関係をめぐるアシの歴史意識はなぜそのように両義的になっているのか。ここで検討されるべきはとくに、フォウバイタ村沖の島々についてしばしば聞かれるような、「多くの島々は、オメアの時代が終わってからできた新しいものに過ぎない」という語りである。

ここで、先にも見た元クワレウ島居住者の男性の語りを再び取り上げたい。クワレウ島の名は、一九二七年の滞在に基づくアイヴェンズの著書にも記録されている（また、同島は次章のはじめにも再び登場する）。また前章で述べたように、クワレウ島の創設者は労働交易でクイーンズランドに行き、その後に同島を建設したとされる。クワレウ島は、アノメラ氏族と呼ばれる集団が現在のフォウバイタ村沖で建設した六つの島々の中でも最初のものであるとされ、フォウイアシ島など他の島々との関係から、おそらく一九〇〇年代以前の比較的早い時期に建設されたものと推定される。以上から、この島はまさしく、オメアが激化していた初期植民地時代に建設されたものと考えられる。ところが、このような推定に基づく私の質問に対し、元居住者の男性（四〇代）は、「クワレウ島ができた頃にはすでに法律が来ていたので、戦いは終わっていた。クワレウ島の人々はオメアに加わっていない」と断定した（二〇〇九年九月）。同じように彼は、クワレウ島やフォウイアシ島の主な居住集団であるアノメラ氏族の「最後のラモ」とされる男性Ⅰは、「アノメラ氏族の人々がクワレウ島やフォウイアシ島を創設する以前の、かなり古い時代の人物」であると述べた。

このような語りは、先に確認したようなオメアやラモの歴史を、自分たちが住んできた島々とは切り離された、より古い時代へと遠ざけるような性格をもっている。それはまた、前章で行ったような、初期植民地時代をめぐる歴史的検討と真っ向から対立するように見える。しかし、「自分たちが住んできた島々はオメアやラモの歴史とは無関係である」というこのような認識は、以下でも示すように、アシの間でかなり一般的に見られる。一見した限りでは、このような状況は、単にアシの人々が「正しい歴史的知識をもっていない、歴史を誤解している」ことのあらわれとして片付けられてしまうかもしれない。これに対し、以下で問いたいのは、なぜアシの人々がそのような歴史認識をもっているのか、そのような「誤解」がアシの歴史認識について何を示唆しているか、ということにほかならない。

アシの「誤った歴史認識」（と見えるもの）の例をもう少し見てみよう。二〇〇九年七月、私は、フォウバイタ村沖のエリフォウ島（次章参照）に滞在していた、歴史的知識が豊富であるとされる六〇代男性に話を聞いた。彼によれば、右でも言及されていたアノメラ氏族の「最後のラモ」である男性Ⅰは、フォウイアシ島の創設者である男性Mの父方オジに当たる。現在の主なフォウイアシ島居住者は、創設者Mから数えて四世代目に当たるので、アノメラ氏族の「最後のラモ」は約五世代前の人物である、ということになる（同様な説明は他のアノメラ氏族成員からも聞かれた）。この男性によれば、「男性Iが死んだことでアノメラ氏族のラモやオメアは終わった。Iはミスター・ベルの事件より前に死んだ。フォウイアシ島を造った男性Mたちの世代はオメアを経験していない」。この語りは、ラモの断絶を、右の元クワレゥ島居住者の語りよりは現在に近いところに位置付けているが、前章で見た、「フォウイアシ島からも、ミスター・ベルの事件を受けたオメアに行った者がいる」という証言とは対立する。また、右の説明において注目すべきは、ラモあるいはオメアの断絶とフォウバイタ村沖における島々の建設を、あたかも「オメアが終わってフォウイアシ島ができた」とでも言うかのように、継起的な出来事として位置付けている点である。そのような語りにおいては、先に述べたような移住の動力としてのオメアの断絶と、定住・定着の物的な具現化としての島々の形成が、一続きの変化として結び合わされている。そこに示されているのはあたかも、アシの人々が、「法律が来てオメアが終わった」時代に、それまでのような移住の連鎖を停止して島々に定着し、その島々が現在まで残っている、とでも言うかのような歴史認識である。

これに関連して、ごく頻繁に聞かれるのは、アシの島々をごく「新しい」(*faalu*) ものとして位置付ける語りである。たとえば、二〇〇九年六月に私は、元フォウイアシ島居住者で、現在はマライタ島北端のスー地方に住む男性アクワイ（五〇代）を訪ねた。スー地方の一部の村落には、「オメアの時代」の遺構とされる古い岩の防御壁――前章で見た「要塞島」にあったのと類似の――が残っている。男性は、これと対比して、「フォウバイタ村やその近くの島々の人たちは、オメアの時代の後になって移住してきた、ごく最近の人たちだ。だからフォウバイタ村のあたりには岩の壁など残っていないのだ」と語った。同じように、フォウバイタ村の近くに住む男性は、二〇〇九年九月のインタヴューの際、自身の親族に、一九二七年の「ミスター・ベルの事件」に対する報復攻撃に参加した者がいたこと、その後、「すでに法律の時代であった」一九三二年頃に行われた戦闘がこの地域の最後のオメアであったことなどを私に語った。その上で彼は、英語を交えて、「アシの島の多くは新しいサテライト（new satellites）に過ぎない。多くの島はオメアの時代が終わってからできたものだ」と言った。

　以上の二つの語りにおいては、居住形態としての島々、あるいはそこに住まうアシという集団それ自体が、「オメアの時代」の後という「新しさ」と結び付けられている。それはあたかも、アシやその島々のほとんどは、「オメアの時代」やそれ以前に遡るような歴史的深度をもたないとでも言うかのようである。そのような語りにおいて、アシの島々は、前章で確認したような歴史的文脈の中には位置付けがたく、そのような文脈の彼方で宙に浮かんでいるかのようである。そのように、島々は一面において、アシ自身にとって、歴史的文脈化を逃れる「歴史に抗する島々」[*29]、あるいはストラザーンの言う「イメージ」としてあるのであり、またそれらの歴史は、前章で見たイロイにおいてそうであるように、想起し語ることがしばしば困難な、不穏で不確かな対象としてある。

7　「語ることができない」歴史

二〇一一年八月二十四日（水）　前夜は強い風と断続的な雨。午前は曇り一時雨。午後は晴れ

今日は半日から一日休みにしよう、などと朝には思っていたが、けっきょくたいして休みもせず。夜間の漁撈についての調査は、睡眠時間に影響するのでやはり多少は疲れる。昨夜は、ジャケも訪ねて来ずブーガも漁に出てしまったというので、二十一時も過ぎて家でがっかりしていた。ところ

が翌朝になってみると、二十一時半頃から急に始まった「ハロ」（*halo*）〔暴風雨〕のために、ジャケもブーガも漁をしなかったことがわかった（魚を買い付けているサデ宅の床下にも魚は到着せず）。データを落としてしまったわけではない、ということになったのでほっとした。フィールドノート記入の作業がなくなったので、それじゃあちょうどいいから今日は休みにしよう、と考える。朝はジャケとライガが水道のパイプを修理しに行くのに同行。沼地で蚊に刺されてマラリアを心配するが、断水が二日目にはひとまず解消してくれたのは助かった。その後、ジャケと二人で散歩を兼ねて、船外機を修理するためのボンドや、ココシがドーナツを焼くための小麦粉、砂糖などを買いにディメ宅の店に行く。帰ってからは昼食をとっていくらか休む。夕方、フィッシャリーでまたパソコンを充電し、ジャケに漁撈について質問し、ジャケの説明を録音する（漁撈についての語りの録音は二回目）。今日は三度ほどフィッシャリーに行ったが、マエリは、今日は酔っ払っていない代わりに、どこかの村の人たちの魚の買い付けを手伝っていたりして忙しそうだったので、けっきょくインタヴューのアポはとらず。明日にはさすがに、あらためて訪ねてアポをとるのがよいだろう。今夜はもちろん、「ハロ」にならないかぎり再びGPS調査の予定。

＊＊＊

先に見たように、アシの島々の一部は、もともとオメアに対する防衛拠点として建設されたと説明されるが、その反面で多くの島々は、「オメアの時代が終わってからできた新しいサテライト」として語られる。この第二部の主題である戦闘の歴史と島々の結び付きは、アシの認識においてなぜこのように両義的になっているのか。また、なぜ少なからぬアシの人々は、歴史的に推定される関連を否認し、自分たちの島々と「オメアの時代」を切り離そうとするのか。もっとも明白な理由はおそらく、本章の冒頭でも述べたように「教会」すなわちキリスト教を受容した今日のアシにとって、かつてのオメアという「カストム」はあまりに「野蛮な」ものと思われるため、それを自分たちから可能な限り遠ざけたいということにあるだろう。しかし、ここにはさらに、現在のアシに特徴的ないくつかの事情が関わっている。

第一に、すでに述べたように、二〇世紀を通してキリスト教を受容したアシにおいて、キリスト教受容以前の祖先たちやその慣習に関わる「カストム」の領域について語ることは、一般にタブーとされる傾向にある。本章の主題である戦闘・襲撃についても同様である。今日のアシにおいて、かつてのオメアは、「法律」や「教会」がやって来る以前の「カストムの時代」に属する事柄とみなされ、それは多くのアシにとって、今日では「よくわからない」、したがって不用意に語るべきでない領域に属する。なお、自身の系譜や土地所有関係について「しゃべれない」と評される先のイロイは、アシと「カストム」のそのように疎遠な関係を極端なかたちで例示している。これとは対照的に、シクワフヌ島のラモとオメアについて語ってくれた先の元居住者の男性のように、「オメアの時代」について明確に語ることができるのは、伝統的知識が豊富であると認められた高齢男性など一部の個人のみである。そうであるとすると、つとにキリスト教を受け入れたアシの人々が、オメアやラモの時代を、自分たちの現在から切り離され、自分たちには「よくわからない」し「語ることもできない」過去に位置付けようとするのは、一面で自然と言える。

第二に、別のところで論じたように、植民地化と独立を経た現在のマライタ島には、先住性に基づく「祖先伝来の土地との結び付き」を本源主義的に強調する傾向が広く見られる。[*30] これに対し、長期にわたり本島から島へ、そして島から島への移住を繰り返してきたアシは、「トロ」の人々との対比において、本来の土地との結び付き、さらにはそれに関連して、祖先に関わる系譜や伝承など「カストム」の知識を失った人々であるとみなされる傾向がある。今日のアシに特徴的なのは、そうした「カストムの喪失」をアシ自身が認めていることである。フォウイアシ島のマレフォが私に語った、「お前はわれわれのカストムについて知りたくてここに来たというが、われわれのところにはカストムはもう残っていない。カストムについて知りたいならトロに行った方がいいだろう」という先の言葉は、アシのそうした意識を端的に示している。このようにアシは、「トロ」との対比においても、自らを「カストム」について語る資格をもたず、さらに言えば、語られうる長い歴史をもたない「根無し草」(*liu ˈai*)とみなすに至っている。また、すでに第二章で述べたように、今日のマライタ島においてアシは、自他によって、祖先の土地から切り離され、最近になって「よそから来て居着いた人々」として認識されている。そうであるとすれば、アシの島々の多くが「最近できたもの」に過ぎず、歴史的深度をもたないとみなされるのは半ば必然的である。言い換えれば、「最近の移住者」であるアシが住まってきた島々が、オメアが行われていた「カストムの時代」から存続しているということは、多くの人々にはありそうもない、不自然なことと思われているのである。

最後に、もっとも重要なことに、「オメアの時代」としてのマライタ島の初期植民地時代は、それ自体が、その記憶や想起を困難にするような性質をもっている。先にオメアを、「すぐれて歴史的であると同時に反歴史的である」と述べたのは、一つにはそのような意味においてである。すでに述べたように、マライタ島の初期植民地時代は、オメアを主要なあらわれとする極端な社会的混乱と流動化の時代であった。多くの島がこの時期に形成されていることもおそらくそのことと関わっており、また、フォウバイタ村の「土地所有者」が入れ替わっているのではないかという疑いも、まさしくそうした歴史的背景によって可能になっていた。その結果として、現在のアシにおいては、どの人々がどの土地の本来の居住集団なのか、あるいは、ある島の人々がオメアに関わったことがあるのか否かといったことは、しばしば「よくわからなく」なっている。先のイロイはそうした状況を典型的にあらわしている。イロイの例において、本来ならば父系的近親者から語り継がれるべきとされる系譜や伝承、すなわち「カストム」についての知識は、オメアによる殺戮のために、それらの継承の可能性自体が半ば断絶してしまっている（イロイが「しゃべれない」のはそのことの帰結である）。そして、そのような歴史的知識の断絶や空白の感覚は、イロイだけでなく、右で述べたように「カストムを失ってしまった」と自覚するアシの間で一般的に抱かれている。今日のアシにとって、自分たちの島々の歴史は、「オメアの時代」から今日に至る歴史的経緯の結果として、一面で根本的に「よくわからなく」なっているのであり、先のイロイは、自分たちの歴史について「語ることができない」というアシの状況を、極端なかたちで具現しているのである。

＊＊＊

以上の検討からはさらに、アシの歴史意識において、この人々の島々が、逆説的な物証とも呼ぶべき独特の意義を帯びていることがわかる。私自身のような外部の者から見ると、過去に造られ現在に至っているこれらの島々は当然、何らかの具体的な歴史——たとえば初期植民地時代における戦闘の激化——を証拠立てる痕跡あるいは物証であるように見える。通常の歴史人類学のアプローチであれば、そのような痕跡・物証を解読し文脈化することで、過去の歴史を実証的に明らかにしようとするであろう。これに対し、以上で見たように、島々をめぐるアシの歴史意識はもっと入り組んでおり、それらは、「オメアの時代」と一面では結び付きつつ、他面ではそれから切り離されたものとして語られていた。現在のアシの歴史意識は、「たしかにオメアのような歴史があり、それが島々と結び付いているらしいが、それについては自分たちにはよくわからないし語ることもできない」とでも表現されるべき不穏で両義的なものである。この人々にとって島々は、そのような「よくわからない、語ることのできない」歴史を具現する逆説的な物証、歴史と非歴史の間にある境界的な対象としてある。それはまた、一九八〇～九〇年代の歴史人類学が提唱したような歴史的文脈化に対するある種の異物、あるいはストラザーンの言う、文脈化に抗する「イメージ」であると言うことができる。

加えて、右で指摘したように、初期植民地時代におけるオメアの歴史は、それ自体がアシの歴史に顕著な偶有性をもたらすものであった。アシの認識において、たとえばフォウバイタ村の土地の先住集団は、フォウバイタ氏族であったかもしれないし、イロイの父系的親族であったかもしれないし、両者は入れ替わっているかもしれない。人々は、「よくわからない」がそうした変化や断絶がたしかにありえた、という歴史意識をもっている。そうであるとすれば、アシの島々は、特定の歴史的出来事を、「これこれの出来事がたしかにあった」と物象化し記録してみせるのではなく、むしろ、「これこれの出来事があったかもしれないが、また別の出来事であったかもしれないし、さらにはまた別の出来事であったかもしれないし……」という潜在的かつ偶有的な歴史を具現するものなのである。この第二部で言う「歴史に抗する島々」、特定の文脈の中に固定されることを不断に逃れる「イメージ」としての島々が帯びているのは、まさしくそのような歴史性である。先のイロイの語りにおいて、オメアの生き残りとしての祖父が建設したアリテ島が体現していたのも、そうした歴史性にほかならない。そうであるがゆえに同島は、現在のフォウバイタ村の土地所有関係をめぐる不確かな疑いの根拠、さらに言えば、イロイをはじめ現在のアシの人々のアイデンティティと自己知識――「われわれ」は本当のところ誰なのか――をたえず揺り動かす動因となっているのである。そして、すぐ後で見るように、「世界青年の日」を目前に控えた二〇一一年八月末以降、フォウバイタ地域の人々が思いもかけない仕方で向き合うことになったのは、まさしくそのように不穏な歴史性であった。

8　忘れっぽい景観――メラネシアにおける「歴史」と「自然」

二〇一一年八月二十五日（木）　前夜は再び断続的な風雨。この日は晴れときどき曇り。風が終日強い

昨日もそうだが、悪天候のために、漁撈についての調査は思うように進んでいない。そのことについてはほとんど悩んでもいないのだが……昨夜は、おそらくジャケもブーガも漁に出ないのだから、この機会に睡眠不足を解消しようと思って床に就いたが、なぜかあまりぐっすり眠れず。それでも、昨日に続いて今日も、けっきょく実質的な「休日」にはならなかった。漁撈のデータが得られない代わりに、昨日フォウバイタ村の南方で始まった、ホニアラで亡くなった青年の葬儀（*maea*）に関連して、いろいろな人から話を聞いた。朝、翌朝にマエリと話をするというアポをようやく取る。その後、イロイの家の近くで子守をしていたコイナ〔イロイの長女、第二章末尾参照〕と非常に長くおしゃべりをする。コイナと会話をするのはほぼはじめてだが、葬儀の慣習、村の生活の変化などについていろいろと話してくれる。イロイとサロメの娘らしい、また妹たちにも似た思慮深い話し方。〔葬儀の間は大工仕事が禁じられるので、〕葬儀のために「世界青年の日」に向けた準備は止まっている。昼、小学校の教頭の家の発電機でパソコンを少し充電させてもらい、充電しながら、パソコンに入っている写真を見せて皆で楽しんだ。昨日のジャケの漁撈についての語りの録音——これも非常に充実したデータだ——は、今日の夕方になってようやく聞き直しが終わった。フィールドノートはまだ記入できていない。ジャケらはおそらく今夜も漁には出ないだろう。夕方、まったく予期せぬことに、ホニアラにいるメケ〔二〇〇八～〇九年の調査における主要なインフォーマントだったが、二〇一一年にはホニアラに滞在していたフォウイアシ島の男性。先のマレフォの弟〕から電話がかかってきた。彼はアラドに僕の電話番号、というかそもそも僕がフォウバイタ村にいることを聞いたらしい。これを機会に、彼が遠からず村に戻ってきてくれることを、僕は十分期待してよいだろう……！

＊＊＊

右の日誌と同じ八月二十五日、私と同い年のフォウバイタ村の男性ポリーが語る。

老人が亡くなった時は、僕らは「彼の寿命が来たのだ」と言って、とくに気にしない。でも、〔右の日誌で述べられているように〕若者が亡くなった時は、「どうしたことだろう？」と大いに心配する。彼は何か過ち（*garo*）を犯したのだろうか、それとも、人々が争っていたため〔邪術によって害されたから〕だろうか、と。こうした死の時には、必ずあらかじめサインがある。鳥がふだんと違う時に鳴くとか。サインが示されて、その後で何かが起こるんだ。

この言葉にあるように、この時、ホニアラでの青年の死は、フォウバイタ地域の人々において、たしかにある禍々しさをもった出来事として受け止められていた。彼は何か過ちを犯したのだろうか？　誰かが誰かと争っていたのだろうか？　しかも、以下で述べるように、この時期のフォウバイタ地域では四人もの人が立て続けに亡くなることになる。「世界青年の日」の開幕が迫っていたが、これらの死のために準備作業はその都度数日間停止することになり、一部の村人はいら立ちを隠さなかった。そしてさらに、すぐ後で見るように、この時期以降、フォウバイタ地域の人々はある思いがけない出来事に接し、個別の死者が犯していたかもしれない「過ち」のみならず、「われわれ」全体の過去を問い直すことになるのである。

＊＊＊

先にも述べたように、以前の研究において私は、アシの島々を、祖先の移住と定着、あるいは西洋世界との接触の物理的痕跡とみなし、そのような歴史を解読して民族誌に書き記そうとしていた。これに対し、私がそのような歴史人類学的な文脈化のアプローチをあくまで一面的であると考えるようになった一つのきっかけは、パプア・ニューギニア北部、セピック川流域における人々と景観の関係についてのハリスンの民族誌であった。[*31] この民族誌の中でハリスンは、西洋の景観とセピック地方の景観の根本的な性格の違いを指摘している。すなわち彼によれば、西洋で通常想定される景観が、過去の歴史の痕跡を現在にとどめ、そのような痕跡の解読を促す「物覚えのよい景観」であるのに対し、セピック地方の景観は、人間活動の痕跡を急速に消失させる「忘れっぽい景観」である。このような議論を手がかりとして、私は、アシの島々をむしろ歴史的記憶からの脱落という観点からとらえ直そうと考えるようになった。

セピック地方の景観が「忘れっぽい」とはどういうことか。ハリスンによると、セピック川中流域では、河川の毎年の氾濫《はんらん》のために地形や景観が不断に変容し、たとえばかつての集落が土地ごと消失してしまうこともあれば、新たな土地が短期間のうちに形成されることもある。このような変化の中で、居住や耕作といった人々の活動の痕跡は、自然環境の中からつねに急速に消失していく。[*32]ただしハリスンによれば、そのような痕跡の消失は一面で、そこに住む人々が環境と関わる独特な仕方の効果でもある。すなわち、過去の諸世代あるいは死者の痕跡が過剰にとどめられることを嫌うセピック地方の人々は、自然環境に手を加える際、そうした変形の痕跡が、結果的に環境の中に溶け込み、人為的な産物とは認識不可能になるような仕方でそうしようとする。[*33]たとえば川の付近に、カヌーによる移動のための新たな水路が欲しい場合、人々は、多大な労力を払って大きな水路を掘削する代わりに、「このあたりに水路ができたらよい」と思われる地点に、ごく小さく部分的な水路を掘っておく。そのような水路は、毎年の増水の時期になると、川の氾濫によって急激に押し広げられ、結果的に、人々がもともと望んでいたような新たな水路として形成される。[*34]しかもそのような水路は、事後的には、あくまで自然に生じた流れの変化と見分けることができず、その形成を導いた人為の痕跡は環境の中へと消失させられている。

同じようにハリスンによれば、かつてのセピック川中流域の人々は、森の中に新たな道が必要な場合、それを切り拓《ひら》いてすぐに使用するようなことはしなかった。新たに拓かれた道は、敵対する集団に待ち伏せと襲撃の機会を与えてしまうからである。この危険を避けるため、人々は逆説的にも、いったん切り拓いた道を長期間放置し、再び草木がそこに生い茂り、もはや使われている道ではないかのように見えるようになって、はじめてその道を使用した。[*35]右の水路が、半ばは人為的に、しかし河川の氾濫という自然の現象にあくまで沿った仕方で掘削され、そのため自然に形成された

水路と区別不可能であったように、ここでは、人々が切り拓いた道が、放棄され、もはや道ではなくなりつつある道と、意図的に区別不可能にされている。

セピック川中流域の人々と自然環境の関わりにおいて現れる、これらの水路や道といった逆説的な形象は、アシの島々と歴史、さらには本書第三部の主題である「自然」の関係について考えるための興味深い手がかりを提供している。すなわちハリスンにおいて、地形や植生といったセピック地方の「自然」は、人々の「社会的」あるいは「歴史的」活動に先立って存在する原初的な状態では決してない。そうではなくて、彼はむしろ、他の集団との関係の中で、周囲の環境を改変しつつ生活するという人々の社会的で歴史的な営みが、そのような営みの領域の外部へと自らを脱落させていくような側面に注目し、地形や植生といった「自然」の事象を、まさしくそのような外部に見出しているのである。なお、近代西洋においては、河川や植生などの非‐人間的環境であれ人間の身体であれ、「自然」は多くの場合、「文化」や「社会」の刻印を受けることで克服され利用されるべき客体とみなされてきた。すなわち、そこでは「自然から文化・社会への移行」が自明のものとして想定されてきたのである。[*36] これに対し、ハリスンの議論は、水路や道といった事物が、所与の「社会」や「文化」という関係性から脱落していく運動に、人と区別不可能になった「非‐近代的」と言うべき「自然」を見出しており、そこでは、「自然／文化・社会」という両極間の運動が、近代的な想定とは逆向きになっている。セピック地方の「自然」は、われわれの理解する「自然」と同一ではない（われわれは通常、水路や道を「自然」の中へと解消させはしない）が、かといってそれと無関係でもない（河川の氾濫や植物の繁茂は、われわれにとっても「自然」の事象である）。また、ハリスンが描く水路や道を、「自然と文化のハイブリッド（複合体）」などとしてとらえてしまうと（次章参照）、右で述べた関係性からの脱落という契機をとらえ逃してしまうことになる。

私自身のこれまでの民族誌も含め、多くの人類学的研究は、たとえばアシの島々のような景観を「物覚えのよい景観」とみなし、人々の社会的・歴史的な活動の痕跡をそこに読み取ろうとしてきた。先にトーマスに見たような歴史人類学のアプローチもこれと同様である。これに対し、右の民族誌でハリスンが想定しているのはより複雑な関係である。すなわち、セピック地方に見られる景観とは、人々が自らの社会的・歴史的痕跡を意図的に消失させる結果現れる、「自然／社会」や「自然／歴史」という通常の二分法を――そればかりか、次章で見るような、「自然＝文化」という現代的な一元論をも――逃れるような景観にほかならない。右で見たような水路や道は、河川の氾濫や草木の繁茂といった人間〈以前〉の現象に根差しつつ、それと同時に、人々が環境に手を加えるのをやめることによって立ち現れる、ある意味で人間〈以後〉の「自然」としてある。このようなハリスンの洞察にはたしかに、第二章で見たようにいわゆる存在論的転回が問題にした「自然／文化」の近代的二分法、さらには、「すべてが自然的かつ社会的なハイブリッドである」とする関係論的な一元論をも超えて、メラネシアにおける「歴史」と「自然」を非‐近代的な仕方で考える手がかりがあるように思われる。

さらに、ハリスンの描くセピック地方における自然環境との独特な関わり、具体的には右で見た水路や道といった両義的な形象は、ストラザーンの言う「イメージ」、すなわち社会的・文化的な文脈化からの切断や脱落を具現する形象としても理解されうる。ハリスンは、セピック地方の人々が、自らの手による自然環境の改変の産物を、人類学者であれば「社会」や「歴史」として概念化するであろう人間活動の領域の外部へと意図的に脱落させていく様子を記述していた。そして、先の水路や道は、そのような脱落の運動を形象化するものにほかならない。他方、すでに見たようにストラザーン自身、メラネシアの地形や景観が、社会的・文化的文脈化を逃れる「イメージ」として体験されうることを指摘しており、その限りにおいて、セピック地方における両義的な地理的形象は、彼女の言う「イメージ」にたしかに合致する。

先に見たアリテ島やフェラゴウ島のような、人々の記憶から脱落しつつある無人の島々は、たしかに、アシの島々を単に歴史の中の「物覚えのよい景観」として見ることの限界を示唆している。ここで注目すべきは、アシの島々が単に過去を記憶するための装置としてあるだけではなく、一面において、ハリスンが論じるセピック地方の景観にも似た忘却の装置ともなっているという点である。[*37] このことは一つには、第一章でも言及した島の間世代的な拡張という過程と関わっている。たとえば創設から現在まで四世代程度しか経っていないフォウイアシ島の場合、人々は、島のどの部分がいつ頃、誰によって建設・拡張されたのかをおおよそ言うことができる。これに対し、先のシクワフヌ島のようにより古い島々においては、どの部分がいつ誰によって建設されたかという歴史的な「解像度」は大きく低下する。人々は、自身の父や祖父が拡張した新しい部分については、その歴史的経緯を語ることができる。これに対し、より古い部分、すなわち通常は島の中心部分については、半ば匿名的な「祖先たち」(*agalo*) が造った、としか説明されないことが常である。このようにアシの島々は、新しい部分の歴史については比較的詳細に記憶されているが、古い部分は漸進的に忘却されている、というある種の層的な歴史性をもつ。さらにこのことに、「キリスト教受容以前の祖先たちについては軽率に語ってはならない」という「カストム」の観念が関わり、島々の歴史はいっそう急速に忘却されることになる。そのように、アシの島々はつねに匿名化と忘却の中に沈みつつあるのである(なお、島々が文字通り物理的に「沈みつつある」ことについては次章以下で述べる)。

そのような漸進的忘却の行き着く先にあるのは、やはり、先に見たフェラゴウ島やアリテ島、シクワフヌ島のような無人の島である。すでに見たように、無人となった島にはココヤシ、ヒルギなど多様な植物が生い茂り、かつての居住者の痕跡はその中に急速に消失していく。それはあたかも、欧米からの訪問者たちが「人工島」と呼んだこれらの島々が、「人為」や「歴史」の領域から「自然」の領域へと移行しつつあるかのようである（事実私は、それらの島を指差して、「あれは人が造った（*'uia*）ものなのですか？」とよく尋ねた）。もはや訪れられることも語られることもほとんどないそのような無人の——あるいは、字義通りに人間〈以後〉の——島は、右で見たハリスンの民族誌で描かれた「忘れっぽい景観」をまさしく具現している。それらの島々は、もともと人の手で築かれている以上、「手付かずの自然」ではないが、かといって、以下の第三部で論じるように、「自然的」かつ「社会的・文化的」なハイブリッドなどとして理解されうるものでもない。それらはむしろ、セピック地方の水路や道と同じように、島々を結ぶ広義の交換という「社会的」なネットワークやその歴史からたえず脱落する無関係の形象、あるいはストラザーンの言う「イメージ」として、アシの人々と人類学者の前にその不穏な姿を現しているのである。

9　倒れた木

二〇一一年八月二十七日（土）　曇り、夕方に雨、一時豪雨

数日前からの強い風は、昨夜から今日にかけても続いていた（ただし、昨夜は風だけで雨はなし）。今日は、今回の滞在でははじめて、以前にいつもやっていたような、アポイントメントをとってのインタヴューをした。昨日のアポに基づき、朝からマエリを訪ね、二つの墓地を案内してもらった後で、彼が以前に住んでいた家に行ってやや長いインタヴュー。朝、マエリと歩いていた時、フォウバイタ村近くの出身である女性がホニアラで亡くなったことをサデから知らされる。「世界青年の日」の準備はまたしても停止することになり、マエリは「そんな知らせ聞きたくなかった」ともらす。今日、マエリの語りを録音させてもらったのははじめての試みで、録音を聞き直してのフィールドノートの記入はまだ終わっていない。午後は一時豪雨になり、夕方の今もまた大雨が降りそうな空模様だ。明日も、朝ミサに行った後はフィールドノートの記入を続ける予定。村の中で［カベオアとの間の］土地争いが生じている今、マエリと二人で歩いているところを村の人たちに見られるのは非常に居心地が悪いのだが、とはいえ、充実した聞き取りができたことには満足している。

二〇一一年八月二十八日（日）　終日断続的な雨。とくに午前には著しい豪雨

予定通り、朝ミサに行った後はほぼずっと、昨日のマエリとのインタヴューの録音を聞き直し、フィールドノートに記入。一三ページもあるフィールドノートを昨日と今日とで一通り書き終えられたのはよかった。ただし、せっかくの録音もまだ半分くらいしか聞き直していない……

さて、そんなことより今日はいくつか印象的なことがあった。まずは朝の暴風雨。カテキスタと助祭が取り仕切るミサは、昨夜から続いていた雨のため、島々や「トロ」の人々がほとんど来ておらず人が少なかった。しかも、ミサの途中で、僕がこの土地でも経験したことのないような暴風雨になり、一〇メートル先も見えないような雨の中、教会の真ん中まで雨が吹き込んできてミサが中断された。人々は風雨を避けて席を移動したのだが、ちょうど僕のすぐ前に座っていたコイナは、今日の夕方に村の中で会った時、「自分たちでさえあんな雨は見たことがないくらいで、自分も怖かった。ミサの間、こんな雨を見てサトミはどう思っているだろう、と思ったよ」と話してくれた。子どもたちによると、こうした暴風のことを「タバエロ」（*tabaëlo*）と言うそうだ。村の中には調理小屋が倒れた家も多いと聞いた。一方、ミサが終わって外に出てみると、雨はすでに止んで、フォウバイタ村沖の海は一転して灰色の鏡のように澄み渡っており、その表面にフェラゴウ島やフォウイアシ島などの姿が反映している光景は、まったく息を呑むほど美しかった……

もうひとつの印象的な出来事は、十五時頃、ずっとパソコンに向かっていてもつまらないからと散歩に出かけたとき、周囲の子どもたちが「船が来た！」と言って埠頭に向かって走り出したことだ。村の中ほどから見てみると、フォウイアシ島の端の方に小さな船が着いている。一昨日の夕方にホニアラで亡くなった、フォウバイタ川沿いに親族が住んでいる女性の遺体を運んできた船だ、ということはすぐにわかった。遺体はけっきょく、僕が家に帰ってから、同じ船に乗ってきた親族によって陸に運ばれたようだ。僕がちょうど埋葬や葬制についての調査に力を入れている時に、このような光景に接するのは印象的だった。さて、夕方の今もひどい雨が降り続いている。仕事の滞りを考えると、明日あたりには晴れてもらいたいところだ……

＊＊＊

この数日後、フォウバイタ村にいた私は、「フォウイアシ島のバエの木が日曜の突風で倒れた」という知らせを耳にした。すでに繰り返し述べた通り、バエとは、キリスト教の一般的受容以前において、祖先霊に対する供犠や死者の埋葬が行われていた宗教的空間である。キリスト教徒となった現在のアシにとって、「カストム」を強い意味で具現するバエは「聖なる／禁じられた」(*abu*) 空間であり、そこに立ち入るならば祖先霊の怒りに触れて病や死などの災厄が起こると考えられている。フォウイアシ島のように比較的小規模な島の場合、島の上のバエは、空間的にごく身近であり

ながら潜在的な脅威を体現する疎遠な対象として、独特な存在感を放っている。

すでにキリスト教徒となり、「カストム」に触れてはならないとする今日のアシにとって、島の上のバエは、そこに含まれた歴史を解読し語ることができないような、すぐれて不透明な対象である。それはまた、祖先に関わる過去を現在にとどめつつ、その過去について決して明示的に示すとのない、歴史に抗する形象でもある。二〇一一年八月二十八日の突風で倒れたのはそのバエの大木であった。第一章ですでに述べたように、現在のフォウバイタ村にはフォウイアシ島出身者やその子孫が数多く居住している。バエの木が倒れるという出来事は、この人々が知る限り、一〇〇年あまりと推定されるフォウイアシ島の歴史の中ではじめてのことであり、次章以下で見るように、このきわめて不穏な出来事は人々の間に多大な動揺を引き起こした。

フォウイアシ島上の倒木は、アシの人々の前に、そしてまたフィールドワーク中の私の前に、いかなる文脈に位置付ければよいのか不明の、禍々しく得体の知れない対象として横たわっていた。バエの木が倒れたことは、いかなる「しるし」(*malafoa*)であり、それはフォウバイタ地域に住むアシの人々にとって何を意味するのか？　「われわれ」は過去に何らかの「過ち」を犯したのであり、この倒木はそのあらわれなのか？　キリスト教的「コミュニティ」としての「われわれ」の一体性が誇示されるべき「世界青年の日」を前に、その倒木はまさしくストラザーンの言う「イメージ」と同様に、メラネシア交換論の彼岸において、人々の自己知識を揺り動かす不穏で不定形の歴史として立ち現れていた。

第三部　自然

第五章　生きている岩

1　葬儀に向かう道

ここに、二〇〇九年九月にフォウイアシ島で撮られた一枚の写真がある。写っているのは若い母親と幼い娘の二人である。曇天を背に、母親は海の中に積み上げられた岩の山の片隅に腰を下ろし、娘の方はその母親の脇にたたずんでいる。母親は穏やかなほほえみを浮かべてこちらを眺めているが、娘は何かに驚いたかのように大きく目を見開き、こちらをまっすぐに見つめている。写真の右手には、サゴヤシの葉で壁や屋根を葺《ふ》いた家屋が見えるが、二人の背後には、壁が朽ちて骨組みが剝《む》き出《だ》しになった空き家も見える。そして二人の足下には、徐々に満ちつつある潮がひたひたと打ち寄せており、岩々は二人の目の前で、一つ、また一つと海に崩れ落ちつつある――

＊＊＊

二〇一一年九月一日（木）　前夜は曇り一時雨。朝は曇り一時雨、昼前から晴れ

ひさしぶりに晴れて洗濯物もきれいに乾き、また、昨日とは一転して仕事もちゃんとできた。昨夜もジャケにGPS端末を渡し、二時半頃と早い時間に帰ってきたジャケと、彼の家の調理小屋で話す。四時頃家に帰って仮眠。昨日行けなかったフォウバイタ村の南方に今日こそは行こうと思っていたが、朝再び雨が降って一時は途方に暮れる。けっきょく、「雨でも行くのだ！」と思い立って家を出るが、幸いなことに、その後歩いている間に天気はすっかり好転してくれた。ディメ宅を訪ねると、彼は「肺炎か何か」でまた具合が悪くなっていると〔長男の〕ブルーノらが言うので、インタヴューの見込みは外れてしまった。しかし、代わりに訪ねたオイガ宅で、思い切って聞いてみたかつての土地裁判関連文書などを見せてもらえ、カメラでの複写を許してもらえたのは幸いだった。実際、僕は今回の調査中、けっきょくこの依頼をしないままに終わるのではないかとさえ思っていたのだから……オイガには他にも、彼の家族の移住史などについてあらためて話を聞き、けっきょく昼過ぎまでやや長くいっしょにいることになった。十三時も過ぎてから村に戻ってくる。昼食をとり（ジャケが昨夜捕ってきて、ココシが焼いてくれたイセエビ（*ura*）を食べる）、その後はジャケの出漁についてのフィールドノートを書く。オイガとのインタヴューは明日パソコンで記入しよう。

二〇一一年九月三日（土）　午前は晴れ、昼頃から曇り、夕方に一時雨

昨日、ディメが亡くなった。夕方以降、ディメの死についていろいろと話を聞いたり考えたりしていたせいか、昨晩はよく眠れなかった。昨日の夕方、家の前の水場で歯を磨いていると、海側の家の方からアフナ〔三〇代女性。オロドおばさんのメイ〕が、「オロドおばさーん、ディメおじさんが亡くなったよー！」と叫ぶ声が聞こえてきた。家の中からオロドおばさんが、「サトミ、聞いたかい？」

と落ち着いた声で尋ねてきた。何だって……つい前日に、彼の自宅を訪ねて「病気で寝ている」と聞いたばかりであったのに。以前はこの地域の有力者の一人として認められ、僕にとっても、とくにフォウイアシ島についての主要なインフォーマントであったディメが亡くなったのだ。

そうこうしているうちにも次々と知らせが入ってきて、ディメと近いフォウイアシ島出身の人々は、すでに夕方のうちに葬儀――日本で言うところの通夜――に向かったと言う。家には、「世界青年の日」の準備のために〔スー地方に嫁いでいる、オロドおばさんの三〇代の娘〕タファイがたまたま来ていて、オロドおばさんと噂話をしている。「日曜の嵐の時に、フォウイアシ島のバエに生えていた大きな木が倒れて、〔バエの前にあるキリスト教式の〕墓石が割れたらしい。誰かがバエに入って地面を掘ったからだ」。「ほらね、だからディメは病気になったんだよ」。

今日の朝、オロドおばさんやタファイ、〔第二章で述べたように、「本当の土地所有者」ではないかと噂される〕イロイとサロメの夫婦たちと連れ立って、〔フォウバイタ村から南方に一キロほど離れた〕ディメ宅の葬儀へと向かった。畑の間の道を無言で歩きながら、これまでのディメとの関わりなどを思い出していた。ディメ宅に近付くと、数十メートル離れている頃からすでに、女性たちのオイオイという泣き声が聞こえてきた。泣き声は、遺体が置かれているというディメの家の中から聞こえてくる。タファイに「あんたも入ってみるかい？」と小声で声をかけられたので、僕も彼女たちについて家の中に入る。家の中には白い布をかけられたディメの遺体が横たえられており、その周りでは、タオルを手にした女性たちが入れ替わり立ち替わりオイオイと声を上げて泣いているのであった。すぐ後で気付いたことだが、本来、家の中に入って泣くのは女性のみで、男性たちは、家の外にしつらえられたあずまやのような小屋の中に手持ち無沙汰に座っていた。僕はイロイのそばに座り、はじめは他の人たちと同じように黙っていたのだが、やがて退屈していた男性たちのおしゃべりの相手を延々と務めることになった。弔問に来た男女には、その場で食べるための、葉に包んだ米が何度か配られ〔僕も手づかみで平らげる〕、ディメの親族の女性や若者たちは休みなく米を炊く準備をしている。おしゃべりに疲れたこともあり、僕はけっきょく、夕方になる前に葬儀の会場を辞してフォウバイタ村の家に帰った。トーサイ〔隣家のジャケの姉〕らの話では、「世界青年の日」の準備のためにホニアラに行っている司祭が着けば、明日にでも埋葬ということになるかもしれないとのことだ。

＊＊＊

ディメが亡くなった。第一章で述べたように、ディメは私にとって、フォウイアシ島の歴史を一身に背負っているかのような人物だった。フォウイアシ島のバエの大木が倒れた五日後に、このバエに埋葬された最後の人物の息子であり、また、この父の埋葬に際しての「過ち」のために二人の娘を失ったディメが亡くなったのだ。右でその日誌を引用した九月三日、私は、二〇〇八年にフィールドワークを始めた頃、ココヤシの葉の松明から火の粉が散っているのを見たあの道を歩いてディメの葬儀に向かった。

2　育ち、死ぬ岩

二〇一四年三月、すでに五度目となったマライタ島での調査の中で、私は、フォウバイタ村に住む六〇代の男性に話を聞いていた〔彼も島からの移住者である〕。この時私が尋ねていたのは、現在見られるような島々が具体的にどのように建設されてきたのか、たとえばどのような「岩」(*fou*)を建材として用いるのか、ということについてだった。この男性の説明によれば、島々は、海底から掘り起こされ、打ち割られた「死んだ岩」(*fou mae*)を積み上げることで築かれることが多い（ただし以下で見るように、多くの人はこれとは異なる認識を語る）。しかし中には例外もあるという。第三章でも登場したクワレウ島――創設者が労働交易でクイーンズランドに行っていた島――を例に、男性は次のように語った。「クワレウ島は深み(*matakwa*)に面しているだろう。この部分では、深い水路(*fakali*)の中にある岩を打ち割ったり掘り起こしたりすることなく、生きたままにして、その上に島が築かれている。だから、この岩は今でも島の下で育ち続けているんだ」。

次に、本書の日誌で紹介している二〇一一年、フォウバイタ地域を再訪した私に対し、人々は、前年のはじめ、多くの島々が浸水するような「高潮」(*lua baita*)があったと口々に語った。ただし、この出来事に対する人々の解釈は分かれていた。一部の人は、「このようなことははじめてだ。きっと海面上昇のせいだ」と私に語った。他方、それ以外の多くの人々、とくに六〇代以上の高齢者たちは、「高潮が島を覆う(*lua e gwasu*)ようなことは以前からあった」と説明した。同年八月、後述のエリフォウ島に私が滞在したとき、この島に住むベン（四〇代男性）は、島々の浸水のことを話題に出してこう語った。

> 海面上昇というものについて、自分はこう考えているんだ。島が造られたばかりの時には、岩はまだ新しくて生きている(*mouri*)。しかし、岩が焼けて死んでしまう(*dele ka mae*)と、島は低くなる(*sifo*)。それで、満ち潮が島の上まで入ってくるようになるんじゃないか。父さんが造ったとき、この島はもっとずっと高かったのに。

島の下で「育ち」(tae)、せり上がり続けている「岩」と、「岩が死ぬ」ことで「海に沈み」(dudu'i asi)つつある島々——右の二つの語りはいずれも、当時の私にとって驚くべきものだった。注目すべきことに、それらは、アシについての過去の民族誌においても当然の前提となっていたような、「天然の島／人工の島」という区分を根底から揺るがすものになっている。第一章で引用した宣教師アイヴェンズの言葉にあったように、マライタ島の周辺には、マーナオバ島などいくつかの「天然の」島々が存在し、それらとの対比において、アシが建設しその上に住まってきた島々は「人工島」と呼ばれてきた(私のこれまでの民族誌でも、便宜的にその呼称を用いてきた)。しかし、アシ自身の語りは「自然／人工」という区分にはまったく従っていない。右の一つ目の語りにおいては、島全体ではないものの、島の一部が現在なお「生きて」おり、海の中で「育ち」続けていると語られている。西洋世界において、「自然」の定義は古代以来、まさしく「成長すること」、「自ら運動すること」に求められ、そうした性質をもたないものが「人工的」とされてきた。[*1] だとすれば、島を造るという人々の関与を超えた、人間〈以前〉的と言うべき「岩」の成長を指摘するこの語りにおいては、島々をめぐる「自然／人工」という区分が根本的に不確かになっている。

同じように、二つ目の語りでも、アシの島々が独自の生死をもつものであることが明確に語られている。ベンによれば、島が造られたばかりの頃、「岩」はまだ「生きている」が、それらはやがて「死に」、そのために島は「沈んで」いく。アシの人々は、島々と「岩」のそうした生命と死のプロセスをたしかに認識しており、以下でも見るように、「死にゆく岩々」と「沈む島々」についてのアシの語りは、「在地の終末論」(indigenous eschatology)とでも呼びたくなる独特の表情を帯びている。[*2] 二〇一一年のフィールドワーク以降、私は海面上昇についてのアシの語りに数多く接することなるが、注目すべきことに、右のベンの語りは、海面上昇について説明すると言いながら、実際にはまったく別のことを語っている。彼によれば、島々が浸水するのは海面がグローバルに上昇しているためではなく、「岩」が徐々に「死ぬ」ためにほかならないのだ。そしてこのような認識は実は、第一部以下で見てきた「フォウバイタ村の埠頭が低くなっている」という不穏な語りの背景ともなっている。

本書の「はじめに」で引いた、「世界は人間なしに始まったし、人間なしに終わるだろう」[*3]というレヴィ＝ストロースの言葉を念頭に言うなら、アシにとって、「岩」は海中でつねに「人間なしに」育ち、また島々は、「岩が死ぬ」にまかされることで、地球温暖化その他の人為的影響の彼岸において、同じく「人間なしに」沈んでいく。その意味で、アシの島々と「岩」の生死は、すぐれて人間〈以前〉的かつ人間〈以後〉的な事象である。この第三部で考えたいのは、まさしく右で見た語りに表れているような、「岩」や島々がもつ固有の生や死が、アシの「海に住まうこと」においてどのような意味をもっているかという問題である。

第一部以来見てきたように、アシの人々は、海上に島を築いてその上に住まうという営みを通して、この人々が「マイ」(*mai*)と呼ぶサンゴ礁という環境と密接な関わりを結んできた。島や埠頭の建設や、第二章でも紹介したような日常的な漁撈活動は、「マイ」とのそうした関わりの具体例にほかならない。そして、「マイ」を形作り、また島々や埠頭の建材となる「岩」を、アシの人々は「海の岩」(*fou ni asi, fou 'i asi*)と呼ぶ。右で見た二つの語りには、海の中で「生きて」おり、つねに「育って」いるという「岩」がアシにとって帯びている独特な存在感が、印象的なかたちで示されている。それでは、「自然／人工」という区分を端的に裏切ってみせるようなそれらの「岩」と島々に見出されるのは、いかなる「広義の自然」(第二章参照)であるのか？　そのような非‐近代的な「自然」とアシの関わりを、どのように民族誌的に記述することができるか？　また、アシにとっての「自然」を記述するそのような民族誌は、第一部以来見てきたような人類学の現代的状況にどのように応えるものとなるか？　以下で考えたいのはこれらの問いである。

第二章で述べたように、現代の人類学においては、二〇世紀初頭以来の人類学を支えてきた「単一の自然／複数の文化」の二分法が問題化され、「広義の自然」と呼ぶべき新たな主題が浮上してきた。先取り的に言うならば、以下で考えたいことの一つは、近代的な「狭義の、客体化された自然」に対する第二章で見たような批判の後で、人類学においてなおも「自然」という概念を維持しうるとしたら、それはどのようにしてか、という問題である。「海の岩」を掘り起こし、積み上げ、その「岩」の山の上に住まってきたアシにとっての「自然」とは、いかなる「自然」であるのか？右の二つの語りからも明らかなように、アシにとっての「自然」は、近代的な「客体化された自然」とはたしかに異質であり、「自然／文化」の二分法には決して当てはまらない。またアシの島々は、前章の末尾近くで「忘れっぽい景観」としての無人の島に関して示唆したように、「自然／人工」のどちらにも分類しがたい境界的あるいは両義的な対象である。しかしだからと言って、「アシには『自然／文化』の二分法は見られない」とか、「アシにおいては『自然／文化』が相互に埋め込み合っている」と指摘するだけでは、間違ってはいないにしても、この人々の「生きており、やがて死ぬ岩」との関わりをほとんど理解したことにならないだろう。そうだとすれば、いわゆる存在論的転回、あるいは現代における「自然の人類学」の浮上の後で、アシの事例を民族誌的に記述するために求められるのは、どのような「自然」の概念であるのか？

加えて重要なことに、「生きており、やがて死ぬ岩」とのそうした関わりは、本書の「はじめに」以来問題にしている、「もう海には住めない」というアシの不安な意識とも不可分である。すでに繰り返し見たように、二〇一一年にマライタ島に戻った私に対し、人々は「フォウバイタ村の埠頭が沈みつつある」と口々に語った。村の埠頭はフォウバイタ地域のカトリック的な「コミュニティ」の象徴であり、そうである以上、「沈む埠頭」は、「これからどこで、どのように暮らすべきなのか」をめぐる「われわれ」の揺らぎを、すぐれて物的に具現化するものにほかならない。以下で見るようにアシは、「岩」は海の中でつねに「育って」おり、また、積み上げられた後にはやがて「死ぬ」ものとして見ている。そして、二〇一一年のフィールドワークを通して明らかになったように、「岩が死ぬ」ことで「沈み」つつあるのは埠頭だけではなく、実はアシのすべての島々が同様であるとされる。アシにおいて、「われわれ」の社会的・道徳的状態と、海の中で「育ち」、やがて「死ぬ」「岩」の生命や物質性はそのように不可分である。あるいは以下で見るように、前者は後者に寄生し、（アシの言葉を借りるなら）それに「沿い従う」（*sulia*）ことによってのみ可能になっているとさえ言えるだろう。本書でその日誌を引用している二〇一一年、「ツナミ」の後の「不穏な熱帯」で私が経験していたのは、まさしくそのことであった。そこにはたしかに、アシにおける非-近代的な、あるいは人間〈以前〉的にして人間〈以後〉的な「広義の自然」と呼びうるものが立ち現れている。ただし、第二章でも述べたように、ここで用いている「広義の自然」は、近代的な客体化された「狭義の自然」との対比において、あくまで消極的に定義された概念に過ぎない。「単一の自然／複数の文化」の二分法を超え、アシとその島々の事例に即して、「自然」の概念をいかに具体的・肯定的に再構成することができるか――それこそがこの第三部における問いにほかならない。

3 「自然／文化」を超えて――現代人類学の展開

ねえサトミ、私のこと聞いた？　私が一週間、山の中をさまよっていたこと。〔フォウィアシ島の家系に属する〕村の男の子が、私のことを好きになったんだけど、私は嫌だった。そしたら、そいつの家族が私を〔呪術的に〕害した（*labasia*）。私はおかしくなって、一週間山の中をさまよってた。飲まず食わず、寝もしないで歩き続けた。スー地方のおじさんが治療の儀式をしてくれて、ようやくよくなった。それで村に帰ってきたの。ほら、ちょうどあなたが村に着いた時、道で会ったじゃない。〔相手は〕村の男の子だよ。今日市場に来ていたら、「あいつだよ」って教えてあげる。（二〇一八年八月。すでに一八歳になった、隣家のジャケの次女ウーナ）

＊＊＊

二〇一一年九月四日（日）　前夜は断続的な雨。日中は雨のち曇り

翌日の朝になってから書いている。日曜日ではあるが、ディメ宅での葬儀の二日目。司祭がホニアラから戻れば、この日にでも埋葬が行われるのではないか、などとトーサイらは言っていたが、前夜から天気が悪く、埋葬どころかディメ宅まで歩いていくことさえ危ういかと思うほどだった。事実、雨だからと葬儀の二日目に行かなかった人は多かったようだ。司祭は着かず。朝、多少雨がおさまったところで、ふだんより遅く、九時を過ぎてからひとりでミサに行く。教会に行ったら二〇人ほどしか人がいなかったが、ミサが終わるより先に他の人たちが葬儀に向かうことはないだろう。オロドおばさんとタファイは〔近親者として〕ディメ宅に泊まっているので、朝食も昼食も、スー地方から来た女の子たちがのろのろと調理するサツマイモなどですませる。

雨が止んだ十一時半頃、トーサイに声をかけられてディメ宅に向かう。後ろから、今日の埋葬を取り仕切る助祭たちも歩いてくる。ディメの親族たちは、午前中の雨の間に墓穴を掘り、またセメントと混ぜて墓石を作るための砂利をトラックで運んできたとのことだ。ディメ宅に着くと、〔ディメの近親者で、私がアウキに滞在する時のホームステイ先の住人である五〇代女性〕マチルダたちが着いていた。〔マチルダの実弟で、ホニアラのホテルに勤めている〕アラドはまだ来ていない。マチルダは、「ディメは下痢と脱水症状で亡くなったのだ。点滴などをしていれば助かったものを、誰もフォウバイタ村の診療所に連れて行ってやらなかったものだから」などと話す。

その後、僕は昨日と同様、男性たちと集まって座っておしゃべりをしていたが、十三時半頃、ほとんど前触れもなく、助祭を先頭に、布で包まれた棺桶を担いだ行列がディメの家の方から現れた。僕もあわてて傘を差して、行列の後ろの方に加わる。行列は、オイガの家の近くを通って墓地へと向かう。墓地には新しい穴が掘られており、まず、墓穴に渡された二本の木材の上に棺桶が置かれ、助祭が祈禱を行う。助祭は小さなペットボトルに入った水、いわゆる「聖なる水」(*kafo aabu*)を棺桶の上に振りかけ、その後わずかな土を手にとって撒《ま》く。数十人の人が棺桶を取り囲み、ディメの妻やメイなど女性たちは声を上げて泣いている。僕はたびたび〔ディメの長男〕ブルーノの表情をうかがう。聖歌を歌い、祈禱が終わると、棺が穴の中に置き入れられる。穴がセメントで埋められる前に、集まった人びとが、手に手に持ってきた花や葉などを棺桶の上に置いた。

この雨の中の作業を途中まで見守ってから、僕は他の人たちと一緒にディメの家の方に戻った。再び男性たちと座り込んでおしゃべりをするが、すでに遺体のない家の中からは、埋葬前よりもいっそう大きな女性たちの泣き声が聞こえていた。〔ディメの親族の〕ティモシーが、「葬儀は明日、三日目に終わります。それからは、あなた方は畑仕事などをするならしてください」と告げる。そろそろおしゃべりにも疲れたので、というところで席を立つと、ちょうどトーサイに出くわし、いっしょにフォウバイタ村に帰ることになる。すでに十六時近かった。オロドおばさんとタファイは、この夜もディメ宅に泊まってくるとのこと。

＊＊＊

ディメ宅で葬儀が続いていたこの頃、朝、隣のジャケ宅の調理小屋が騒がしいのでのぞいてみると、ジャケの妻のココシ、姉のトーサイらが、ココシの「弟」（*baasi*）――父系的なイトコ――に当たる青年の「病気」（*matai*）について大声で話し合っていた。ふだんはスー地方に住んでいるサムソンというその青年は、数週間前から、「世界青年の日」の準備のために、他の若者たちと一緒にたびたびフォウバイタ村を訪ねてきていた。ちょうどこれと時を同じくして、彼の耳の下のあたりが奇妙に「腫れて」（*ubu*）きたという。スー地方の診療所にいる医師に抗生物質を注射してもらったもののよくならず、痛みをともなうこの腫れは、耳の下から首の後ろの方に移ってきたという。「白人さんのところでは、こういう病気は怖いんだよ。ガンだの何だの」とトーサイが言う。

注射が効かなかった頃からか、ココシたちは、この病気を「カストムの方面の病気」（*matai bali kastom*）と断定したようだった。ココシがサムソンを叱責するように大声で言う。

二週間前にあなたたちがフォウバイタ村にいた時、ある男が悪いもの（*doo ta'aa*）を投げて、それがあなたに当たったから首が腫れたんだよ。〔ある男とは〕スー地方のマエガだ。マエガは母親が〔マライタ島中部の〕クワラアエ出身で、クワラアエの方からそういう悪いことを学んでいるんだ。昨日の夜もマエガは、幼稚園で〔ミサのために〕歌の練習をしてきた女の人たちの後をつけたり、あなたが寝ている時に近寄ってきたりとおかしなことをしてた。〔邪術を避けるため、〕フォウバイタ村にいる間、他の人がタバコをくれたとしても吸ってはいけないよ！

ジャケやココシは、「カストムの方面」のこの病気を治すために、フォウバイタ村の南方の集落に住んでいるジョンという老人に、薬草を用いた薬を作ってくれるように伝言を送ったという。私は会ったことがなかったが、ジョンは、薬草によって「カストムの方面の病気」を治療することに長《た》けた人物として、この地域ではその名が知られているとのことだ。

さらに九月五日の朝、何の当てもなしにジャケ宅の調理小屋をのぞくと、意外にもフォウバイタ村の助祭が来ていた。ジョン老人の薬がまだ届かないので、ココシに言われてジャケが助祭を呼びに行き、キリスト教式の祈禱を依頼したとのことだ。ココシはサムソンに、「〔カストムに関わる病気が疑われる〕こういう時は、神父さんのところに行くものだ」と諭すが、サムソンは「自分はそういうことはよく知らないから……」と言葉を濁す。

調理小屋に座って様子を見ていると、助祭はまず小声で祈禱を行い、その後、小さなビンに入った香油のようなものを、首の腫れをはじめ、サムソンの身体各所に塗り付けていく。その後助祭は、紙切れに手書きしてあるらしい祈禱の文句を、サムソンと二人でごく小さな声で読み上げ、それでこの治療の儀式は終わった。その後、助祭はジャケ夫妻と談笑してから去ったが、その会話を聞いていると、サムソンが「カストムに関わるものをぶつけられて病気になった」という理解は助祭にも共有されているようだった。

＊＊＊

第二章でも述べたように、主として二〇〇〇年代以降の人類学においては、「単一の自然／複数の文化」という、近代的な「人間」像と相関した二分法を乗り越えていかに人類学を実践するか、ということが大きな問題となってきた。ヴィヴェイロス・デ・カストロやコーンなど一部の論者は、現代の人類学における「自然／文化」の境界に対する問い直しを、環境危機の時代における人間科学の大局的な変動の中に位置付けている。たとえばコーンは次のように述べている。

さまざまな存在論的人類学は、ある重要なことを共有している。……それらは、グローバルな環境危機という亡霊に対する、時として明示的な応答なのである。そのあらゆる政治的意義、それにともなう想像力、そして人間ではないものに対する人間の関係についてのわれわれの理解をそれが変えつつあるあらゆる仕方において、この危機は、歴史から政治理論、そして文学に至る数多くの分野において、われわれが政治について考える仕方を「エコロジー化」しつつある。それはまた、人間科学としての人類学が、そのあらゆる洞察にもかかわらず、これらの問題と向き合うために必要とされる概念的道具のいくつかを欠いていることを認識するようわれわれに強いている。そのように私は、人類学における存在論への転回は、より広範なこの問題への一つの応答であると考えている。[*4]

現代の環境危機を人類学においてどのように受け止めるかについては、アシの事例に即して次章でも論じる。ここでは、そのような問題意識を共有している論者の一例として、「単一の自然／複数の文化」という近代的な二分法を問題化するインゴルドの議論を見ておきたい。インゴルドは、狩猟民についての民族誌的研究、および現象学、ベルグソンの哲学や生態心理学に依拠し、人間理解のあり方を根本的に転換することを訴えてきた人類学者である。[*5] 彼は、二〇〇〇年に出版された論文集『環境の知覚』の第一章において、たとえば動物の行動について一見相反する説明を提示する自然科学と文化人類学が、実は根底において「唯一の客観的・普遍的自然／さまざまな文化的解釈」という二分法を共有していることを批判的に指摘している。[*6]

彼によれば、「単一の自然／複数の文化」という近代的二分法の下では、一方で「単一の自然に関する客観的事実を明らかにする自然科学」と、他方で、「自然の事実」が実際にどうであるかはさておき、それらの事実についての「文化的解釈」――地域や集団によってさまざまな――を研究する人類学、という学問的な分業が不可避的に行われることになる[*7]（第二章で見たように、この「実際にどうであるかはさておき」こそ、ヴィヴェイロス・デ・カストロらが問題にした近代人類学における「存在論」の捨象を意味するものにほかならない）。「自然の事実／文化的解釈」というそのような二分法が通用している限り、世界各地の人々が何を語ろうと、それらは「文化的」な「解釈」あるいは「信念」に分類され、自然科学の権威は手つかずのままで維持されることになる。それだけではない。そのような二分法の下では、世界各地の「文化的解釈・信念」を俯瞰し比較するという人類学者――ほとんどの場合は欧米出身の――の視点の超越性が暗に想定されている。[*8] すなわち、人類学の伝統的な調査・研究対象である人々が、あくまで自文化の中に浸っており、それを客体化できないのに対し、人類学者は、「さまざまな文化的解釈」を超越的な視点から比較することができるというわけである。

このような理解に基づき、インゴルドは、「単一の自然／複数の文化」という区分に暗に依拠してきた従来の人類学を厳しく批判する。すなわちこれまでの人類学は、文化相対主義を唱えつつ、実際には、「自然／文化」という二分法を通して自然科学の権威を維持すると同時に、人々が語ることを、「自然の事実」に決して触れることのない「文化的解釈・信念」の領域に囲い込み、そればかりか、「さまざまな文化的解釈・信念」を客体化し比較する自らの視点の超越性を担保してきたというのである。

さらに、同じ章の中でインゴルドは、「自然／文化」という切り分け、あるいは右で述べた「自然科学の普遍性」も「人類学者の超越性」も、いずれも、研究者が世界との直接的な関わり合い（engagement）から切り離されている――少なくとも、そのように自認している――ことの効果であると指摘している。このことを示すために、彼は「環境」（environment）と「自然」（nature）という概念的な区別を導入する。[*9] インゴルドによれば、「環境」とは、人間を含む有機体を取り巻き、有機体による実際的な関わり合いの対象としての世界、言い換えれば、誰か・何かにとっての世界を意味する。そのような「環境」とは、あらかじめ存在し、それに対して人間その他の有機体が外的に関わる対象ではない。むしろ、ある有機体による実践的な関わりの過程で、その有機体にとっての固有の環境が生成するのであり、その意味で、個別の有機体とその環境はあくまで一体的な関係性をなしている。これに対し、近代科学における自然観――第二章で見たデスコラの言う「ナチュラリズム」――に典型的に見られる客体としての「自然」とは、人間が自らを世界に外在し、世界を超越する存在として想像する時にのみ成り立つ概念である。インゴルドによれば、「世界は、そこに属していない存在にとってのみ自然として存在しうる」[*10]。インゴルドの意図を汲むならば、人間が実際的に関わりつつ自らの生を営む本来の対象は、「自然」ではなく「環境」なのであり、彼はそのように述べることで、客体としての「自然」という近代的な概念、および、従来の人類学を暗に支えてきた「自然／文化」の二分法を根本的に相対化してみせた（なお、インゴルドの問題提起を受け止めつつも、本書における「自然」概念の用法が必ずしも彼の用法と一致しない点に注意されたい）。

4 「生きている岩」

ターール（*taalu*）〔海底の隆起、礁〕は海の上まで育ってくるので、人々が船などに乗っていると、ある日、「おや、こんな場所はこれまでなかったぞ」ということになる。そこに、木などが流れてきて引っかかる。この島は育ち続け、木などがそこに集まるので、島はどんどん大きくなる。……日本と中国がそれについて争っている二つの島があると、『ソロモン・スター』（*Solomon Star*）〔ソロモン諸島の代表的な日刊紙〕で読んだぞ。そのような島がまさしくワロ（*ngwalo*）〔ここでは「ターール」と同義〕であり、生きた岩なのだ。深い海にあって、育っているような島だ。岩の層（*tale fou*）が生きていて育ってくる。下の部分が生きているので、そのような岩はせり上がり（*raa*）続けるのだ。（ホームステイ先のジャウおじさん、二〇一四年二月）[*11]

＊＊＊

「自然／文化」という近代的な二分法に対するインゴルドの批判は、本書第三部の議論にとって直接的な重要性をもつ。仮にこの二分法をごく素朴に維持するならば、「岩が生きている」とか「島が沈む」といったアシの語りは、すべて「文化的信念」として片付けられてしまうだろう。現実には、「岩」は「生きて」もいなければ「死に」もしないし、海面上昇とは無関係に「島が沈む」ことなどありえない、アシはあくまで「そのように信じている」に過ぎない、というわけである。この場合、アシが何を語ろうと、「自然／文化」や「自然／人工」の二分法、およびわれわれがもつ自然科学的知識、たとえばアシの島々は「人工の」それであり、それが「育つ」とか「死ぬ」といったことはありえない、といった理解の特権性は維持される。

しかし、マライタ島でのフィールドワーク、言い換えれば、第二章で述べたような「広義の自然」との向き合いに即して考えれば、そうした境界付けが成り立たないことはすぐにわかる。すなわち、そのようなフィールドワークにおいて人類学者は、「自然科学的事実」と「文化的信念」がしばしば識別不能になるような不穏な領域に立ち入っていくのである。すぐ右のジャウおじさんの言葉が端的に示すように、アシが暮らしている「マイ」という空間は、サンゴという生物、あるいはアシの言う「生きている岩」(*fou mouri*) が直接に海底微地形を形成する、特徴的な生態系である。かつてフォウバイタ村沖の島に住んでいたある六〇代の男性の言葉を借りるなら、「岩は生きている。そうでなければ、増えたり広がったりするはずがない」(二〇一四年三月)。また、別の六〇代男性によれば、「[フォウバイタ村沖にある] ハゴの漁場 (*alata*) は、昔はもっと深かった。岩が育ってきてあのように浅くなったのだ」(二〇一四年三月。第二章で引用したフィールドノートにあったように、アシの人々が、「マイ」内の海底微地形を無数の地名によって区分していることを想起されたい)。これらの人々が語るように、サンゴ礁は、数十年という時間の中で目に見えて成長することもあれば、高水温などによって急速に壊滅することもある、きわめて動的な生態系である。その意味で、そのような「自然」は、近代的な社会科学が多くの場合想定してきたような、人間の「文化的・社会的」な営みに対する不動の背景ではない。そうであるとすれば、「海の岩」が「育ち」、また「死ぬ」ということは、単なる「文化的信念」では決してない。

アシがその中に暮らす「自然」それ自体が、そこにおいては近代的な「自然／文化」の境界が揺らぐような一つの「識別不能地帯」としてあることについて、もう少し立ち入っておこう。マライタ島から目を転じるなら、次章で再び取り上げる「人新世」の概念によって表現される環境危機が切実な問題となる中、アシがその中に暮らすサンゴ礁という環境は国際的に新たな注目を集めている。熱帯雨林にも比すべき高度な生物多様性をもつとされるサンゴ礁は、他方で同時に、地球温暖化による海水温の上昇や海洋酸性化によって多大な影響を受ける脆弱な生態系としても知られる。世界自然保護基金（WWF）の報告書によれば、地球温暖化と海洋酸性化が現在予測されているペースで進行するならば、二〇五〇年までに地球上のすべてのサンゴ礁が死滅すると推定される。[*12] 別の報告書によれば、全世界で二億七五〇〇万人もの人々が生計をサンゴ礁に依存していると推定され、[*13] サンゴ礁生態系の危機はそれほど多くの人々にとっての危機を意味する。

そもそもこれまでの人文・社会科学でほとんど主題化されることがなかったサンゴやサンゴ礁、あるいはアシの言う「生きており、やがて死ぬ岩」は、「サンゴ礁の、まったくわれわれとは似ても似つかない（*sheer not-us*）、人間を超えた世界創出」[*14] とハラウェイが表現するように、いかなる擬人法をも受け入れないその複雑性や独自性によってわれわれを繰り返し驚かせる。[*15] サンゴ礁は、一九世紀にダーウィンを驚嘆させたように、[*16] 生物が成長と死滅を通して直接に海洋地形を形成する特異な生態系である。西洋の科学的分類法においても、サンゴは一八世紀頃まで「植物／動物」の間を揺れ動いていた。[*17] なお、ほとんどの造礁サンゴは、無数の個体（polyp）が集まって炭酸カルシウムの骨格を形成することで群体（colony）をなしており、一部の個体が死滅したとしても、群体の表面にはまた新たな個体が生育することができる。またサンゴは、体内に生息し、光合成を行う褐虫藻《かっちゅうそう》と相利的な共生関係にあり、「動物／植物」の境界を越える共生体（holobiont）をなしている。さらにサンゴについては、海水温上昇による「白化」（bleaching）の正確なメカニズムや高水温への適応など現在なお不明な部分が多く、サンゴに関する科学的知識は一枚岩ではない[*18]。このようにサンゴとサンゴ礁は、近代的な自然科学から見ても一つの未知の領域をなしているのであり、一方に盤石な「科学的知識」があり、それが他方の「文化的信念」を評価する基準となるという近代的な想定は成り立たない。その意味で、マライタ島のアシの下で「生きている岩」をめぐるフィールドワークを行う人類学者はまさしく、先に見たインゴルドが問題にしたような「科学的知識／文化的信念」の境界が不分明となる一つの識別不能地帯に足を踏み入れることになるのである。

　右の引用において、ジャウおじさんは、これまで何もなかった海に、何らの人為的な手助けなしに「タール」を形成するような、「生きている岩」からなる「マイ」の成長性・運動性について語っていた。アシの人々が日常的な関わりを結んでいるのは、まさしくそのような「動く自然」と呼ぶべき対象である。以上で引いたいくつかの言葉に見られるように、「生きている岩」をめぐるアシの語りには、われわれが「自然」と呼ぶものの、人間〈以前〉的な成長性や運動性についての認識、すなわち、「岩」は自分たちの営みとは無関係に海の中でつねに育っているのであり、自分たちはそれを、言うなれば事後的に利用して暮らしているのだ、という意識が明確に表現されている。そして以下で示すように、私自身がマライタ島でのフィールドワークで向き合ってきた、「自然／文化」の近代的二分法を超える「広義の自然」が見出されるのは、まさしくそのような人間〈以前〉的な「生きている岩」との関連においてである。

　さらに言えば、アシの人々の生活、あるいはこの人々の言う「海に住まうこと」は、そのようにつねに成長し変化する「広義の自然」と関わり合っているがゆえに、これまでの人類学が「文化」とか「社会」とか呼んできた領域だけで完結することがけっしてない。二〇〇八年以来のフィールドワークを通して私が見出してきたのは、まさしくそのことである。それはたとえば、二〇一一年の「ツナミ」の後、「われわれはもう海には住めない」と述べたアシの不穏な語りや、次章で詳論するように、「岩が死ぬ」ことで島々や埠頭が「沈み」、そのこと自体が「われわれ」の道徳的衰退を証拠立てるといった、この人々の終末論的とも言うべき認識にも示されている。そのようにこの人々は、島々が具現する「広義の自然」との関わりにおいてつねに自らを問い直し、そうすることを通して変転し続ける。ドゥルーズが好んで引用したトインビーの逆説によれば、「遊牧民とはむしろ動かない者である」[*19]。この言葉を私なりに解釈すれば、一見「伝統的な」生活を営む人々は、同じところにとどまり、周囲の環境と密接な関わりを結ぶからこそ、その環境に含まれる無数の変化を引き受け、そうすることでたえず自ら変転していく。アシの人々も同様であり、フィールドワーク中の私が一貫して接してきた「われわれはもう海には住めない」という不穏な語りは、まさしくそのことを表している。また、以下で引用する日誌に示されるように、フォウイアシ島のバエの木が倒れ、ディメが亡くなったことで人々の間に生じた動揺も、おそらくそのような「自然」との関わりにおける「われわれ」の生成変化と不可分である。そのような、「自然」との関わりにおいて生まれる識別不能地帯、マライタ島のアシの人々とフィールドワーカーとしての私自身の双方を揺り動かす「不穏な熱帯」を記述することこそが、この第三部における課題にほかならない。

5　エリフォウ島のサマニ

二〇一一年八月十一日（木）　晴れ、ただし風が強い

昨日の朝、［先述のベンの兄で、四〇代の］サマニと携帯電話で話をした結果、ずっと前から願っていた通り、エリフォウ島に今日から一週間ほど滞在させてもらえることになった。サマニは昼過ぎ、潮がある程度高くなるのを待ってボートで迎えに来てくれる。島に着くと、サマニやその兄弟が行う漁撈――彼らは決して夜間の潜水漁に出ず、もっぱら昼間にカヌーの上から釣りを行うのだという――や家族の移住史、かつての埋葬法、また彼の父たちが一九六〇年代にフォウバイタ村の埠頭を建設した時のことなどについて話を聞いてから、僕が持参した米を炊いて一緒に昼食をとる。エリフォウ島では、〔二キロ以上離れた〕フォウバイタ村の教会や学校で鳴らされる鐘の音が聞こえる。島のトイレは島から離れた場所にあり、カヌーで行かなければならない。僕が何日間滞在するかは、このトイレがどれだけ問題になるか次第だろう……

持って行ったパソコンでサマニとの会話をフィールドノートに記録していると、夕方近くなって、島に住むサマニの兄弟やその子どもたちが島の一角を拡張する作業を始めた。潮が高い中、子どもたちは、丸太を組んで作った六メートル四方ほどの筏の上に、海中から岩を拾い上げて積み上げていく。岩がある程度まとまると、今度は、増築しようとする島の一角まで筏を引っ張っていく。そこから先はサマニたち大人の仕事で、彼らははじめに大きい岩を選んで持ち上げると、増築中の一角にそれを積み上げていく。その際、岩がぐらつかないように彼らは細心の注意を払い、岩の向きを変えたり別の岩を選んだりと、非常に注意深く岩を積み上げていく。サマニは僕に対して、「フ

ォウバイタ村の人たちは自分たちがどのように島を造っているかを知らないし、フォウイアシ島などの人たちも、子どもたちに対して島の造り方を教えていないだろう」と自慢げに言う。

島の建材である岩は、特徴的なことに、積み上げられる時、カチッ、カチッという乾いた、予想外にも高く硬質な音を立てる。潮の高い夕方の海と、そこで働くエリフォウ島の人たちを眺めながら、僕はこの音が海上に響き渡るのを聴いていた。

二〇一一年八月十二日（金）　前夜は雨、この日は終日晴れ

エリフォウ島滞在の二日目。午前中は、サマニとベンが「岩を掘り起こす」（*tae fou*）のを観察する。ホニアラにいた時、アラドから、しばらく前に赤十字がフォウバイタ村沖合の島々を訪れ、雨水を貯めるタンクなどを供給したことについて聞いていた。ベンは赤十字の会員であり、この関係で赤十字はエリフォウ島をも訪れたという。ベンによれば、赤十字は、海面上昇に対処するために、岩を積み増しして「島を高くする」（*'idua fera 'i langi*）ことを勧めたとのこと。ベンは僕にこう語った。「ずっと海に住んできた自分たちには、トロに住むことはからだに合わない。二〜三日くらいならいいが、その後は海に戻ってこないといけない。だから、海面上昇があっても、自分たちは島を高くしなければいけないと考えるのだ」。

今は午前中にマイ・バイタ（*mai baita*）〔海底が広く干上がるくらいの干潮〕で、サマニとベンは、すっかり干上がったファフォマイ（*fafomai*）〔浅瀬〕の上で、鉄の棒を使って岩を掘り起こしている。掘り起こされ、打ち割られた岩は、スカ（*suka*）と呼ばれる小さな岩山のかたちに積み上げられる。後で、潮が高いときに筏に載せて運ばれるのはこれらの岩である。「積み上げ方が悪いと、〔イロイの家族が住んでいた〕アリテ島のように崩れてしまうことになるぞ」とサマニは言う。

昼食を食べ、昼寝をしてから〔フォウバイタ村北方の〕ナディの市場へ。海岸沿いの森の中で開かれるナディの市場は、フォウバイタ村の市場などと比べてエキゾチックな「秘密の市場」といった雰囲気で、カメラを持ってこなかったことを後悔する。夕方、市場からフォウバイタ村に歩いて戻り、昨日はしなかった水浴びをする。今はマイ・バイタの時にトイレまで歩いて行けるので、今のところは問題なし。

二〇一一年八月十三日（土）　終日晴れ

エリフォウ島滞在の三日目。はじめの二日間は、島でどう過ごしたらいいのか考えがまとまっていなかったり、トイレのことを心配していたりしたのだが、今日あたりになると、いろいろな意味で自分がこの島に「居着いて」きていることを感じるようになってきた。つい先ほど、フォウバイタ村で水浴びをすませて島に戻る時、村の埠頭から、これほどあらゆる色を見せる空ははじめて見たというような夕空を見た……さて今日の午前中は、サマニが約束通り釣り（*'aolaa*）に連れて行ってくれた。その様子をビデオに撮影しノートにとる。はじめサマニは、あるところでボートを止めて、まだ一匹も釣らないうちから、「ここにはハレという赤い魚がいる。魚はどこにでもいるというわけではないのだ。今日とれるのはハレばかりになるぞ」と予告し、エサ（*mamu*）としてちぎったカニを海にまいた。それから彼は、言葉通り数分に一匹のペースで赤いハレを釣り上げ始めた！　昼過ぎには、市場の時間に合わせてフォウバイタ村に行く。ただし僕は市場には行かず、〔ホームステイ先の〕家で洗濯や水浴びをする。島には十八時過ぎに戻る。

＊＊＊

アシ地域の島に何日か滞在すると、「アシの人々は海の上に住んでいる」という言い方はあまりに抽象的で未規定的すぎるように思われてくる。この人々は決して、抽象的な「海」一般の上に住んでいるのではない。アシが住まう海はとくに、潮位――海それ自体と同じく「アシ」(asi) と呼ばれる――によって表情を大きく変え、人々は、「潮位に従って」(sulia asi) 日常生活を組織する（エリフォウ島での私自身、潮位が下がるのを待ってトイレに行かなければいけなかった……）。たとえば、フォウバイタ村や右の日誌で言及されているナディなどの市場で売り買いが開始される時刻も、あくまで潮汐によって決まる。沖合の島々に住む漁師の妻たちは、ある程度「潮が高くなった」(lua 'alaa) ところで、カヌーに魚を載せて売りに来るのである。他方で潜水漁には、「潮が低くなり」(mai toli) 魚が分散していない時が適しているとされる。また、右の日誌で言及されているような島の建設作業は、潮が完全に引いている時に岩を掘り出し、潮が満ちてきたら岩を筏に載せて運ぶという仕方で行われる。一般に、潮がとくに低い時にはカヌーで移動することができなくなる。「潮が満ちるのを待つ」(maasia lua) という表現は、アシ地域でごく日常的に使われるものであり、人々はそのように言って、数時間の時間をのんびりと無為に過ごす。

右の日誌にあったように二〇一一年八月に私が滞在したエリフォウ島は、フォウバイタ村沖で一九六〇年代半ばに建設が開始されたと推定される、比較的新しい島である（第一章の末尾で引用した語りを参照）。二〇一一年の時点では、創始者の四人の息子たちがそれぞれ世帯を構えて住んでおり、さらに彼らの一部の息子たちは、自分のための「家の区画」(fuli luma) を建設し始めていた（前章の末尾近くで述べた間世代的増築の具体例がここに見られる)。二〇〇八年にフォウバイタ村に住み込みを始めた初期に、私はエリフォウ島創始者の次男に当たるサマニと親しくなり、その後たびたびこの島に滞在させてもらった。はじめて彼と出会った時のことは、今でも鮮明に覚えている。ホームステイ先の家で私が手持無沙汰に過ごしていた時、大きな動物の歯を連ねて作ったネックレスを身につけた男性がジャウおじさんを訪ねてきて、しばらくおしゃべりをして帰っていった。私は、その男性のあまりに精悍《せいかん》な風貌とネックレスの見事さに強い印象を受けていた。その男性が帰った後、ジャウおじさんは私にこう言った。「昔から、島造りにとくに秀でた男がいるものだ。たとえばさっきの男がそうだ」。この男性こそがサマニであった。後で本人から聞いたところでは、彼のネックレスは、沼地で出会って自ら殺したワニ(*motokoro*)から採った歯で作ったものだということだ。

その後私が理解したように、サマニやベンらエリフォウ島の兄弟たちは、フォウバイタ地域でも傑出した「海の民」として知られ、右の日誌で描かれた島造りをはじめ、「海に住まう」ためのさまざまな技術をもっていた。たとえばこの兄弟は、他の人々には非常に困難なウミガメ(*fonu*)漁を得意とすることで知られていた。クリスマス休暇で親族が集まった際など、フォウバイタ地域の人々は、ごちそうであるウミガメの肉を食べようと、しばしばサマニたちに注文を出す。すると彼らは数日後にちゃんと生け捕ったウミガメを持ってきてくれる(実際私は、フォウバイタ村の埠頭で、サマニたちから受け取ったばかりの生きたウミガメを頭に載せた女の子に会ったことがある)。しかし注文した側には、サマニたちがどこでどうやってウミガメを捕っているのか見当もつかず、人々は、この兄弟の謎に包まれた技能を、「サマニたちはウミガメ漁のためのカストムを持っているのだ」と表現する。すなわち、前章で述べたように、今日のアシが通常は触れてはならないとされる「カストム」、すなわち祖先祭祀の時代からの知識に対し、サマニたちは、以下で述べるような事情から例外的なアクセスをもっているとみなされている。同じように右の日誌でも、「フォウバイタ村の人たちは自分たちがどのように島を造っているかを知らない」と語られていたし、私自身、サマニが「ハレ」という赤い魚を矢継ぎ早に釣り上げる光景を、魔術でも見るかのように眺めていた。そういえば、二〇一一年八月の滞在中、彼は私に、「ノドに刺さった魚の骨をとるための呪文」をも教えてくれたのだった……。

また、サマニたちは自分たちの島に対して強い愛着を持ち、そうであるがゆえに、右の日誌や先に引用したベンの語りにあるように、海面上昇を認識しつつも「島を高くして」島に住み続けたい、と明確に語っていた。彼らがこのように傑出した「海の民」であり、また自分たちの島に強い愛着を持っていることは、疑いなく、彼らとその父の関係に由来していた。サマニらの父は、アシ地域の南方に位置する古い島に出自をもつが、結婚した当初、妻方のクワレウ島――先に、「その下で大きな岩が育ち続けている」と語られていた島――に居住していた。その後、サマニとその兄が生まれた頃、彼は家族の住み場所としてエリフォウ島を建設し始めたとされる。サマニによれば、島を建設し始めたばかりの一九六六年にサイクロン・アンジェラがマライタ島を襲ったが、父が「しっかりと」(*ngado*) 岩を積み上げていたので、「上に建てていた家が壊れただけで、島の岩は一つとして崩れていなかった」。この父は、生前はキリスト教徒にならなかったが、死の床で洗礼を施され、自ら建設した島の中央部にキリスト教式に埋葬された。サマニらの兄弟は、同じく傑出した「海の民」であったこの父に対して強い感情的結び付きを保っており、ウミガメ漁や島造りなど「海に住まうこと」に関わる「カストム」に対し、彼らが他の人々とは違って肯定的な関係を維持しえていることは、明らかにこの父との関係によるものであった。

＊＊＊

二〇一一年九月はじめ、私がディメの葬儀に日参している間も、沖合のフォウイアシ島ではバエの大木が倒れたままになっていた。それに加えて、数週間前から立て続いている葬儀のために、間近に迫った「世界青年の日」の準備は停止していたし、「低くなり」、潮が高い時にはすっかり海水に覆われるようになった村の埠頭を修築しようとする動きも見られなかった。フォウイアシ島でバエの木が倒れたことは、いったい何の「しるし」(*malafoa*)なのだろうか？「カストムの時代」から「教会の時代」に至るフォウバイタ地域の歴史には、どのような「過ち」が含まれているのだろうか？　この地域の「コミュニティ」はこれからどうなるのだろうか？　この時期の一連の出来事は、その禍々しい表情において、人々にそのような問いを投げかけているように私には思われた。

6　島を造る人々

〔フォウバイタ村沖の海中で撮影されたサンゴの写真を見ながら、〕これもこれもフォウ・ブリ(*fou buli*)で、色が違うだけだよ。これはフォウ・ハタ(*fou bata*)だ。〔表面がギザギザしているので、〕昔、カヌーの表面をやすりがけする(*bata*)のに使ったから、フォウ・ハタと言うんだ。フォウ・ハタは、触ると表面がべとべとしている。フォウ・ブリというのは単に昔からの名前だよ。〔フォウイアシ島出身の六〇代女性、二〇一四年三月〕

〔同様に、サンゴの写真を見ながら、〕これはフォウ・ナキ（*fou naki*）だ。ナギ（*nagi*）〔石斧〕のように尖っているからそう呼ばれるんだ。海の岩の中で硬いのは、フォウ・ブリとフォウ・ナキだけだ。フォウ・ブリはとても硬い。フォウ・ブリは遠くまで広がらず、丸くなってその場所だけにとどまる。〔樹枝状のサンゴの写真を見て、〕これはフォウ・ラデ（*fou lade*）だ。浅瀬にあって、中にクワレウ（*kwaleu*）〔スズメダイ〕がいる。フォウ・ラデはあまり大きくならない。〔同じく樹枝状の〕フォウ・レト（*fou reto*）は大きくなる。深みには大きなフォウ・レトがたくさんある。海底にあって、上まで育っている。これも下に魚がいる。（フォウバイタ村の漁師アリック、二〇一四年三月）

＊＊＊

本章で先に引用した語りにおいて、エリフォウ島のベンは、島は、はじめは「生きている岩」で造られるが、その「岩」がやがて「焼けて死ぬ」ことで「低くなる」と述べていた。二〇一一年八月にはじめてこの語りを聞いた時、私は非常に驚いた――アシの島々は徐々に「低くなり」、「海に沈んで」いるのか⁉　しかしその後、とくに二〇一四年と二〇一八年のフィールドワークを通して、これがアシの間でごく一般的な認識であることが明らかになった。すなわちアシの人々は、自分たちがその上に住む島々は、「岩が死ぬ」ために次第に「低くなり」つつあると認識している。そして、「岩が死ぬ」ことで徐々に「低くなって」いるのは、本書の冒頭以来たびたび言及してきた、フォウバイタ地域の象徴であるあの埠頭も同様である。フォウイアシ島の男性パトリック（四〇代）によれば、「フォウバイタ村の埠頭の岩もみんな死んだ岩だ。だからあのように崩れているのだ」

（二〇一八年八月）。

そもそも、アシにおいて「岩が生きている」とはどういうことか。アシの人々は、島々や埠頭の建材である「海の岩」が、「生きて」（mouri）いて、「息をし」（mango）て、「エサを食べ」（fanga）、「子どもを産み」（kwala）、「育ち」（tae, bulao）、そしてある時間の中で「死ぬ」（mae）存在であることを明言する。先にも引用したように、ある六〇代男性によれば、「岩は生きている。そうでなければ、増えたり広がったりするわけがない」（二〇一四年三月）。また、フォウイアシ島出身の四〇代男性によれば、「岩ももちろん子どもを産む。だから岩は増えるのだ。子どもを産まないなら、岩が増えるはずがない」（二〇一八年八月）。

このような言葉に読み取れるように、アシにとって、自分たちが暮らす「マイ」という空間は、「生きている岩」によって形作られているがゆえにつねにその姿を変え、それによって、以下で見るように、「われわれ」が「海に住まうこと」を可能にする環境である。先には、フォウバイタ村の沖にある漁場が、「岩が育ってきた」ことによって昔より浅くなったという語りを紹介した。また別の六〇代男性によれば、「フォウイアシ島と埠頭の間の水路（tafaa）は、じきに埋まってしまうだろう。生きた岩が中にあるので、岩が育ってきて〔周囲の〕浅瀬と同じ高さになってしまうだろう」（二〇一四年三月）。このようにアシの人々は、自分たちの生活の場である「マイ」の海底で「岩」がつねに「生きて、育っている」ことを明確に認識している。そしてそのような「岩」の生は、アシの認識において、一面でたしかに自分たちの関わりを超え、それに先立つものである（「岩が育っ」ことによってアシが「海に住まう」ことが可能になっているのであり、逆ではない）。先に引用した、「日本と中国の間で育っている二つの島」についてのジャウおじさんの語りは、「われわれ」との関わりを（文字通り）離れた「岩」の成長性についてのそうした認識を端的に表している。そしてこの人々は、以

下で見るように、「生きている岩」のそのような人間〈以前〉の成長性に「従い、寄り添う」(*sulia*)ようにして島々を築き、「海に住まって」きたのである。

先のベンの言葉にあったように、多くのアシによれば、島々は「生きている岩」で造られる(島々が「死んだ岩」で造られるという語りはむしろ例外的である)。私のGPS調査にたびたび協力してくれていたフォウバイタ村の漁師アリック(三〇代男性)によれば、「島は死んだ岩ではなく生きている岩で造る。死んだ岩で島を造ることなどとうていできない。〔死んだ岩は〕斧でたたいたりしたらバラバラに割れてしまうからだ」(二〇一四年二月)。同じように、本書中の日誌に何度か登場しているカベオア(六〇代女性)によれば、「〔使われているのは〕すべて生きている岩だ。生きているから岩は強くて、島をしっかりとつなぎとめることができる。生きている岩が島をしっかりしたものにするのだ。岩は古くなるとしっかりかみ合わなくなる。それで島は沈むのだ」(二〇一八年八月)。このようにアシにとって、「岩が生きている」ことは、自分たちが「海に住まう」ことを可能にする前提的な事実にほかならない。

それでは、アシの島々は具体的にどのように建設されるのか。エリフォウ島で私が観察したような島の建設作業は、動詞的には「岩で住み場所を造る」(*'uia fera*)と表現される。島は通常、建設作業を容易にするために、低潮時にはほぼ干上がるような浅瀬(*fafomai*)に建設される。すなわち島々は、何もない海の中にではなく、すでに「生きている岩」によって土台が築かれている場所に造られるのだ(この点には次章でも立ち返る)。ただし、干潮時でもカヌーで移動できるように、島の一面はやや深い水路(*fakali, tafaa*)に面しているのがよいとされる(だからこそ、先の語りにおいて、深い「水路」に面したクワレウ島の下では、大きな岩が現在でも「育っている」とされていた)。先の日誌で描かれていたように、島を建設しようとする人は、海底が干上がっている時を見計らって浅瀬で「岩を掘り出す」(*tae fou, elia fou*）。今日では、「岩を掘り出す」ためには鉄製の棒などが用いられるが、西洋世界との接触以前には、先の語りにあった「ナギ」（*nagi*）と呼ばれる石斧が使用されていた。[*20] アシの人々は一様に、島の建材として主に用いられるのが、右の二つの引用でも言及されていた「フォウ・ブリ」（*fou buli*）という種類の「岩」であることを指摘する。[*21]「フォウ・ブリはとても硬い。人々が島を造ろうとする時には、まずフォウ・ブリを探して、それで岩の壁（*sulu fou*）を造る」とある六〇代男性は説明した（二〇一四年三月）。

掘り出された「岩」は、先の日誌にもあったように、はじめ「スカ」と呼ばれる小山のかたちで海底に積み上げられる。この時点では、「岩」はまだ海水の中にあるので「生きている」とされる。「岩は、海水の中にある時は生きているが、海水から引き揚げられると死んで割れやすくなってしまう。岩は、海水の中にある時だけ生きていることができる」（ジャケ、二〇一四年三月）。その後人々は、同じく先の日誌にあったように五〜八メートル四方ほどの筏（*faoa*）を丸太で組み上げ、潮が高くなった時に、積み上げておいた「岩」をその上に載せて建設現場に運び、積み上げ始める（「島を造る」（*'uia fera*）とは、狭義にはこの作業を指す）。建設の際、理想的には、単に「岩」を放り出して積み上げるのではなく、まさしく私がエリフォウ島で目撃したように、それらがぐらつかないように慎重に組み上げるべきとされる。具体的には、「支えるための岩」（*fou boolana*）と呼ばれる大きな岩をはじめに積み上げて強固な「岩の壁」すなわち外壁を築き、その後でその内部に小さな「岩」を積み重ねていくという手順がとられる。また、別の時にサマニが説明してくれたように、過去には、建設を開始する際、島が「しっかりした」（*ngado*）ものになるよう、「岩」の一つに「呪文を語り込める」（*agalo*）など、祖先霊に対して助力を乞う手続き——文字通り、「しっかりしたものにすること」（*faa-ngado-laa*）と呼ばれる儀礼——が行われていたとされる。キリスト教徒でなかったサマニらの父も、まさにそのようにしてエリフォゥ島を建設したという。

　建設作業は、島の上が高潮時にも浸水しない程度の高さ——海底から一・七メートル前後——になるまで続けられ、その後で、先の語りにもあった「ラデ」(*lade*)や「レト」(*reto*)と呼ばれる枝状のサンゴの小片などが敷かれて島の上面が平らにされる。[*22] ほとんどの島の上には、たとえばフォウイアシ島のバエのように樹木が育っているのだが、これらの樹木も、人々が間世代的に島に住まう過程で、根によって岩々が「しっかりと」つなぎ止められるようにと植えられたものであるとされる。なお島の建設作業は、過去においても現在においても、兄弟や父親とその息子など二〜三人からなる小さな集団で行われることが一般的であり、男性一人で行われることも珍しくない。このため島の建設は、一般にごくゆっくりとしたペースで行われる。たとえば、フォウバイタ村のすぐ沖にある小さな島は、一世帯のみが住む最小規模の島であり、その居住者にちなんで単に「サレの島」と呼ばれている。フォウバイタ村のある男性(三〇代)はある時、この島の成り立ちについてこう語った。「サレは、毎日漁に出るたびにカヌーに岩を二〜三個積んで帰ってきて、それを少しずつ積み上げた。何年もかかってあの島ができたんだ」(二〇一四年三月)。

　先のエリフォゥ島がそうであったように、新たな島が創始される際、当初建設されるのは通常、その上に住居一軒がようやく建てられるだけのごく小さな島に過ぎない。そのように始まった島は、同じくエリフォゥ島がそうであるように、創始者とその息子たち、孫たちによって間世代的に居住され続ける過程で、繰り返し増築され拡張される。このことは、第一章や前章でも触れた通りである。このためアシの島々には一般に、多くの世代にわたって居住されている古い島ほど大きく、新しい島ほど小さいという傾向が指摘できる(島の古い層が漸進的に忘却されることについては前章の末尾近くで述べた)。二〇一一年八月、右で日誌として引用したエリフォゥ島への滞在中、「建材としての岩が足りなくなることはないのか?」と問いかけた私に対し、サマニは次のように答えた。

足りなくなることはない。岩は育ってくるものだから。このあたりにはじめにあった岩は、父さんがこの島を造るときに使った。その次に育ってきた岩は、自分たちが島を拡げるのに使った。そしてこれから育ってくる岩は、息子たちがまた島を拡げるときに使うのだ。

ここで語られているのは、まさしく人間〈以前〉的と言うべき「岩」の生と、言うなればそれに寄生するようにして暮らすアシの人々の姿にほかならない。そして、本書が「自然/文化」の二分法に代わる新たな「自然」の思考を見出そうとするのは、まさしくここにおいてである。

7　「自然=文化」を記述する——ラトゥール以後の展開

二〇一一年九月六日(火)　終日曇り

ディメ宅の葬儀は昨日「終わった」(*sui na*)と宣言されたが、オロドおばさんや〔アウキから来た〕マチルダなど一部の人たちは、近親者としてまだディメ宅に泊まっている。朝、ジャケ宅の中から珍しく男性たちの話し声が聞こえるので行ってみると、先日から話題になっていた、薬草の使い手として知られるジョン老人が来ており、ジャケやココシと座り込んでおしゃべりをしていた。ココシたちは、ディメ宅の葬儀で彼を見かけた際にも薬を催促していたそうで、その薬がようやく到着したわけだ。かなり長くおしゃべりをしてから、ジョンはかばんから小さなペットボトルに入った白濁した液体を取り出し、それに向かって十字を切り、キリスト教式の祈禱をしてから、スプーンでそれをサムソンに飲ませる。一日三回、スプーン二杯ずつ飲むようにとココシに指示し、笑いながらサムソンに向かって、「治ったら缶ビールを六本くれ」と言う。その後もジョンはココシらと長々とおしゃべりをしていったが、彼がこれまでに治療した「カストムの方面の病気」についてのいろいろな話――たとえば、「腹の中にヘビをはらんでいた男」を治療したといった話――を、ココシらは真剣に、また本当に恐ろしいといった様子で聞いていた。なお、〔ジャケの姉の〕トーサイによると、この日の朝、サムソンの首の腫れは「破れ」(*busu*)、傷口から血と膿が出ていたとのことだ。

その後、一度家に帰ってきたオロドおばさんから、「マチルダが、市場で魚を買ってきてくれと言っているよ」と言われたので、気分転換に歩いていくのもいいだろうと考えて市場に行き、それからディメ宅を訪ねる。このことがちょっとした転機になった。ディメ宅に着くと、マチルダの姉のセア〔五〇代〕や、僕が初対面のディメのキョウダイたち――主にホニアラに住んでいる人たち――を含め、フォウイアシ島の元居住者たちがたくさん集まっており、何やら深刻な顔をしている。問題になっているのはどうやら、ディメが生前、「カストムの方面」(*bali kastom*)で何かの「過ち」(*garo*)を犯したのではないか、ということであるらしかった。とくに僕を驚かせたのはマチルダの話だった。彼女によれば、ディメは生前、自分のオイの青年から頼まれて、フォウイアシ島のバエの中にある「あるもの」、具体的には「イル」(*'ilu*)と呼ばれる恋愛呪術に関わる植物に手を出してしまった。ディメの父はフォウイアシ島の祖先祭祀を受け継いでいた〔第一章参照〕ので、ディメはバエについてのこうした知識をもっていたという。そして、この呪術の対象になったのは、僕が最近何度か話をした、〔フォウバイタ村に住む、「本当の土地所有者」ではないかとうわさされる〕イロイの娘コイナ〔第二章の末尾を参照〕だ。この呪術のために、コイナはある時期「頭がおかしくなって」(*ketena kagaro*)、アウキの近くにある精神科病棟に入れられていた。そうした事情があるから、コイナは今まで結婚もせずにいるのだ、とマチルダは言う。

コイナが恋愛呪術のために狂気に陥っていたなど、僕にはまったくの初耳だった。しかしこの話を聞けば、コイナと僕がこれまでの調査期間になぜ出会わなかったのかということも納得がいく。ともかく、まったくはじめて聞くこうした話に、僕は少なからず動揺したままフォウバイタ村に帰ってきた。今後、ディメ宅の喪に集まっている人々のこうした考えは、どのような方向に展開するのだろうか……

＊＊＊

二〇一一年九月、こうしてコイナはまったく思いもかけない仕方で私の前に姿を現した。第二章の末尾で述べたように、そもそも私はこの年、彼女と知り合ったばかりだった。そしてつい先日、子守をしながら——彼女は未婚だというのだから、あれは他人の子どもだったわけだ——アシ地域の葬制について私に説明してくれたコイナ、それから、フォウイアシ島のバエの木が倒れた暴風の時、ミサで私のすぐ前に座っていたコイナ……その彼女が、ほかならぬディメによる恋愛呪術によって、何年にもわたって狂気に陥っていたというのだ。第二章ですでに述べたように、コイナの父であるイロイの家系には、イロイの姉の溺死、弟の交通事故死など、すでにいくつもの災厄が生じてきたことが知られている。長女コイナの狂気というさらなる災厄に触れ、私はあらためてあの寡黙で生真面目な老人の境遇を思わずにはいられなかった。

しかも、コイナの狂気という出来事は、イロイを取り巻くフォウバイタ村の土地所有をめぐる問題(第二章参照)と、ディメやその父を中心とする、フォウイアシ島の「カストム」の継承をめぐる問題(第一章参照)——先述のように、ここでも二人の少女が亡くなっている——を、予想外の仕方で結び付けるものであった。ディメがバエに隠された呪物を用いていたということは、ほかでもなく、「カストムの時代」と「教会の時代」の間の切断が、この地域において適切に行われていなかったという不穏な事実を意味する。「世界青年の日」を目前に控えたこの時期、バエの木が倒れディメが亡くなったことをきっかけに、フォウバイタ地域の過去をめぐるいくつもの問題が、まるでおもちゃ箱をひっくり返したように一挙に顕在化していた——私にはそのように思われた。それでは、フォウバイタ地域の人々はこれらの問題にどう向き合うのか?「世界青年の日」の集会は無事に開催されるのだろうか?

＊＊＊

アシにおける、「生きて」おりやがて「死ぬ」岩との関わりを、現代の人類学における「広義の自然」の主題化に照らして見たとき、何が言えるか——それがこの第三部における問いであった。この文脈で、先に紹介したインゴルドに劣らず、現代の「自然の人類学」に多大な影響を与えてきた理論家であるラトゥールの議論を見ておきたい。ラトゥールの議論はすでに広く紹介され検討が加えられているが、[＊23] ここでは本書に関連する論点だけを確認しておきたい。原著が一九九一年に刊行された『虚構の「近代」[＊24]』は、ラトゥールが「近代憲法」と呼ぶ「自然／社会」あるいは「自然／文化」の二分法を根底から再考することで、第二章で見たヴィヴェイロス・デ・カストロ、デス

コラらにも大きな影響を与えた。その点で同書は、いわゆる存在論的転回あるいは本書で言う「自然の人類学」の一つの淵源であったと言える。

同書においてラトゥールは、自然法則に従うモノあるいは非‐人間からなる「自然」と、自由な主体としての人間が作る「社会」という二つの領域に世界を切り分けるような存在論を、「近代憲法」として問題にしている。[*25] ラトゥールによれば、たとえば近代的な科学や技術の現場に見られるように、近代人は実際には「自然」の要素と「社会」の要素をつねに混ぜ合わせ、「ハイブリッド」を生み出してきた。その意味で近代人は、自らが実際に行っていること、すなわち「自然／社会」の混合を見ることができないという限界を抱えている。[*26]『虚構の「近代」』の原題である「われわれは決して近代人であったことはない」とは、「近代憲法」が抱えるそのような矛盾を意味するものにほかならない。

他方で現代世界においては、ラトゥールが指摘するように、グローバルな環境問題や人間と動物の境界をまたぐ感染症など、「自然／社会」を横断するハイブリッドな現象が無視しえないほどに増大している。[*27] 彼が問題にするのは、従来通りの「近代憲法」――そこには、インゴルドが問題にしたような「自然科学／人類学」の分業も含まれる――が、このようなハイブリッドの増大を的確に認識することも、それに対処することもできないという事実である。それでは、現代のハイブリッドな諸現象に的確に対処することができる「非‐近代的」な学問とはどのようなそれであるのか？

興味深いことにラトゥールは、既存の人類学のアプローチが、少なくとも一面においてそうした非‐近代的な学問となりうることを指摘し、自らの提唱するアプローチを「科学人類学」あるいは「比較人類学」と呼んでいる。[*28] 彼によれば、人類学者はこれまでも、「自然／社会」という近代的な切り分けを共有しない「前近代的」な社会について研究してきた。そのために、人類学者は「近代憲法」を必然的に逸脱してきたし、人類学者が書く民族誌の中には、自然環境、生業活動、宗教、親族関係、政治組織……というように、「自然」に属するものと「社会」に属するもの、人間に関わるものと非‐人間に関わるもの、要するに、フィールドワークで見出されるあらゆるものが並存・混在してきた。ラトゥールはまさにこの点で、現代のハイブリッドな現象を記述しうる非‐近代的な学問のモデルとして、人類学を肯定的に評価する。ただし、従来の人類学に対するラトゥールの評価は、決して全面的なものではない。先に見たインゴルドも論じていたように、これまでの人類学が「単一の普遍的な自然」を前提あるいは背景とし、それを視野の外に置いた上で「多様な文化」を記述しようとするような自己限定をともなっていたことも事実である。[*29] ラトゥールが求める「科学人類学」あるいは「比較人類学」とは、「自然」をこのように排除することなく、「自然的かつ社会的なハイブリッド」それ自体をポジティヴに主題化するような新しい人類学にほかならない。

『虚構の「近代」』においてラトゥールは、そのような新しい人類学を、「単一の自然」に対比される「多様な文化」を研究するのではもはやなく、彼が「自然＝文化」(nature-cultures)と呼ぶようなハイブリッドなネットワークあるいは集合体(collectives)を研究する「比較人類学」として名指している。[*30] そこでは、近代社会と(人類学の伝統的な研究対象である)前近代社会は、いずれも「自然／社会」を混合し、人間と非‐人間のネットワークを構築している点で質的には相違ないものとされ(両者の相違は「ネットワークの長さ」の違いのみであるとされる)、「近代／前近代」を「対称的に」研究することができる人類学という新たな展望が示される。なお一面において、ラトゥールの言う「自然＝文化」は、本書の第二章以来暫定的に用いてきた「広義の自然」の概念にもごく近いと言える。

＊＊＊

ラトゥールが、従来の人類学に対する両義的な評価とともに提示したこのような方向性は、すでに述べたように、一九九〇年代以降の人類学に多大な影響を与えてきた。とくに、「自然／文化」の近代的二分法を相対化し、「自然＝文化」というハイブリッドな関係性を記述するという彼の方針は、ある意味では理論以前の水準で、現代の人類学に主要な「概念的美学」（ヴィヴェイロス・デ・カストロ、第三章参照）をもたらしたと言える。注意すべきことに、そのような「美学」はラトゥールが単独で生み出したものでは決してない。たとえばフェミニズム科学論者のハラウェイは、すでに一九八五年の「サイボーグ宣言」において現代における「自然／文化」の境界を問題にし、[*31]近年ではいわゆるマルチスピーシーズ民族誌の動きにも多大な影響を与えてきた。[*32]その彼女も、ある時期から「自然＝文化」（natureculture）という概念を多用している。[*33]ラトゥールとハラウェイにおける類似の概念の異同については議論の余地があるが、両者が結果的に、また自身の意図とは半ば無関係に、現代の人類学で広く共有された「自然的かつ社会的な関係性をたどる」という記述の様式に寄与してきたことは疑いない。

ここで、そのような記述の様式を体現する例として、ハラウェイから強い影響を受け、マルチスピーシーズ民族誌の動きと関連する二つの著作を挙げておきたい。一つ目は、マルチスピーシーズ民族誌の主導者の一人と目されるカークシーの著書『創発するエコロジー』[*34]である。同書においてカークシーは、南北アメリカのさまざまな地域から例を採り、現代世界における人間とその他の生物種の「創発的」（emergent）で自然発生的な関係性を追いかけるようにして記述していく。たとえば、かつて軍事実験場として用いられ、現在は放棄されたパナマのある地域において、彼は、破壊され放棄された生態系の中で、さまざまな生物種が予期せぬ関係性を結び、繁栄している様子を見出す。[*35] また彼は、アフリカツメガエルが、かつて実験動物として全世界に拡散され、ときには人間の妊娠検査のために用いられることにより、人間／非‐人間の境界を思いもかけない仕方で横断してきたことを描き出す。[*36] このカエルは、一説によれば、そのように全世界に拡散される際にツボカビと呼ばれる菌類を運搬し、世界各地でカエルの大量死・絶滅を引き起こしているとされる。

このようにカークシーは、『創発するエコロジー』を、至るところにある人間と非‐人間の自然的かつ社会的な関係性をたどっていくというスタイルで記述している。彼自身の言葉では、「植物、動物、微小な菌類が一時的なもつれ合いの中にとらえられ、その後に逃げ出すのをたどることにより、『創発するエコロジー』は、マルチスピーシーズ民族誌の方法と戦術を、予期されざるつながりの偶有性をたどるために用いる」。[*37] また、「私は、このようなマルチスピーシーズ的コミュニティを、諸自己のアンサンブル――互酬性と説明責任の関係によって互いにもつれ合い、互いを共感と欲望をもってまなざしあう、意識をもったエージェントたちの連合――として理解することを提案したい」。[*38] 彼は、そのような「創発的」な関係性にこそ、環境危機の時代を生き延びる「希望」が見出される、と言いたいようである。[*39]

しかし、主観的な印象を述べることが許されるなら、「ここにもあそこにも複数種のもつれ合い・関係性がある」と言うかのようなカークシーの記述には、否定しがたい退屈さがつきまとっている。おそらくこの退屈さ・平板さは、彼の民族誌の根底にある素朴な関係論、すなわち、人間とその他の生物種は至るところで関係し合っているのであり、そのような関係性をたどることこそが現代の「自然＝文化」の民族誌の課題だ、という想定のあらわれである。右で見たようなラトゥールの問題提起の重要性を認めつつも、自身の概念的美学の外部への視点を欠いたそのように素朴な関係論に、現代の「自然＝文化」の民族誌が陥りうる一つの限界を見て取ることができるだろう。また、現代の人類学理論において、「関係性の広がりを記述する」というそのような方法論自体が疑問視されるに至っていることは、いわゆる「ポスト関係論」との関連ですでに第三章で述べた通りである。[*40]

現代の人類学における関係論的な美学を体現している二つ目の例として、同様にいわゆるマルチスピーシーズ民族誌の事例としてしばしば紹介されるヴァン・ドゥーレンの著書『フライト・ウェイズ』[*41]を挙げたい。同書においてヴァン・ドゥーレンは、世界各地から、人間活動との関わりにおいて絶滅の淵にあるさまざまな鳥類の事例を引きつつ、現代における鳥たちと人間、さらにはその他の生物種の間の関係性——彼の言う「鳥をめぐるもつれ合い」[*42]（avian entanglements）——を描き出している。一例としてヴァン・ドゥーレンは、一見人間の居住地から遠く離れて孤立しているように見えるミッドウェー諸島のアホウドリが、海洋に浮遊・堆積しているプラスチック・ゴミやDDTなどの有害物質により、その生存を危うくされていることを描き出している。彼によれば、「化学物質、プラスチック、生物たちとその家系、関与、関係性、そしてさらにいろいろなものが、ここでは絡まり合った相互作用の網の目をなしている」[*43]。そのように指摘した上で、彼は、アホウドリを一例とする他の生物種に対する人間の「倫理」や「責任」について語っている。[*44]

また別の章において、ヴァン・ドゥーレンは、インドにおけるハゲワシ、人間、ウシと病原体の「もつれ合い」とその思いもかけない変容を描き出している。彼によれば、伝統的にインドにおいては、ウシの死骸をハゲワシが食べることにより、死骸が効率的に処理され、また、ウシの体内の炭疽菌《たんそきん》などの病原体が拡散することが妨げられていた。そこでは、人間、ウシとハゲワシ、病原体の間に、ある種の安定的な「マルチスピーシーズ的なもつれ合い」[*45]が形成されていたと言える。ところが近年、インドではハゲワシの個体数の急速な減少が報告されている。その原因として推定されるのが、農民たちが、病気または老齢のウシを酷使するために、ジクロフェナクという抗炎症剤をウシに投与することが一般的になったという事情である。ジクロフェナクを投与されたウシの死骸を食べたハゲワシは、炎症や腎不全を起こして死亡する。代わってウシの死骸を野犬などが食べるようになった結果、炭疽菌が拡散し、また繁殖した野犬によって狂犬病が拡大する危険性が新たに生じている、と彼は指摘する。[*46]

たしかにヴァン・ドゥーレン自身は、「あらゆるものがあらゆるものとつながっている」という素朴な関係論あるいは全体論に警戒を示している。[*47]しかし、人間と鳥たちの「マルチスピーシーズ的なもつれ合い」についての彼の記述、さらには、そこから人間以外の種に対する「倫理」や「責任」を導こうとする議論が、根底において、「至るところにある自然的かつ社会的な関係性」をたどろうとする拡張的な関係論に立脚しているという印象は否定しがたい。たとえば彼は、『フライト・ウェイズ』の冒頭近くで次のように述べている。

本書は鳥たちとその関係性についての、その中で生き物たちが生じ、世界にとどまり、そして最後には死んでいく相互行為の網の目についての本である。生と死は、他者から孤立して起こるのではない。身体をもち、やがては死んでいく生き物たちにとって、それらは徹頭徹尾関係的な事柄なのだ。鳥たちの世界においても同様であり、鳥たちは、人間を含む多様な他の種たちとの関係性に編み込まれている。……これらの鳥たちのもつれ合いを強調することにより、本書は、彼らが何者であるか、われわれが何者であるか、そして究極的には、共有された一つの世界において、われわれ皆が「ともになる」（become together）のはいかにしてか、についてのより深い理解へとわれわれを引き込む。[*48]

第三章で述べたような関係論への現代的批判をも踏まえれば、ヴァン・ドゥーレンのこのような文体は、彼が実践するマルチスピーシーズ民族誌が、実は人間中心の「社会関係」や「倫理」を他の生物種に延長したものに過ぎないのではないか、という疑いを招くに十分である。なお、本書でマライタ島の「生きている岩」に注目しようとする私自身は、マルチスピーシーズ民族誌の展開に対してあくまで共感的だが、その論者らが右のように、「関係性」の外部への関心を欠いた素朴な美学や文体にしばしば陥ってきたという事実は無視しえない。本書の「はじめに」で引いたフーコーの言葉を念頭に再び言うなら、それはあくまで「内の思考」に過ぎないのだ。

それでは、これら現代の民族誌に見られるような平板な関係論の美学に対し、本書はどのような関係に立つのか。一面では、本書のアシ民族誌も、人々と「生きている岩」の関係性に注目することで、ラトゥールの言うような、「自然」を視野の外に置かない非‐近代的な人類学を目指すものである。他面において、この第三部で考えたいのは、カークシーやヴァン・ドゥーレンの著書に露呈しているような、「至るところにある自然的かつ社会的な関係性をたどる」という概念的美学の限界をいかに乗り越えるかということである。私の見るところ、彼らのような記述のスタイルは、その現代的な装いにもかかわらず、今、「自然」をいかにとらえ直すかという、第二章と本章で述べてきたような現代的な問題に応えるものとはなっていない。また、それはおそらく、次章で述べるように「人新世」を生きているとされるわれわれの現実に迫るものでもない。

すでに述べたように、アシの島々、あるいはこの人々と「生きている岩」の関わり合いを、「マルチスピーシーズ的な関係性」や「自然的かつ社会的なネットワーク」、あるいはまた、メラネシア人類学において古典的な「広義の交換」として記述することは、間違ってはいないだろうが、それだけではほとんど意味をなさない。そのような概念だけでは、たとえば先に見たような、「島の下で岩が生きていて育ち続けている」といった認識や、「岩が死ぬ」ことで埠頭が沈み、そのことが「コミュニティ」としての「われわれ」の衰退を証拠立てるといった、「広義の自然」をめぐるアシ自身の了解に迫ることができないように思われるのである。それでは、インゴルドやラトゥールが問題にした「自然／文化」の近代的二分法を離れつつ、右で見たような関係論の美学をも拒絶し、その上でなおもアシにおける「広義の自然」の不穏な経験を民族誌的に記述するためには、どのような概念的道具立てが必要とされるのか？　以下で考えたいのはそのことである。

8　「岩」の死

二〇一八年八月、ホームステイ先の隣家に住むジャケは、ディメによってかつてコイナにかけられたという「イル」と呼ばれる恋愛呪術についてこう説明した（なお、先にその語りを引用したように、ちょうどこの直前、ほかならぬジャケの次女ウーナが「イル」にかけられていた）。「イルをかけられると、女はその男のところへ行きたいと言って泣き叫ぶ。イルをかけられた女はすごく強くなって、男でも押さえつけられないくらいだ」。先に引いた日誌の中でのマチルダの説明に含意されているように、キリスト教徒となった今日のアシにおいて、キリスト教受容以前の「カストム」に属する「イル」の知識は「禁じられた」（*abu*）ものであり、自身の欲望に従ってそれを用いようとすることは、「カストム／教会」の境界を侵す「過ち」にほかならない。二〇一一年九月、マチルダらは、ディメが生前犯したというそのような「過ち」について語っていたのであり、人々は、フォウイアシ島のバエの大木が倒れたことを、そうした「過ち」の禍々しいあらわれとして受け止めていた。しかもこの「過ち」は、フォウイアシ島のバエと「カストム」に関わるものである以上、ディメ個人のものにとどまらず、この島に出自をもつ多数の人々に関わる——具体的には、これらの人々に災いをもたらしうる——ものにほかならなかった。この年のフィールドワークにおいて、私はまさしくそのような「不穏な熱帯」のただ中に身を置いていたのであった。

二〇一一年九月九日、「世界青年の日」の準備のためにホニアラに行っているジャウおじさんから電話があり、オロドおばさんが家の軒先で話している。

　フォウイアシ島のバエの大きな木が倒れて、墓地をすっかり覆ってるんだよ。木は日曜に倒れて、ディメは金曜に死んだ。木が倒れた時、私は「ディメは死ぬよ」と思ったよ。ディメは、フォウイアシ島のバエの中のものに触れたから死んだんだ、ってみんな言ってるよ。だから、人々は木を伐るためにバハイ〔第一章の末尾を参照〕に戻ってきてもらいたがってる。それから、マチルダたちは日曜に神父さんとフォウイアシ島でお祈り（*foa*）をしたいと言ってる。

オロドおばさんが言うように、フォウイアシ島のバエの大木が倒れたことを受け、フォウバイタ地域に住むこの島の関係親族は、バハイの帰郷を待望するようになった。フォウイアシ島の長男の長男の系譜に属しながら、島を離れて放浪の人生を歩んできたバハイについては、すでに第一章で紹介した。そこで述べた通り、二〇一一年、バハイはホニアラの親族宅に寄宿し、連日ビールを飲んで酔っ払っているという評判だったが、人々が帰りを待っていたのはその彼であった。フォウイアシ島のバエについての「過ち」を「正し」（ʻolosia）、これ以上の災いを防ぐことができるのはバハイだけであり、彼が島に来てお祈りをする必要がある――ディメ宅の葬儀に集まった親族たちは口々にそう語っていた。そこで期待されていたのは、先に述べたエリフォウ島のサマニらとその父との関係とも似た仕方で、通常は峻別されるべきとされる「教会／カストム」を肯定的な仕方で結び付け、そうすることで「われわれ」を定義し直すような「お祈り」にほかならなかった。同じ頃、フォウイアシ島出身の男性サレ（五〇代男性）が私にこう語った。

フォウイアシ島のバエの中にあるものに触れることができるのはバハイだけだ。彼だけがこのバエの作法を知っていて、バエの中に眠っている祖父さんたちと話をすることができる。〔バハイよりも上の世代に属する〕わしの父さんたちでもダメだ。昔の祭司が〔氏族ごとに〕一人であったのと同じように、バエに触れることができるのはバハイ一人だけだ。（二〇一一年九月）

このように語られている間にも、「世界青年の日」の開幕は迫りつつあり、フォウイアシ島のバエの木は倒れたままであり、またフォウバイタ村の埠頭は「海に沈む」にまかされていた――

＊＊＊

先に見たように「生きている岩」（*fou mouri*）を積み上げることで造られた島々や埠頭は、なぜ、どのようにして「低くなる」のか。まずアシの人々は、掘り出され、積み上げられた「岩」が「日光にさらされる」(*hatofia*) ことで「白くなって」(*kwaoa*) 死んでしまうことを指摘する。「引き潮の時に日にさらされることで、岩は焼けてしまう。〔これに対して、〕引き潮の時でも干上がることがないような深みにある岩は、全体が生きたままだ」(六〇代男性、二〇一四年三月)。また、ある時私は、イロイの妻でありコイナらの母であるサロメに、浅瀬で海水に浸かっている「岩」の写真を見せて、「このような岩は死んだ岩 (*fou mae*) か?」と尋ねた。それに対し、サロメは次のように答えた。

いや、生きている岩だ。海面の上にあるような岩が死んだ岩だ。海水の中にある時は生きているが、人々が打ち割って掘り起こすと、日にさらされて死んでしまう。打ち割られても、海水の中にある岩は生きているままだ。掘り起こされて海面の上に出てきた岩だけが死んでしまうのだ。(二〇一四年三月)

さらに、アシの人々は、島を造っている「岩」は、積み上げられておおよそ数十年で「死ぬ」と語る。したがって、決定的なことに、アシの人々は多くの場合、自分たちは「死んだ岩」の山の上に住まっていると認識している。ジャケは次のように言う。

島は、造られたばかりの時は高い。岩が死ぬと、島は低くなる。人々は海で岩を掘り出すが、海水の中にある時は岩は生きている。掘り出されると死んでしまう。岩は、鉄と同じように錆びる (*fura*)。岩が錆びると島は低くなる。フォウイアシ島も、造られたばかりの時にはずっと高かったんだ。(二〇一八年八月)

また、二〇一一年八月に私が滞在した時にはエリフォウ島にいなかったサマニの兄（五〇代）――彼も島造りの名人として知られる――は、二〇一八年八月の私の訪問時に次のように語った。「自分は海面上昇というものを信じない。岩が死んで島が低くなっているだけだ。〔目の前の調理小屋の脇に積み上げている薪を指して、〕薪でも、腐ると低くなる。岩もそれと同じだ。昔のような高さであれば、潮が高い時でも島は水に浸らない」。

では、「岩が死ぬ」となぜ島は「低くなる」のか。とくに二〇一八年のフィールドワークの際に聞き取りを繰り返すことで、これについて二つの定型的な説明が得られた。第一は、「岩は死ぬと割れやすく（*magamaga*）なって、岩と岩の間が詰まっていくから」というものである。たとえばジャウおじさんは、二〇一四年三月、「造られた後で島が低くなると言う人たちがいるが、本当か？」という私の問いかけに対して次のように答えた。

そうだ、島は低くなる。岩が割れて小さくなるからだ。〔小さくなった岩が〕大きな岩の間に入っていき、沈んでいく。それで島は低くなるのだ。といっても、すぐに割れるわけではない。多くの人が歩いたり、そこに集まったりすることで、そこにある岩が〔少しずつ〕割れていく。それである時、「おや、ここは低くなっているぞ」ということになる。（二〇一四年三月）

第二は、「岩は死ぬと軽く（*halahala*）なるので、波や風によって崩れる（*'aruru*）ようになるから」という説明である（「アルル」は、もっぱら「島の岩積みが崩れる」という意味で使われる動詞である）。フォウイアシ島の元居住者の男性（四〇代）によれば、「岩は、生きている時には重い（*gulu*）。死ぬと軽くなる。それで、岩は死ぬと潮流に流されて島が崩れることになる」（二〇一八年八月）。これと同じ説明は何人もの人から聞かれた。二〇一八年八月にフォウイアシ島を再訪した私に対し、島に住むパトリックは、「生きている岩は重い。死ぬと軽くなる。それで、波が当たると崩れて落ちるようになる。昔の島々はもっとずっと高かった」と語った。さらに彼は、島を去る時にカヌーに乗り込んだ私に対し、島の端の岩々を指さし、「ほら、こういうふうに崩れている岩はみんな死んだ岩だ」と説明してみせた。

ここで注目すべきは、アシの人々が、島々がそのようにつねに「低くなる」のを放置しているわけではけっしてないという事実である。人々によれば、アシ地域の海は、「コブル」(*koburu*)、すなわち十二～三月頃に北東から吹く季節風の時期には潮位の変動が大きくなり、満潮時の潮位が非常に高くなる。これについて、以上の日誌にも登場しているマチルダ――彼女もフォウイアシ島の出身者である――はこう語った。「私たちが子どもの頃は、コブルの季節になる前に岩を積み増しして(*'uia faalu*)島を高くしたものだよ。島の上に生えている芝生もはがして岩を積み上げたものだ」(二〇一一年八月)。マチルダが言うように、アシの人々はこれまで、島々が「海に沈む」にまかせてきたわけでは決してない。彼女が語る「岩」の「積み増し」には、アシの人々が、先に見たような、「海の岩」の人間〈以前〉的な生に「寄り添い、従い」つつ、同時に、自らの足下で起こりつつあるその死と自らの生活を噛み合わせるようにして「海に住まって」きたことが端的に示されている。そして、次章で問題にするように、「もう海には住めない」、「埠頭はすっかり低くなってしまった」と語られるアシの現状において問題にされているのはまさしく、「岩」の人間〈以前〉的な生死と人々のそのような関わり合いとその変容なのだ。

＊＊＊

二〇一四年二月、私は、天候が不安定な「コブル」の季節にマライタ島に戻った。以前と同じように市場の端に男性たちと座っているときなど、冗談を交えた会話の中で、「ジャック・パーラメント」という男性がしばしば話題になることに私は気が付いた。私が間もなく理解したように、ジャックは、教会でのミサや市場の際に、一人で立って何かを早口にまくし立てている「頭のおかしい」中年の男性であり、人々は好んで彼を冗談のネタにしていたのだった。以前の私のフィールドワーク中には、ジャックは「まとも」(*diana gwana*) であり、ホニアラの空港で働いていたという。「なぜ彼は『パーラメント』と呼ばれているのか?」という私の問いに対しては、「いつも国会(parliament) のことをしゃべっているからだ」という答えが返ってきた。

二〇一四年三月のある日、私は、雨の合間を見計らって、フォウバイタ村の南東沖のいくつかの島を訪ねようと思い立った。近所に住むジャウおじさんの親族のジョゼフ(三〇代)が、私のためにカヌーを出してくれることになった。ところが、フォウバイタ村の埠頭を離れて一〇分も経たないうちに雨が降り始め、雨はどんどん激しくなった。「雨の中でカヌーを漕いでもらうのは申し訳ない。近くの島に寄ろう」と私はジョゼフに提案した。

この時ジョゼフと私が立ち寄ったのは、フォウバイタ村沖の「貧しい島」という名前の島だった(本書では、この島のラウ語の名称は伏せておく)。「貧しい島」というこの島の名前を、私はずっと以前から奇妙に思っていた。自分で造り、住まっている島を「貧しい島」と名付ける人がどこにいるだろうか? しかし、アシ地域には「海で溺れて死んだ」とか「イスに座ったまま死んだ」といった人名もあるくらいである。私は、「貧しい島」という奇妙な名前の由来について、これまで特段に探ろうとは思わなかった。

島に上がったジョゼフと私は、雨を避けて、私も以前から知り合いだった住人のピーター（四〇代）の家に駆け込んだ。唐突な訪問の言い訳をしようとしていると、驚いたことに、あのジャック・パーラメントが同じように雨を避けて家に駆け込んできた！　ジャックは「貧しい島」の住人なのか？　ピーターとその妻と会話する中でまもなく明らかになったように、実はジャックはピーターの実兄であった。さらに驚いたことに、ピーターによれば「貧しい島」は、ジャックの「病気」すなわち精神異常を理由に建設されたものにほかならない。ピーターたちが子どもの頃、一家は、前章でも言及されたシクワフヌ島に住んでいた。しかし、ジャックが子どもの頃から「病気」の徴候を示していたので、父は、親族とのトラブルを避け、離れて住めるようにと新しい島を造ったのだという。これはおそらく一九七〇年代のことである。「貧しい島」という名前も、「病気」の子どもを抱えて、「貝貨など、よいものは何も持っていない」という意味でつけられたのだという。ピーターによれば、島を造ったとき、父はまだ「異教徒」（*'ukita*）だったが、その後まもなく「教会に行った」。ジャックの「病気」の原因が「カストム」にあり、「教会に行く」ようになれば「病気」が治るのではないか、と期待してのことだったという。

激しい雨音の中で、ピーターは私に以上のような事情を語った。私は「貧しい島」の成立にそのような事情があるとはまったく知らなかったが、しかしこの話を聞いて、彼が、気さくではあるがいつも暗い目をしていることの理由をはじめて理解したように感じた。対照的に、ピーターの妻は陽気で表情豊かな女性であった。出された紅茶を飲みながら私が日本の話などをすると、彼女は、「〔外に出られない〕雨の日にお客さんからこんな話が聞けるなんてほんと素敵ね！」と屈託のない笑みを浮かべた。

やがて雨が止み、ピーター夫妻、ジョゼフと私は家の外に出た。高潮に備えて、ピーターは島の一部に岩を「積み増しして」いると言い、たしかにその部分だけ、他の場所とは違った白っぽい岩が積み上げられている。「島を造るために岩を掘り起こした日は、父さんはお湯をわかしてから岩を洗ったものだ。岩は熱い（*'ago'ago*）〔刺激性の毒をもつ〕ので、からだがかぶれないようにするためだ」と彼は語った。

9　メラネシアにおける「自然＝文化」──交換論の限界

二〇一一年九月七日（水）　終日晴れ。ごくひさしぶりに晴れて暑い

昨日、ディメ宅でマチルダらに会ったことがきっかけになって、予定外にも、彼女たちと一緒にフォウイアシ島に行くことになった。といっても、同行するのはマチルダとその姉のセアだけだ。埠頭で待っていると、島の少年が大きなカヌーを漕いできてくれる。マチルダたちの目的は、先日の突風でバエの巨木が倒れたままになっているフォウイアシ島を訪ね、そこに〔キリスト教式に〕埋葬されている父の墓に対して祈りを捧げることだ。バエの木が倒れて以来、僕がこの島を訪ねるのははじめてだったが、島に上がってみると、バエの木は、〔バエのすぐ隣にある、キリスト教式の〕墓地をすっかり覆ってしまっているばかりか、枝や葉を島の上の広場にまで突き出させ、異様な存在感を放っている。カヌーを漕いで島に着く直前、セアは僕の方を向いて、「倒れている木に触ってはいけないからね。バエのものだから。触ると死ぬよ」と警告した。

マチルダとセアが父の墓――墓自体は倒木の下に隠されてしまっている――に向かってお祈りをしている間、僕は、島に住んでいる若者たちと話をしていた。若者の一人であるトクシ〔第三章で触れた「短い腕」の一〇代の遺児〕がこう語る。「バハイでもない限り、この木を切ったりすることはできない。バエのものだから、葉に触れるのもいけない。だから木はそのままにしている。バハイなら、ここの墓に座って自分の父に話しかけることができる。そしたらその父がさらにその父に知らせて、さらにその父が……というわけだ」。

驚いたのは、トクシが、僕が尋ねてもいないのに、昨日のマチルダの話を引き継ぐかのように、フォウイアシ島のバエに関わる恋愛呪術によって「頭がおかしく」なったコイナのことを話題に出したことだ。「コイナは昔、何年間か頭がおかしかった。こうやって一緒に座っていて、『おっぱいを見せろ』と言ったら見せるような、そんな病気だった」。さらに彼は、おそらく僕が日本にいる間に行われた、ある治療儀礼とでも言うべきものについて語った。ある時〔コイナの父〕イロイは、病院からコイナを連れ戻し、フォウイアシ島に連れてきた。彼女の「病気」に、「フォウイアシ島のものが関わっていると考えた」からだ。「あれはちょうど今くらいの〔昼過ぎの〕時間だった。バハイが〔島の上の〕バエに向かってお祈りをして、その後で、ドラセナの葉（*bango*）でコイナの頭をはたくようにしたんだ。そしたらコイナはすっかりおかしくなった〔錯乱状態に陥った〕。ところが夕方になると、コイナははっと目を覚まして、『何か食べたい。それから夕方のお祈りに行かないと』と言った。彼女はよくなっていたんだよ！」

僕は、コイナについてのこの話を聞いてあらためて動揺した。あの日曜の暴風の後、「あんな雨は自分もはじめてで、サトミはきっとこんな雨を見て驚いているだろうな、と思ったよ」と僕に語ってくれたのは、ほかならぬ彼女なのだ。僕は今、ディメの死の前後に見聞きし、感じていること

について、この出来事と出会いについて考え、それを僕の民族誌として書かなければならない。フォウイアシ島からは十六時過ぎに帰る。

＊＊＊

九月九日の夕方、ジャケ宅の調理小屋に行くと、数週間前から続いていたサムソンの「病気」（首の腫れ）のことが話題になった。ジャケによると、ジョン老人の薬を飲んで一晩寝たら痛みが引き、まもなく腫れも治まったという。薬を飲むのは今夜が最後で、明日にはスー地方に帰る予定だという。

＊＊＊

今日の人類学において、認識主体としての近代的「人間」像と不可分に結び付いた「自然／文化」の二分法を離れて、いかなる民族誌を書くべきか。たしかに、先に見たように、ラトゥールが提唱したような「自然＝文化」についての一元論的な記述は、そのための一つの可能性であろう。しかし、先にカークシーやヴァン・ドゥーレンの著書を例に見たように、そこにもある限界があるとしたらどうか。これに関連して、本章の最後に、本書の一貫した対象であるメラネシアにおいて近代的二分法をいかに問題にしうるか、そこにはどのような困難があるかという問題を考えたい。そのためにここでは、第三章で論じたようにメラネシア人類学の主要な理論的伝統である、交換論の枠組みにおける「自然／文化」関係の問い直しに注目したい。

そのような問い直しの典型として、ニューギニア高地のポルゲラ金鉱山の採掘と、それによって引き起こされた環境汚染をめぐる現地住民イピリの動きに関する、ビアーサックの民族誌を見てみよう。[*49] 一九九〇年にポルゲラ金鉱山の採掘が始まって間もなく、付近を流れるポルゲラ川では、薬剤を含む排水などによる汚染が急速に進んだ。川の水は異様な赤色に変色し、多くの動植物が姿を消したほか、河岸の畑地は耕作不可能になった。ビアーサックは、この汚染をめぐるイピリと鉱山会社の補償交渉や、イピリの間で生じた社会的対立などを分析する上で、近代西洋のそれとは異質なこの人々の自然観——デスコラならば「存在論」と呼ぶだろう——を理解することが不可欠であるとする。[*50] 彼女によれば、イピリの伝統的な世界観は、婚資の支払いを通じた「女性の交換」として語られる通婚によって集団どうしが結び付けられ、それらの間で土地利用権やブタの贈与といった互助的な関係が結ばれる、「広義の交換」としての社会関係を基盤とするものである。そこでは、人間の生存や集団の間世代的再生産も、本質的にそのような交換あるいは社会関係の効果とみなされる。このような世界観は、「自然」と「社会」を異質な領域として切り離すものではなく、そこにおいて「自然」は、居住地の自然環境であれ、人々の身体的健康や生殖能力であれ、集団間の多様な贈与・交換関係としての社会関係に埋め込まれ、それによって支えられたものと理解されている。[*51] このためイピリの人々は、鉱山開発による河川の汚染をも、もっぱら「自然」の領域に属する出来事としてではなく、集団間の社会関係、具体的には、鉱山会社と自分たち、あるいは鉱山に対して異なる関係に立つ地域内の諸集団の間の、あるべき互助的関係から外れた不均衡な関係のあらわれとして問題にすることになった。[*52] それがビアーサックの分析である。

私の見るところ、このような分析は、一見「自然／社会」の二分法に当てはまらない「自然＝文化」あるいは「存在論」を記述しようとする現代的な考察に見えながら、ある決定的な問題を抱えている。すなわち、考察の出発点であったはずのポルゲラ川流域における自然環境の実際の変異、具体的には河川の変色や動植物相の変化といった事態が、結果的に分析の後景に退けられてしまっているという問題がそれである。ビアーサックによれば、イピリにとっての「自然」は、つねに広義の交換としての社会関係に包摂されたものとしてある以上、この人々は、自然環境それ自体の破壊や保護の必要性について問題にすることなどない[*53]。したがって、自然環境に対するイピリの関わりについて考察する上でも、記述・分析されるべきは実体的な「自然」それ自体ではなく、あくまでそれが埋め込まれているところの、「広義の交換」からなる社会関係である、ということになる[*54]。このような理解のために、ビアーサックの民族誌では、ポルゲラ川流域の自然環境や人々によるその具体的経験は記述されないままにとどまり、代わってそこでは、集団間で反復される交換やその不均衡についての社会学的分析――古典的なメラネシア交換論に依拠する分析――がもっぱら展開されるのである。

このような民族誌は、メラネシアの人々を、あたかも「自然」について考えることができない人々であるかのように、言い換えれば、集団間における贈与・交換の圏域としての「社会」についてしか考えられない人々であるかのように描き出すものと言えるだろう。その意味でビアーサックは、メラネシアの事例を通して「自然／社会」の二分法を乗り越えると言いながら、実際にはこの二分法を再生産してしまっているのだ（彼女の議論が、先に見たインゴルドが問題にしたような、人類学の対象ではない「自然それ自体」と、人類学の対象としての「文化的解釈・信念」という相関主義的な区別に依拠していることは明らかである）。そしてここには、「自然」という主題に関して従来のメラネシア人類学が抱え込んできた限界、すなわち交換論的な限界とでも呼ぶべき問題がよく示されている。第三章で述べたように、マリノフスキのクラ民族誌を一つの出発点とするメラネシア人類学は、貝殻やブタなどの財貨・食物を大量に贈与し分配する、いわゆる儀礼的交換の諸事例を各地に見出しつつ、分析視角としての「交換」の概念を発展させてきた。そこでの「交換」には、単に個人や集団の間でのモノのやり取りだけでなく、通婚関係や祖先霊への供犠、さらには儀礼的交換に付随する言語行為など、さまざまな社会的やり取りが含められてきた。伝統的なメラネシア人類学において、民族誌の対象としての「社会」や「文化」は、まさしくそのような「広義の交換」を通じて構成され、またそれらの総体として成り立つものと理解されてきたと言える。右で見たビアーサックの議論もそのような伝統に忠実に従うものであり、また、アシが住まう島々に関しても同様に交換論的な分析が可能であることは、すでに第三章で述べた通りである。

しかし、そのような交換論の枠組みは時に、メラネシアにおいて「自然」を民族誌的に主題化することを妨げるものとなる。同地域において、民族誌のあらゆる対象は広義の交換としての社会関係に包摂されるという想定は、ビアーサックに見られるように、メラネシアの人々における「自然」の実体的な経験をも社会関係の文脈に回収するものであり、それによって「自然」という対象は民族誌から姿を消してしまう。そこに残るのは、メラネシアでは広義の交換に他ならない社会関係によってすべてが構成され、その過程を記述するのが民族誌の務めであるという一種の社会学主義、あるいは「交換＝社会関係」の一元論にほかならない。さらに言えば、そうした交換論的な一元論は、先に見た、「至るところにある自然的かつ社会的な関係性を記述する」という関係論の美学が、メラネシア人類学においてとる典型的な形態にほかならない。[*55]

伝統的なメラネシア交換論にそのような限界があるとすれば、われわれは、その彼岸において、アシにおける非‐近代的な「自然」の経験についていかに民族誌的に記述することができるか？それこそが次章で問われるべき問題である。また、そのような探究を通してはじめて、本書は、第三章で述べたような、拡張的・一元論的な関係論を超えてその外部を思考するという現代的な理論的要請に応えることができるだろう。

＊＊＊

二〇一一年九月のある日、私と二人で昼間の漁に出るカヌーの上で、ジャケがフォウイアシ島を指してこう叫んだ。「あの島を見てみろ！　フォウイアシ島の人たちは、お互いあまり仲良くしていなかったそうだぞ」。当時のフォウイアシ島は、二〇〇八～九年の私のフィールドワークの頃と比べて居住者が少なくなり、島の上の住居も傷んでいた。そして、ジャケはまさしく、そうした状態を島の人々どうしの不和に結び付けて説明している。この言葉においては、岩積みが崩れ、住居の傷んだ島の状態――人々がそこを離れた、字義通りに人間〈以後〉の状態――それ自体が、それを見る「われわれ」に、ちょうど村の青年が急死した時と同じように、「いったい何がよくなかったのだ／どのような過ちがあったのだ（*Taa na garo*）？」という問いを投げかけているかのようである。そして同じことは、「コミュニティ」の象徴でありながら、二〇一一年には崩れ、「低くなって」いたフォウバイタ村の埠頭についても言える。「世界青年の日」を前にして、フォウバイタ地域の人々は、沈みゆく島々や埠頭、マライタ島まで届いた「ツナミ」、さらにはフォウイアシ島の倒木やディメの死が投げかける、そのような問い――「われわれ」は本当のところ誰なのか、「われわれ」はいかなる歴史を経て現在に至っているのか、「われわれ」はいかなる「過ち」を犯したのか、そして「われわれ」はどこで、どのように住まうべきなのか、という問い――と不安げに向き合っていたのである。

第六章　沈む島々

1　沈む埠頭と島々

二〇一一年九月八日（木）　終日晴れ

翌日の朝になってから書いている。昨日の夕方は、ディメ宅の葬儀で僕を見かけたスー地方のアクワイ――そう言えば、彼もフォウイアシ島の元居住者だった――が訪ねてきて、おしゃべりをしていたので日誌を書く時間がなかった。気付いてみれば、昨日は帰国までちょうど一か月という日だった。しかし、〔まもなく「世界青年の日」が始まるので〕フォウバイタ地域で実質的な調査に割ける時間は残り二週間ほどで、昨日の午前中には珍しくこのことに焦りを感じていた……この日の午前中から昼過ぎは、前日のフォウイアシ島でのマチルダやトクシとの会話をフィールドノートに記入。現在のフォウイアシ島にはすっかり人が少なくなっており、島は以前とは姿を変えてしまっているが、それでも僕は、ディメの死をきっかけに、この島についてある種「深い」体験を再びしている。あらためて考えれば、フォウイアシ島は以前の調査以来、僕にとってもっとも重要な対象であり続けているのだ……さてジャケは、「世界青年の日」のために石や薪を運ぶ「トロ」の村の人たちの

ために ボートを運転しており、一日留守。司祭住宅の裏の建物では、人々が外壁を白く塗り直し、その上に文字や絵を描いたりする作業を昼も夜も続けており、これを見ると僕もややお祭り気分になる。昼過ぎ、フォウバイタ村には再び死の知らせが届いた。カベオアが育てていた「孫」の赤ん坊――彼女のメイに当たる、まだ一〇代のシングル・マザーが産んだ子ども――が、言うなれば突然死して村の診療所に運ばれたとのこと。最近の葬儀は、まったく間を空けず四つ目で、薪伐りができないなど、「世界青年の日」の準備作業には無視しえない影響が出ている。昼過ぎ、ウルナバオロの市場に行く途中で、腹を決めていた通り〔フォウィアシ島出身の〕アラ老人を訪ねて翌朝のインタヴューのアポをとる。彼の家は、フォウバイタ村の南方に行く途中、川を渡ってすぐのところに見える家だった（いつも見ていたが、誰の家だかわかっていなかった）。その後市場に行き、帰りにディメ宅に寄ってマチルダらと少しおしゃべりをしてから帰る。

＊＊＊

九月十日の朝、村の中を散歩する途中でイロイ宅に立ち寄ると、床下に、コイナの妹で私と同い年のフォヌが座っていた。ディメの葬儀のことを話題に出すと、フォヌは、「ディメはいろんなことをやったよ！」と言って軽く顔をしかめる。すぐ近くの調理小屋の前にいるコイナを指して、彼女はこう言った。「あの人を害しておかしくしたのもディメだよ。その頃のコイナは、裸になって村の中を歩き回りたがった。それでアウキの病院に入院してたんだ。バハイが治療をしてよくなって、それで今に至ってる」。

「『おっぱいを見せろ』と言ったら見せるような病気」、「裸になって村の中を歩き回りたがった」

――コイナの「病気」についてのこうした言葉を聞くたびに、私は胸にナイフを突き立てられたように感じていた。何しろ、私にとってコイナは、目鼻立ちの整った、いつも明晰な話し方をする知的な女性にほかならないのだから……その彼女が、「病気」のために結婚もせずに両親の下にいることも、私には、イロイの父が無人のアリテ島に埋葬されていることと同じように、何か耐えがたいことのように思われた。

＊＊＊

すでに述べてきたように、二〇一一年九月、「世界青年の日」の集会を前にして、フォウバイタ村の埠頭は「海に沈み」つつあった。岩積みは多くの場所で崩れており、埠頭の上を歩くと、ところどころで、潮流に乗って流れ着いたヒルギの種子などが芽を伸ばしつつあるのが目についた。いつかはこの埠頭も、アリテ島やフェラゴウ島のような無人の島と同じように、生い茂る樹木に覆われることになるのだろうか……フォウバイタ村の人間〈以後〉の姿を、私はそのように想像した。そして、同じく二〇一一年のフィールドワークで明らかになったように、「沈み」つつあったのはフォウバイタ村の埠頭だけではない。すでに述べた通り、島々はすべて、はじめは「生きている岩」で造られるが、岩がやがて「死ぬ」ことで「低くなる」とされる。「死んだ岩」がばらばらに「割れ」、あるいは「軽くなって」潮流に流されることにより、島は「崩れて」いく。アシ自身の了解によれば、自分たちが住まっているのは、そのような「死んだ岩」の山の上にほかならない。すでに引用したフォウイアシ島のパトリックの言葉によれば、「フォウバイタ村の埠頭の岩もみんな死んだ岩だ。だからあのように崩れているのだ」。そして二〇一一年、「世界青年の日」を前にして顕在化していたのはまさしく、埠頭と島々を形作る岩々のそのような「死」だった。

前章では、「生きている岩」とアシの関わりについて記述した上で、そこに見出されるのはいかなる「自然」か、言い換えれば、第二章で提示した非‐近代的な「広義の自然」の概念を、いかに民族誌的に限定し具体化することができるか、という問いを提示した。そのような概念は、インゴルドやラトゥールが問題にしたような「単一の自然／複数の文化」という近代的な二分法には回収されえないが、他方で同時に、近年の一部の人類学者が提示してきた、「自然的かつ社会的なネットワーク」という平板で拡張的な関係論にもおそらく適合しない。同じように、アシにおける「自然」は、前章の末尾で見たように、メラネシア人類学において伝統的な「広義の交換」論の枠組みに回収されうるものでもなく、その限りにおいて、アシの「沈む島々」を「広義の交換のネットワーク」という伝統的な美学（第三章参照）に回収することもできない。そうだとすれば、「生きており、やがて死ぬ岩」とアシの関わりに見られる「自然」、二〇〇八年以降の私のフィールドワークの対象にして土台であり、なおかつ「ツナミ」の後の二〇一一年において新たなかたちで浮上していた「自然」を、いかに概念化し、記述することができるか。「われわれ」との関わりに先立ち、「われわれ」の生活それ自体を可能にしている「岩」の生についてのアシの人々の思考、そして「岩」の死をめぐるこの人々に固有の終末論というべきものを、どのように民族誌的にとらえることができるか。それこそが以下での問いにほかならない。そして、人間〈以前〉と〈以後〉をめぐるそのような民族誌記述において、アシの人々は、現代の日本において一見この人々とかけ離れた生活を営むわれわれの思いがけない同時代人として姿を現すことになる。

2　人新世を生きるアシ

スイス、ジュネーヴに本部を置き、気候変動により居住地を失いつつある人々への支援を行う国際NGO、ディスプレイスメント・ソリューションズは、二〇一七年、マライタ島のアシ地域での調査に基づくフォト・エッセイ形式の報告書を発表した。[*1]「ソロモン諸島は、グローバルな気候変動による避難移住の最前線に位置している」とするこの報告書において、サンゴ礁に築かれた人工の島々におけるアシの生活は、「不確かな生存」(A precarious existence)と形容され、人為的な原因による気候変動、とくに海面上昇により深刻な危機に瀕《ひん》しているものとして描き出されている。[*2]

報告書によると、平均高潮面に対して一メートル弱の高さしかもたないアシの島々は、現在の海面上昇の下ではもはや居住不可能になりつつある。「満潮の時には、島々はかろうじて海面の上にある。キング・タイドや暴風といった出来事は、次第に多くなりつつあるが、そのような時には完全に水没してしまう島もある」[*3]。そのため、島からマライタ島本島に移り住む人々もおり、一部の島は無人になっているという。また、ある男性首長は取材者に対し、「気候変動は天気に影響しているだけでなく、あらゆるものに影響を与えてきた。人々や海や土地や、われわれが食べる食べ物さえ変わってしまった。人々の生活はすでに大いに変わってしまった」[*4]と語っている。

このような認識を踏まえ、報告書は、前章の冒頭で見た島の上の母子の写真をも想起させる仕方で、次のように書く。「気候変動のために海面が上昇し、嵐が激しくなるにつれ、これらの島々を造るのに使われているサンゴは次第にもぎとられ、ラグーンの海底に返されつつある。これにより居住空間は守られなくなり、島々は小さくなりつつある」[*5]。このようにディスプレイスメント・ソリューションズの報告書は、アシの「海に住まうこと」の危機を、一義的にグローバルな気候変動によるものとして描いている。そこにおいてアシは、海面上昇により伝統的な生活様式が脅かされ、現在かろうじて生き存《ながら》えている人々として描き出されている。ここにあるのはまさしく、「人新世」(Anthropocene) を生きるアシというイメージである。

化石燃料の大量使用をはじめとする人間活動が、地球環境を全面的に変容させるに至った時代としての「人新世」については、現代の「自然の人類学」の背景の一つとしてすでに第二章で言及した。二〇〇〇年代初頭に大気化学者クルッツェンによって提唱され、完新世に代わる新たな地質年代として検討されてきたこの概念は、地球温暖化、海洋酸性化や動植物種の大量絶滅などのグローバルな環境危機を指摘し、人類の生存可能性それ自体に警鐘を鳴らすものとして、現代の人文科学にも大きな影響を与えてきた。[*6]

本書の冒頭以下で論じてきた近代的「人間」像との関係について、「人新世」の概念は両義的な意義を帯びている。一方でこの概念は、人間主体による利用や認識の客体という位置付けを超えて、もはや制御不可能で予期せぬかたちで非‐近代的な「自然」が現れつつあることを主題化している。それはまた、地球が人類にとってもはや居住不可能になる終末論的な可能性をも示唆しており、これらの点において、それはすぐれて非相関主義的な、人間〈以後〉をめぐる思考となっている（その意味で、右の報告書において、アシの島々は地球全体の隠喩となっているとさえ言うことができる）。しかし他方において、地球環境が至るところで「われわれ」の活動の痕跡を帯びていることを見出す「人新世」の概念は、一面において、「自然」に対する人間の主体性を最大限に強調する、近代の到達点であるようにも見える。

加えて、「人新世」概念の提唱は、本書の第二章以下で論じてきた、現代の人類学における「自

然／文化」の二分法の問い直しとも軌を一にしている。すなわち一方で、現代における「自然」は、大気中のCO2濃度や放射性物質の拡散といった指標に見られるように、至るところで人間活動によって浸透されており、もはや「手つかずの大自然」といった客体を想定しそれを保護しようとすることは意味をなさない。このような議論は、時に端的に「『自然』の終わり」論と表現される。[*7]他方で同時に、日常的というべき頻度で話題になる異常気象や海面上昇は、人間がつくる「社会」や「文化」がそれ自体として自律し完結した領域ではなく、これまで「自然」と呼ばれてきたものにつねに支えられてきたこと、そしてまた、そうした人間〈以前〉的な「自然」との関わりにおいて根本的な脆弱性を抱えていることを証拠立てている。[*8]本書の「はじめに」でも述べたように、二〇一一年、「ツナミ」の直後の「不穏な熱帯」でのフィールドワークにおいて私が感じ取っていたのも、まさしくそのことだった。そのように、今日において、「自然」と「文化」や「社会」を切り離して論じることはもはや意味をなさないというのが「人新世」概念の教訓であり、それはたしかに、先に見たラトゥール、インゴルドやいわゆる存在論的転回の問題提起とも合致する。その意味で、これらの論者以後に一部の人類学者たちが受け入れてきた一元的な「自然＝文化」は、すぐれて「人新世」的な概念的美学なのであり、そのような美学が現代の人類学において影響力をもってきたことは必然的と言える。

＊＊＊

「人新世」が語られる現代において、アシにとっての「自然」をいかに民族誌的に記述するか――本章におけるこの問いの現代性を確認するために、本節および次節で、「人新世」的状況を主題とする二つの民族誌を紹介したい。はじめに、オーストラリア先住民の下で長年にわたり調査と協働を行ってきた人類学者ポヴィネリは、その著書『地 - 存在論』[*9]において、現代世界における「生命／非生命」の境界について考えるという課題に取り組んでいる。同書においてポヴィネリは、生命（Life あるいは *bios*）と非生命（Nonlife あるいは *geos*）を特定の仕方で区別することを通して働く権力を「地 - 存在的権力」（geontopower）と呼び、また、そのような権力の前提にある生命／非生命の区別を「地 - 存在論」（geontology）と呼んでいる。今日においては、たとえばさまざまなバイオテクノロジーの下で生命／非生命が交錯し、また、すぐ右で見た「人新世」の概念が提唱される中で、人間を含む生命の時間性が地質学的な時間性と区別不可能になっている。このように現代においては、生命／非生命の境界がどのように引き直されるかという、まさしく地 - 存在論的な問題が前景化している、とポヴィネリは指摘する。[*10]

同書において彼女は、現代的な政治経済体制あるいは地 - 存在的権力の下で、「誰が生き延びて栄え、誰がそうすることができないか——どの人間の生が問題なのか」[*11]をめぐるオーストラリア先住民の闘争を記述していく。彼女によれば、生命／非生命の区別が右のような仕方で問題化される以前から、オーストラリアのような植民国家においては地 - 存在的権力がつねに作動してきた。たとえばオーストラリア先住民においては、ドリーミングと呼ばれる神話的過去において自分たちの祖先である動物や人間が移動を行い、その途上で現在見られるような地形に姿を変えたという認識が広く見られる。そのような地形もドリーミングと呼ばれ、先住民たちは、神話的祖先が今もなお岩や川といった地質学的なもの（*geos*）として現前し、自分たちの言動に応答していると考えてきた。これに対し植民国家は、そのような先住民の地 - 存在論を、（まさしくインゴルドが批判的に指摘した通り）尊重されはするが真に受けられることのない「文化的信念」の領域に囲い込み、そうすることで、近代的な地‐存在的権力——デスコラの言う「ナチュラリズム」（第二章参照）——に基づく統治を行ってきた。[*12]

そのような地‐存在論をめぐる政治を、ポヴィネリは、二〇〇〇年代以降に闘われた、先住民居住地におけるマンガン鉱山の開発をめぐる訴訟に読み取っている。[*13]彼女の調査地では、先住民の間で「座っている二人の女性」というドリーミングに当たる岩山がマンガン鉱山として開発され、破壊されることになった。先住民の間では、岩山の表面に露出しているマンガン鉱は、神話に登場するネズミとバンディクートの血であるとされる。先住民たちはこの破壊に抗議して訴訟を起こすことになったのだが、この鉱山開発は、現代のオーストラリアにおける先住民をめぐる政治の複雑な交点に位置していた。一方で鉱山業は、二〇〇八年の金融危機から立ち直ろうとするオーストラリア経済の屋台骨をなしており、先住民居住地も含めて、政府は各地で鉱山開発を推進していた。他方で二〇〇七年以降、オーストラリアでは先住民コミュニティにおける児童への性的暴行の蔓延が報じられ、その結果、政府は先住民コミュニティへの干渉を強化し、また公的支援を大幅に削減した。このため先住民コミュニティは、現金収入のために鉱山開発を受け入れざるをえない状況に追い込まれていた。この裁判では、異質な地‐存在論をめぐる現代の政治が明確なかたちで姿を現していたが、ポヴィネリによれば、現代世界においては、生命／非生命の境界と地質学的なものをめぐるこのようなせめぎあいが至るところで顕在化しているのである。[*14]ポヴィネリのこのような民族誌的取り組みは、「人新世」が語られる現代的状況の中で、アシにおける「生きている岩」と「沈む島」について考えようとする本書の問いとも、たしかに通じ合っている。

3　「生き存えること」の民族誌

アシの人々の間では、「ジュゴンの通り道」（*tafaa ii'a tekwa*）というものが知られている。ジュゴンはラウ語で「イーア・テクワ」（*ii'a tekwa*）——字義通りには「背の高い魚」の意味——と呼ばれ、かつてのアシ地域には多数生息していたとされる（高齢者たちは、「夜にカヌーを漕いでいるときは、ジュゴンにカヌーをひっくり返されないように気を付けていなければいけなかった」としばしば語る）。ジュゴンはサンゴ礁内の藻場（*afu*）で海草を食べるが、いつも同じ場所で食べた結果、その場所だけ海草が筋状に刈り取られたようになっていることがある。藻場に見られるそのような筋のことを、アシは「ジュゴンの通り道」と呼び、かつて人々はそうした「通り道」をカヌーの通路として用いていたという。二〇一八年八月の会話の中で、ジャウおじさんは、「たしかに、昔『貧しい島』〔前章参照〕の近くにも『ジュゴンの通り道』があった」と回想した。しかし、食用に捕獲されたことなどのために、現在ではアシ地域にほとんどジュゴンはおらず、「ジュゴンの通り道」はすっかり生い茂った海草に覆われてしまっている、と人々は言う——

＊＊＊

同じく「人新世」における人間の生存を主題とした代表的な民族誌として、ツィン（チン）の『マツタケ』[*15]——原題は「世界の終わりのキノコ」[*16]——が挙げられる。ツィン自身は同書の中で「人新世」の概念に対して一定の留保を示しているが、以下で見るように、彼女の問題意識がグローバルな環境危機の中での人間の生存に向けられていることは疑いない。なお、ツィンの『マツタケ』は一面において、先に見たカークシーらとも類似の、「至るところにある自然的かつ社会的なネットワークをたどる」という美学に共感的なかたちで書かれており、その限りにおいて、同書と本書の間には一定の緊張関係がある。

『マツタケ』においてツィンは、現代における環境破壊と社会経済的な不確実性の中で、人間とその他の生物種がどのように生き存えうるかを考える上で、マツタケという意表を突いた対象を取り上げてみせる。彼女がマツタケを選ぶのには主に二つの理由がある。第一にマツタケは、前章で触れたサンゴと同様、複数の生物種の関係性をすぐれて具現する生物である。マツタケは、その根と相利共生体を形成するアカマツなどのマツのほか、地表から落枝・落葉を除去し、マツタケの生育に適した環境を創出する人間など、さまざまな生物種の相互作用の中で生育している（さらに言えば、そのような関係性の中でのみ生育することができる）。だからこそ、マツタケを一つの寓意として、先に見たカークシーやヴァン・ドゥーレンと同様、現代世界における多様な生物種の関係性について考えることができる、というのがツィンの目論見である。

第二に重要なことに、マツタケは多くの場合、高度に攪乱された、決して肥沃ではない土壌に育つ。ツィンはここに一種の象徴的な意味を見出している。すなわち、「荒廃した地は、今やわれわれの菜園である」*17という彼女の言葉に表現されるように、今日の世界において、多くの人は、安定した「豊かな」自然環境ではなく、むしろグローバルな環境破壊によって生み出された荒廃した環境の中に生きている。その意味で、荒廃した森林環境の中に育つマツタケは、「人新世」や「『自然』の終わり」が語られる現代の世界において生き存えることを象徴する意義をもつのである。ツィンは次のように述べている。

荒れ果てた景観の中に生まれ出ようとするマツタケを手がかりにして、われわれは、われわれの集合的な住みかとなった廃墟を探検することができる。……マツタケの跡をたどることで、われわれは、環境の攪乱の中での共存の可能性へと導かれる。……マツタケは一つの協働的な生存（collaborative survival）のあり方を示してくれるのである。[*18]

ツィン自身が強調するように、このような民族誌的取り組みにおける一つのねらいは、「生存」という概念それ自体を書き換えることにある。[*19]「生存」はしばしば、自律的な個体や種による、自らの生存可能性を最大化するための他者との闘いとして想像されてきた。これに対して彼女は、まさしくマツタケが寓意的に示すように、種や個体の生存が、つねにそれ自体として他種・他個体との関係性、しかも、自他の差異を解消しないような関係性をともなうことを主張する。たとえばツィンは、北米の森林地帯において、東南アジアからの難民などグローバルな政治経済の中で周縁化された人々が、かつて木材の伐採林でありながら、今日では半ば放棄されたマツ林の中で、マツタケをしばしば違法に採集しているのを発見する。[*20]これらの難民たちには、故国での戦争・内戦を生き延びてきた人々が数多く含まれ、これらの人々は、移住先においてマツ林やマツタケ、さらにはキノコの仲買人などと新たな関係を結ぶことで、まさしく「協働的に生き存えて」いるのである。ツィンはここに、「人新世」の「廃墟」において生き存えるための一つのレッスンを見出している。

＊＊＊

ディスプレイスメント・ソリューションズの報告書が指摘したように、アシはたしかに一面で、海面上昇やサンゴ礁の白化といった「人新世」的な状況、ツィンが言うようなグローバルな廃墟化の状況を生きている。そうだとすれば、アシにとっての「自然」を記述するというこの第三部における課題は二重になっている。すなわち、前章で見たように、アシと「生きている岩」の関わりそれ自体が「自然／文化」の近代的二分法に当てはまらないのみならず、この人々を取り巻くグローバルな人間‐環境関係それ自体が、そうした二分法からすでに逸脱しているのである。それでは、「人新世」の概念をも踏まえ、ポヴィネリがオーストラリア先住民と生命／非生命のかかわりを描いたように、さらにはまた、ツィンが世界各地における人々とマツタケの関係性を描いたように、アシの人々と「生きており、やがて死ぬ岩」の関わりを記述するとすれば、近代的な二分法を超えてそこで求められる「自然」の概念とはいかなるそれであるのか？

先取り的に言うならば、この問題をめぐって、「人新世」をめぐる現代の議論と本書の間には両義的な関係がある。一方で、「人新世」論が、「自然／文化」という近代的二分法を問題化し、「文化」や「社会」をもはや自律的なものとみなさない点には本書も同意する。これまで述べてきたように、「人新世」の概念によって表現される現代の環境危機は、今日の人類学における非‐近代的な「広義の自然」の浮上の一つの前提にほかならず、そのことは本書の背景をもなしている。しかし他方で、「人新世」をめぐる議論、およびそれとともに共有されつつある現代の概念的美学が、時に「『自然』の終わり」とも呼ばれる、「至るところで人間活動によって浸透された自然」というイメージを提示している点については、本書は必ずしも同意しない。私の見るところ、「人新世」論は、ある点において、これまで「自然」と呼ばれてきたものについて思考し損なっている。すなわち問題は、「人新世」の概念や現代の一部の人類学が、「自然」をめぐって「もはや外部としての自然など存在しない」というイメージを提示していることにある（先にカークシーやヴァン・ドゥーレンについて批判的に指摘したのもまさしくこのことであった）。これに対し、私の考えでは、「至るところで人間活動と自然はもつれ合っている」とされ、「もはや外部はない」とされる「人新世」においてさえ、なおもある種の外部としての「自然」、しかもある意味で無関係的と言うべき、「人間」との相関を超えた外部としての「自然」について語ることは必要である。そして、「自然／文化」の近代的な二元論と「自然＝文化」の関係論的な一元論の双方を超えて、また、「人新世」における『「自然」の終わり』論をも通り抜けて、アシにおける「生きている岩」との非‐近代的な関わりを民族誌的に記述する上で求められるのは、まさしくそのような「自然」の概念なのである。そして、「ツナミ」の後の二〇一一年のフィールドワークにおいて私の前に浮上していたのはたしかに、人間〈以前〉的であると同時に人間〈以後〉的なそうした「自然」の概念であった。以下では、これまで暫定的に「広義の自然」と呼んできた本書の主題を、そのような方向で具体化していきたい。

4　「海に住まうこと」の衰亡

二〇一一年九月十一日（日）　晴れときどき曇り、昼過ぎに一時雨

ひさしぶりに晴れた日曜日。ディメが生前、「カストムの方面」で「過ち」を犯していたという話は、この一週間ほどの間に、フォウバイタ村周辺ですっかり広まっている。近親者たちはなおもディメ宅で喪に服しているし、フォウイアシ島にはバエの巨木が倒れたままになっている。ディメの葬儀は決してまだ終わっていないというのが、今朝の時点での僕の印象だった。

朝、教会でミサが始まる前に、オルナ〔オロドおばさんの妹〕たちが、マチルダと連れ立って家を訪ねてきた。彼女らの話を聞いていると、どうやらディメの「過ち」を「正し」、喪を完全に終わらせるために、教会でのミサの後、彼の旧宅に司祭を招いてミサを行うことが予定されているらしかった（僕が思っていたのとは違い、ミサの場所はフォウイアシ島からディメ宅に移っていた。フォウイアシ島の方はバハイを待つということだろうか?）。オロドおばさんたちが話している。「これは小さなことではないよ、大ごとだ。フォウイアシ島のバエに関わるようなことは」。「ディメはたくさんの過ちを犯したよ。彼はあまりに多くのことを欲しすぎたんだ」。マチルダたちによると、このミサに対する謝礼として、〔ディメの長男〕ブルーノは司祭に貝貨一本を支払う準備をしているという。

その後、マチルダらとミサへ。教会に一歩入って、こんなに人が多いのはひさしぶりだと気付く。コイナの後ろ姿も見かける。ミサの後、新しい信徒代表を選ぶためのミーティングが司祭住宅の横で開かれるが、このミーティングは、僕がこれまでこの地域で見たことがないような、しばしば怒鳴り合いのようになる集まりだった。エリフォウ島のベンなど、これまでの信徒代表が、「世界青年の日の準備作業を自分たちが呼びかけても、誰も作業に来ない」とふてくされたように語り、「それなら別のリーダーを選んでくれ」とこのミーティングを呼びかけたようだった。フォウバイタ村の幼稚園舎の建設資金をめぐって司祭と村の人々の間に対立があったということも、僕ははじめて知った。

ミーティングから戻って昼食をとり、十三時半過ぎにマチルダらとディメ宅に向かう。着いてみると、先日の葬儀の際に男性たちが座っていた小屋の内部に、すでに花などが飾られた祭壇がしつらえられている。僕は他の人たちとともに司祭が到着するのを待つ。十四時半頃、司祭がやって来ると、彼ははじめ、ディメの息子やキョウダイなど近親者だけを集めて、どのような「問題」

（'afeteia）があったのかについて小声で話し合いをしていたが、やがて小屋の中に人々を集めてミサを始める。「〔問題を〕封じるため（bokolaa）の、新しく生き直すため（mouri-faalu-laa）のミサだ」と司祭は言う。ミサの前半は、単に故人をキリスト教式に追悼する内容であったが、後半になって様子が変わった。司祭は、自分の前の祭壇の上に、塩の入った小さなビンを置くと、両手を上げて目を閉じ、特別大きな声で、力の籠もった祈禱を行った。祈禱の終わりには、「あっ」と声を上げて止めていた息を吐き、それとともに目を開いて両手を下ろす。その後、ビンに入った塩――司祭らの言い方では「聖なる塩」（solo aabu）――を、小屋の中に座っている親族の頭上や、ディメの旧宅やその周辺に振りまいて歩いた。その後さらに、立ち上がって一列に並んだディメの親族の額に香油を付けるのだが、この頃になると、参列者たちは感極まったという感じになり、少なからぬ人たちが声を殺して泣いている。ミサが終わった時には、僕も緊張が一気に解けたように感じ、非常な気疲れを覚えた。近くに座っていたルシアノ〔四〇代男性。ディメの父系的近親者〕は、僕に向かい、目に涙を浮かべて、「お前とオレたちのプログラムはこれで終わったよ……」と言った。

ルシアノと〔彼の弟であった〕マルの遺児の男の子と三人で歩いて帰り、家に着いたのは十八時過ぎだった。フォウバイタ村に着いてみると、スー地方の人々が「世界青年の日」のための薪をトラックで運んできたところだった。水浴びをすませて食事をするが、「まったく、今日は何というマエダニ・バイタ（maedani baita）〔大きな日、特別な日〕だ！」という気分だった。ディメの葬儀は今日のミサをもって最終的に「終わった」（sui na）はずだし、人々によれば、彼が犯したという「過ち」も、これで「終わった」はずだという。フォウイアシ島の倒木はまだ手つかずに残されているけれども……

＊＊＊

「海に沈む」島々や埠頭とともに暮らす今日のアシの人々は、自らの生存あるいは「海に住まうこと」の現状をどのように受け止めているのか？　ポヴィネリやツィンの民族誌的取り組みを踏まえるとき、浮かび上がってくるのはそのような問いである。

「畑でとれるイモは昔より小さくなり、海にいる魚も小さくなっている」――二〇一一年七月、イロイの妻にしてコイナたちの母であるサロメは私にそう語った。この言葉には、現在のアシの間で広く共有されている、自分たちの「海に住まうこと」の漸進的な衰退と危機の感覚が明確に表現されている。そのような不穏な感覚を、先にも述べたような「在地の終末論」、あるいは、この人々における人間〈以後〉についての思考と呼ぶこともできるだろう。「故地に帰る」という動向との関連ですでに第二章で見たように、アシの人々は今日、自らを取り巻く環境を、ツィンが主題化してみせるような一種の「廃墟」として、つまりは崩れゆき、衰退し、潜在的に無人化しつつある景観として眺めている。そしてそのことは、この第三部の冒頭で見た母娘の写真や、前章の末尾に引いた、廃墟化しつつあるフォウイアシ島についてのジャケの言葉にも象徴的に示されている。

第二章で述べたように、「われわれはもう海に住み続けることはできない」という今日のアシの不安な感覚は、ほとんどの場合、グローバルな海面上昇ではなく、マライタ島北東部における人口増加と結び付けて語られる。これは、アシの「危機」を一義的に海面上昇に結び付ける、先に見たディスプレイスメント・ソリューションズの報告書では決して語られていない事実である。すでに述べたように、そのような感覚には、二〇世紀後半以来、マライタ島海岸部で人口が著しく増加し、近い将来における自給用の耕地の不足が懸念されていること、また二〇〇〇年前後のソロモン諸島で起こった国内紛争を受け、土地権をめぐる争いへの不安が高まっていることなどの背景がある。その結果として、アシの間では、現在住んでいる島々や海岸部を去り、マライタ島の「トロ」にあるとされる各親族集団の「故地」に移住しようとする動きが生じているのであった。

別のところで論じたように、アシの人々は、海上に居住しながらも海岸部の土地を自給的農耕などに利用し、その土地にココヤシ、サゴヤシといった長期的に利用可能な植物を植え付けることで、自らの居住環境を豊かなものにすること——現地語で「アルトーア」(*alutooa*) と呼ばれる——に大きな価値を置いてきた。[*21] そのような植物を植え付けることは、アシにおいて、後続の世代の生活がより豊かなものになるようにとの間世代的な気遣いの表現であるとされる。これに対し、人口増により海岸部に耕地が密集し、連作に強いサツマイモやキャッサヴァばかりが植えられるようになっている今日、アシ地域に「アルトーア」を増やす余地はどこにもなく、人々は身一つで現金収入が得られる夜間の潜水漁への依存を強めている。

そのような中、アシの人々は、自分たちの居住・生存が、単に物質的に困窮しているのではなく、むしろ物質的であると同時に道徳的と言うべき水準においてやせ細りつつあるという感覚を広く共有している。「イモや魚が小さくなりつつある」という右のサロメの言葉や、「われわれはもう、海には住めない」「島々や埠頭が海に沈みつつある」という人々の語りには、そのような終末論的と言うべき不穏な感覚がたしかに表現されている。ここに見出されるのはまた、現代の環境危機をめぐってしばしば語られるような近い将来における決定的破局ではなく、むしろ日常的な時間の中でつねに進行しつつある危機と廃墟化の感覚である（徐々に「死ぬ」岩々と「海に沈み」つつある島々……）。その意味で、海面上昇その他のグローバルな環境危機をめぐる言説を待つまでもなく、アシの「海

に住まうこと」にはある種の危機の認識と経験がすでに織り込まれているのだ。

前章のはじめに引用した、「岩が死ぬことで島が低くなり、満ち潮が島を覆うようになる」というエリフォウ島のベンの語りをここで想起されたい。この語りは、先に引用したディスプレイスメント・ソリューションズの報告書に対して鋭い対立をなしている。すなわちベンの語りは、海面上昇について説明すると言いながら、実際にはまったく別のことを語っているのであり、ヴィヴェイロス・デ・カストロの言葉を借りるなら、ここには「沈む島」をめぐる顕著な多義性＝取り違え（equivocation）が見出される。先の報告書の著者であれば、「海面がグローバルに上昇しつつあるのは科学的事実であり、それと異なる認識を語るアシの人々は特異な文化的信念を抱いているに過ぎない」と言うであろう（ここには、先のラトゥールやインゴルドが問題にしたような「自然／文化」の二分法が典型的に見られる）[*22]。これに対し、ヴィヴェイロス・デ・カストロが論じようとする多義性＝取り違えとは、同一の対象に対する異なる見方という文化相対主義的な想定とは対照的に、同じ言葉（たとえば「沈む島」）が異なる世界あるいは現実を指示しているという「多自然主義的」な事態を意味する[*23]。そのように多自然主義的に考えなければ、われわれは、「単一の自然／複数の文化」、「科学的事実／文化的信念」の二分法から脱け出すことができない、というのがヴィヴェイロス・デ・カストロの議論の含意である。彼によれば多義性＝取り違えは、アメリカ大陸先住民の多自然主義的な「パースペクティヴィズム」の世界（第二章参照）に典型的に見られるのみならず、実は人類学の基本的営みとしての翻訳につねにともない、それを可能にしている条件でもある。人類学／民族誌の定義をそのように文化相対主義的なそれから多自然主義的なそれへと移行させることを意図しつつ、ヴィヴェイロス・デ・カストロは、「翻訳するとは、多義性＝取り違えはつねに存在すると想定することである。それは、〈他者〉と〈われわれ〉が言っていることとの間に一義性（univocality）——本質的な類似性——を想定することによって〈他者〉を沈黙させることではなく、諸差異によってコミュニケーションを行うことである」[*24]と述べている。そのようなものとして、多義性＝取り違えに基づく翻訳は、同音異義語の彼方にあるさまざまな差異あるいは「外部」(exteriorities) を明らかにする、と彼は言う。[*25]

そして、本章で「沈む島」をめぐって試みているのはまさしく、「文化的信念」の領域を超えるそのような多自然主義的な翻訳にほかならない。すなわち、近代的な「自然／文化」観に基づく、「アシの人々は海面上昇を正しく認識していない、それについて誤った文化的信念をもっている」という理解はあくまで不十分であり、それは、前章で強調したようなアシにおける非‐近代的な「自然」の体験をまったくとらえられていない。それに対して、本章の民族誌的な考察は、アシが語る「育ち、やがて死ぬ岩」や「沈む島」に、ディスプレイスメント・ソリューションズの報告書が前提とする一義的な「自然」像とは異なる現実を見出そうとするのである。

すでに述べたように、「岩」が「死ぬ」ことで島が「低くなる」という認識は、アシの間で広く共有されたものである。たとえば、前章で紹介した「貧しい島」に住むピーターは、二〇一四年三月、雨の中で同島を訪れた私に次のように語った。

積み上げられた岩が死ぬと、島は低くなる。これは本当のことだ。岩を掘り出して島を造る時、岩はまだ生きている。というのも、島を造った時、父さんたちはただ岩を積み上げたのではないのだから。父さんたちは〔祖先霊の化身である〕サメ (*baekwa*) を使って島を造ったのだ。祖先の力を借りて、岩が早く積み上がるようにしたのだ。

祖先霊としてのサメに守られていたかつての島々との対比において、「島が低くなっている」という語りは、自分たちの「海に住まうこと」の衰退の感覚を明確に表現している。なおかつ、ヴィヴェイロス・デ・カストロの「多自然主義」を踏まえて言うならば、アシの島々は、「自然／文化」の近代的な二分法とも、先のディスプレイスメント・ソリューションズの報告書の背景にある「人新世」的な一元論とも異なる「自然」の中で「沈んで」いる。そしてこのように見ることで、アシの「海に住まうこと」をめぐる危機や終末論、そしてそこに含意された非‐近代的な「自然」は、単なる「文化的信念」にも「人新世」のイメージにも回収されえない、本質的に多義的なものへと翻訳されることになる。そして、アシとその島々に関わる、人間〈以前〉的にして人間〈以後〉的なそのような「自然」を民族誌的にとらえることこそが、以下での課題にほかならない。

5　崩れゆく岩々

二〇一一年九月十二日（月）　曇りときどき晴れ

新しい週が始まり、フォウバイタ村では、「世界青年の日」の集会に向けた準備が、あたかも突然目が覚めたかのように、猛烈な勢いで始まった。昨日目撃した、信徒代表についてのあのけんか腰のミーティングは、実はフォウバイタ地域の人々に発破をかける——「いい加減に働き出せ！」と——ためのものだったのではないか、と思えてきた。また、昨日のディメ宅でのミサはあたかも、「これを機会に葬儀や『過ち』のことは忘れなさい。『世界青年の日』に向けて、新しい時間を生き始めなさい」という節目であったかのようだ。アウキから人々がプロジェクターを持って来ると聞いたので、僕は準備作業の様子をビデオで撮影し、パソコンで編集して、催しのために集まった人々の前で上映しようと考える。

二〇一一年九月十五日（木）　曇り、午後に一時軽い雨

数日前からの軽い体調不良、すなわち軽い頭痛や熱っぽさ、肩凝りなどは今日になっても続いていた。昨日寝付きが悪かったせいもあるかもしれない……今日は、非常にたくさん仕事ができたというわけではなかったが、ずっと前から重要な調査項目だと思っていた、〔フォウバイタ村の小中学校の〕バスケットボール・コート横にある墓地の被埋葬者の確認ができたのでよかった。今日あたり、「世界青年の日」に向けて、この墓地の草刈りが行われる予定だということは昨日から聞いていた。午前中に墓地の様子を見てみると、聞いていたのとは違って、若者たちではなくてオロドおばさんや〔イロイの妻〕サロメたちが草刈りをしている。何となくその場に近寄って、これらの人たちにどれが誰の墓かを教えてもらえたのは幸いだった。しかし実際には、この古い墓地のどこに誰が埋葬されているかは「わからない」（*lafusia*）場合も多いという。サロメが言う。「〔この日まで草が茂り放題になっていたあたりに〕昔埋葬された人たちのことは、自分たちは知らない。たくさんの人が眠っているが、新しい墓石だけが自分たちの親戚のものだ。墓地の端のあたりには、昔、村の診療所で生まれて亡くなった赤ちゃんたちがたくさん埋葬されていた。これらの墓には墓石も造られず、その後世話をされなくなっていた。その後、その同じ場所にまた穴を掘って、新しく亡くなった人を埋葬するようになったんだ」。午前中には、昨日の夕方のジャケとのタール島〔フォウバイタ村沖の島〕訪問に基づき、島の平面図を清書する。〔スー地方から来ているオロドおばさんの娘〕タファイはまだ家にいる。昼と午後、二度にわたって、数日前に撮ったビデオの編集作業をやってみた。午後、小雨が降った

ために、サッカーの試合を試しにビデオ撮影するという予定は自分でキャンセルする。明日の予定はまだ考えていないが、ともかく今晩よく寝て、体調がよくなってくれるとありがたい。

＊＊＊

九月十七日の昼、ジャケと潜水漁に出て村に戻ると、「世界青年の日」の準備のためにホニアラに行っていたジャウおじさんが帰っていた。この催しに参加するために帰省してきた若者たちといっしょにトラックの荷台に乗ってきたという。若者たちは、携帯電話会社に寄付してもらったという赤いおそろいのTシャツを着ており、彼らの到着によりフォウバイタ地域はいよいよお祭り気分に包まれる。しかし若者たちは、どこに滞在するか決められていなかったらしく、ジャウおじさん宅に大量の荷物を積み上げて居心地悪そうにしている。また、スー地方から来ているタファイが、「父さん〔ジャウおじさん〕に食べさせるため」と言ってジャケが捕ってきた魚をタダで持って行ったので、ジャケと妻のココシは腹を立て、ジャウおじさんに挨拶にも来ない……人々は引き続き、村の草刈りや、催しのためのステージ、訪問者が泊まるための小屋の建設などに精を出している。その間にも、フォウイアシ島のバエの木は倒れたままで、バハイはホニアラから帰ってこない。

＊＊＊

前章冒頭の写真で見たように、島々や埠頭の岩積みは、潮流や海風に日常的にさらされつつねに崩落していく。「波や満ち潮が、少しずつ島の岩を崩していく。そして島は低くなって、岩はバラバラになってしまう」（六〇代男性、二〇一四年三月）。そうであるがゆえに、そこに住み、とどまろうとする限りは、島の「世話をする」（*ada sulia*）こと、すなわち継続的な修築が必要となる。前章で引用した、フォウイアシ島出身のマチルダが語っていたように、「私たちが子どもの頃は、コブル〔季節風〕の季節になる前に岩を積み増しして島を高くしたものだよ。島の上に生えている芝生もはがして岩を積み上げたものだ」。ここには、ディスプレイスメント・ソリューションズの報告書が一義的に描くような「海面上昇の危機に直面するアシ」とはまったく異なる姿がある。すなわちアシの人々は、「育ち、やがて死ぬ岩」との固有の関わりの中で、たしかにこれまでも海面の変動に対応してきたし、それは可能であったのだ。これはたしかに、先の報告書のような「人新世」の語りでは語られていない事実である。

実際、一九二七年にアシ地域に滞在した宣教師アイヴェンズ（第一章、第三章参照）は次のように述べていた。

　島々は、大潮を避けられるだけの高さに造られており、浸水の危険があるのは十二月と一月だけである。この時期には、ラグーン内で、その頃見られるとても高い潮が、強い北東風によって打ち寄せられることがある。そうした時には、家々の中にまで水が入ってくることも珍しくないが、これは生活の一部であり、誰も気にかけない。[*26]

「コブルの季節」のたびに岩を積み増ししたという右のマチルダの語りに見られるように、アシの人々は、つねに微視的に進行するそのような廃墟化に抗って「海に住まって」きた。これに対し、人々が語るように、島の居住者の減少や居住者間の不和は、島の修築作業を滞らせ、岩積みの崩落を進ませる。このことは、前章の末尾で見た、「フォウイアシ島の人たちはお互いあまり仲良くしていなかったそうだぞ」というジャケの言葉にも明らかである。同じように二〇一一年、「世界青年の日」を前にして、フォウバイタ地域の人々は、かつての「コミュニティ」の偉大な協働の成果でありながら、今日では崩れ、海に沈むに任されている村の埠頭の状態を繰り返し嘆いていた。これらの語りにおいては、人々における社会的・道徳的関係と島の岩積みの物理的状態が、端的に一体をなしている。そうであるとすれば、アシにとっての問題はグローバルな海面上昇では決してないし、また、「岩が死んで島が低くなる」ことそれ自体でもない。むしろ、もはや島や埠頭の「世話をする」ことができず、そのため海面の変動に対処できない「われわれ」のありようこそが問題なのであり、沈む埠頭や島々が人々に対して証拠立てているのは「自然／文化」を非‐近代的に横断するそのような現実にほかならない。そのような意味において、沈む埠頭や島々に向き合うとき、人々は、以上で引いたいくつもの語りに見られるように、「いったいわれわれはどうしてしまったのか？　何が間違っていたのか？」と不安げに自問しているのであり、「世界青年の日」に至る二〇一一年のフィールドワークにおいて私が見出したのは、まさしくそのような状況であった。

アシの認識において、そのような衰退の行き着く先は、やはりアリテ島、フェラゴウ島やシクワフヌ島がそうであるような無人の島である。「イロイはアリテ島を直してもよいところだ。そうしないと岩が崩れて、彼の父の墓石だけが残ることになってしまうぞ」（フォウイアシ島出身の六〇代男性、二〇一八年八月）。居住者が転出して無人となった島は、年間を通じて激しい日照、降雨と潮風にさらされ、その上の住居はわずか数年で朽ち果てる。そこではココヤシやヒルギといった植物が急速な成長・繁殖を遂げ、このため島々は、一九八〇年代はじめまでイロイたちが暮らしたアリテ島のように、無人となって二十年ほどのうちに、かつての居住の痕跡を見分けることのできないような鬱

蒼とした樹木の茂みとなり、さらには第四章の末尾近くで論じたように、やがては人々の歴史的記憶からも脱落する。その姿はあたかも、かつて西洋世界からの訪問者が「人工島」と呼んだ島々が、「自然の島」へと移行しつつあるかのようであり、その意味でまさしく人間〈以後〉的であると言える。そしてまた、「社会」や「歴史」の領域からのそのような脱落は、第四章で見たセピック地方の「忘れっぽい景観」にも合致する。その点においてアシの島々は、「自然／文化」の近代的な二分法はもとより、「自然」と「文化」を加算して一元化するかのような「ハイブリッドな自然＝文化」という関係論にも回収しがたい対象である（前章で論じたように、そのような概念では右で言う関係性からの脱落を思考することができない）。そして二〇一一年、フォウバイタ村の埠頭の上を歩くと、流れ着いたヒルギなどがすでに芽生え始めていた。

なお、注目すべきことに、「岩が死ぬことで島が低くなる」というアシの認識は、決して単に否定的・消極的なものではない。たとえば、フォウバイタ村に住むある六〇代女性——フォウイアシ島からの移住者——は、私との会話の中で、「昔は島の周りの浅瀬に岩がたくさんあったが、島を造るためにそれを皆採ってしまった。今あるのは小さな岩だけだ」と語った（二〇一四年三月）。これだけを聞くと、この女性は今後の島の新設や増築の可能性を否定しているかのようである。また、現在の島々の周りの浅瀬に「岩」が少なくなっているというのは、私自身の観察にも合致する。ところが、「そのように岩が少なくなってしまった浅瀬はどうなるのか？」という私の問いかけに対し、この女性は、「今ある小さな岩がまた大きくなるのだ。それを使って島を造れるようになる」と答えたのである。この会話が示すように、「死ぬ岩々」と「沈む島々」をめぐる一見否定的・消極的なアシの認識の反面には、「われわれはつねに岩を新たに積み直さなければならないし、そういうことができる」という根本的に肯定的・積極的な感覚がともなっている。そしてそのような感覚は、前章で見た、クワレウ島の下で「生きた岩」が「今も育ち続けている」という語りや、「岩が足りなくなることはない」というサマニの語りともたしかに通じ合う。

それでは、「海の中で育つ岩」をめぐるそれらの語りに読み取ることができるのは、「自然」についてのいかなる思考であるのか？　そして、そのような思考は、先に見た「人新世」論や、ラトゥールやハラウェイ以後の一部の人類学が体現している「自然＝文化」の関係論的な一元論から、どのように逸脱するのか？　そしてそこにおいて、人間〈以前〉的にして人間〈以後〉的な外部としての「自然」はいかに立ち現れているのか？　本書の最後に考えたいのはそのことだ。

6　析出される「自然」——ワグナーから「自然の人類学」へ

二〇一一年九月二十一日（水）　終日晴れ

調査終了も間近なこのタイミングで、昨夜はジャケ、ライガたちが行う夜間の潜水漁に同行させてもらった。はじめは僕だけ二〜三時間で帰るという話だったが、けっきょくは朝までボートの上から漁を観察することになった。ジャケたちは、深みと浅瀬の境界に沿って、かなり深く潜って漁をする。詳細はフィールドノートを参照〔この夜のフィールドノートの一部を第二章で引用した〕。ジャケの漁獲は、僕がこれまで見てきた中でもかなりよかったと思う。何しろみな海の上で徹夜をしているので、フォウバイタ村に戻る頃にはジャケたちも無口で、僕も頭がややくらくらしていた。明け方、海からフォウバイタ村に帰る時、〔かつてイロイの家族が暮らした〕アリテ島のそばを通りかかると、東の空に昇ってくる朝日に照らされ、アリテ島のシルエットが金色の背景に浮かび上がるのが見えた。

僕は夢中でカメラのシャッターを切る。村に帰ってから家で休むが、家の中は暑いので眠れはしない。昼前に起き出して洗濯、食事と水浴びをすませ、午後は前夜の漁についてのフィールドノートを書き始める。家は、〔ホニアラから帰ってきた〕ジャウおじさんや若者たちで混雑している。昼にマレフォとバータの夫妻に会うことができ、今は〔フォウバイタ村から〕フォウイアシ島に戻っているというので、明日の夕方にでもお邪魔していいか、と打診をする。マレフォにフォウイアシ島関連の話を聞けるとしたら、これはまとまった調査としては今回のフィールドワークで最後の内容ということになるだろう。今夜はよく眠れることだろう……

＊＊＊

右の日誌に書かれた見通しの通り、帰国を間近に控えた九月二十二日の夜を、私はフォウイアシ島で過ごした。二〇〇八年のフィールドワーク以来、これまで私が何度となく訪れ、バハイやマレフォ、彼の弟のメケらと語り合った島だ。夕食後、マレフォと隣り合って座り、かつてのフォウイアシ島における埋葬の諸事例などについて話を聞く。バエの大木は私たちのすぐ目の前に倒れたままであり、先日見たときと同じ異様な存在感を放っている（マレフォとバータの夫婦はその脇で暮らしている）。その存在感はあたかも、島に住む人、島を訪れる人すべてに、「この木はなぜ倒れているのだろうか？　それは何のしるしなのだろうか？」という問いを避けがたく投げかけているかのようだった。そして事実、ディメの葬儀の前後に人々が口にしていたのはそのような問いにほかならなかった。この倒木がある限り、フォウイアシ島に関わる人々において、そうした問いが喚起されることは終わらないだろう、と私は考える。

＊＊＊

すでに述べたように、「人新世」という現代的な概念は、「至るところで人間活動によって浸透された自然」のイメージを含意しており、そのようなイメージは、一面において、近年人類学の一部で受け入れられてきた「自然＝文化」の一元論にも通じるものであった。「自然／文化」という概念的な関係性を再考しなければならない、という「人新世」論の問題提起は、第二章で述べたような現代の「自然の人類学」とも軌を一にするものであり、そのような問題提起は本書全体の背景ともなっている。しかし、アシにおける「育つ岩」や「沈む島」の思考を民族誌的に記述するためには、「自然／文化」の近代的な二分法は言うまでもなく、そのような一元的な「自然＝文化」の概念だけでも不十分なのではないか——それがこの第三部における問いであった（同じように、伝統的なメラネシア交換論の美学でも不十分であることは、前章の最後に見た）。それでは、アシにとっての「岩」や島々について記述することのできる「自然」の概念とは、いかなるそれであるのか？　本書で見てきたアシの事例に即して、これまで暫定的に「広義の自然」と呼んできた主題を、どのように具体化することができるか？　本書の最後にこの問題を考える手がかりとして、以下では、一九八〇年代以降のメラネシア人類学を代表する理論家であり、近年ではいわゆる存在論的転回の淵源としても評価されているワグナーとストラザーンの議論を見てみたい。[*27]

ワグナーの著書『文化のインベンション』[*28]（初版一九七五年）は、メラネシアでのフィールドワーク経験に基づき人類学における「文化」概念を革新した著作として知られるが（第一章参照）、同書においてワグナーが、「自然」の概念についても独自の考察を展開していることは、これまであまり注目されてこなかったように思われる。『文化のインベンション』においてワグナーは、二〇世紀初頭以来の人類学における、「所与の客体としての文化」という実証主義的な概念を批判し、人類学という営みを、人類学者と現地の人々による双方向的な「創発」(invention)のプロセスとしてとらえ直すことを提唱している。すなわち、人類学者が行うものであれ現地の人々が行うものであれ、他者理解とは一般に、たとえば「文化」というような既存の概念を、新たな文脈に適用し延長することで変容させる創造的なプロセスである。そしてワグナーは、そうした「創発」のプロセスが至るところで起こっていることを強調し、人類学者の営みはその一部に過ぎないとする。[*29] 人類学者のフィールドワークの過程では、そこで経験されるさまざまな差異が「異文化」として概念化され、それと同時に、人類学者自身が「もともともっていたもの」として「自文化」が発見される。このように、ワグナーによれば、人類学的なフィールドワークとは、「所与の客体としての異文化」を実証的に研究するプロセスではなく、むしろ、「文化」の概念を延長することによって、「自文化」と「異文化」の双方を同時に創出するようなプロセスなのである。[*30] また、そのように創発的な営みはけっして人類学者だけのものではなく、ワグナーは、たとえばメラネシアの人々が西洋人の富に接して生み出したいわゆるカーゴ・カルトをも、現地の人々による「逆向きの人類学」として理解することを提唱する。[*31]

このような議論によってワグナーは、従来の人類学が、「文化」を所与の実体とみなすことにより、人類学者にせよ現地の人々にせよ、あらゆる人々が行っている他者理解の創発的な性格を見落としてきたことを批判する。その意味で彼の議論は、第一章で見た人類学/民族誌批判に先鞭をつけるものと言える。このようなワグナーの議論においてカギとなるのが、「所与の慣習」(convention)と「創発」(invention)の間の、彼が言うところの「弁証法」である。[*32] すなわち通常の理解によれば、

「慣習」は所与の実体であり、それに対し、自らをそれと区別するようにして「創発」が行われるとされる。これに対しワグナーは、「所与の慣習」から自らを区別するようにして「創発」が行われると同時に、「創発」が行われることによって、ある「慣習」が「もともとあったもの」として見出され、「析出される」(precipitated)という双方向的な関係を指摘する。[*33]

同じ弁証法的な関係は、『文化のインベンション』において、右の「所与の慣習／創発」と大部分重なる仕方で論じられている「本在的なもの(the innate)／人為的なもの(the artificial)」の関係についても指摘される。[*34]「本在的なもの」が、その語源からして「自然」(nature)の類義語として使われていることに注意されたい。ワグナーは、まさしくここにおいて、「文化の創発」だけでなく「自然の析出」についても論じているのである。すなわち彼によれば、右の「所与の慣習／創発」と同じように、あらゆる社会は、何が所与で「本在的」であり、何がそれに対して「人為的」であるかの区別を行っており、しかも、その区別の仕方は社会によって異なる。ワグナーが論じる主要な例に即して言えば、近代の西洋世界においては、バラバラの個人が所与の、「自然な」存在とみなされており、それに対して、たとえば社会契約論においてのように、社会が人為的な構成物とみなされている。これに対し、メラネシアにおいては、人々がつねにすでに親族関係その他によって社会的に結び付いているという事実が所与であり、それに対し独立した個人の存在は、儀礼その他の手段によって人為的かつ一時的に創出される必要があるとされる。[*35]

「本在的なもの／人為的なもの」をめぐるワグナーのこのような議論には、先に「所与の慣習／創発」に関して指摘したのと同様な弁証法的逆説がある。すなわち、通常「所与の自然」とみなされる「本在的なもの」それ自体が、「人為的なもの」との対比においてつねに実践的に「析出」され、創出されているという逆説がそれである。ワグナーによれば、あらゆる社会において、ある領域が

「人為的」とみなされることで、同時に別の領域が「自然」として切り出され、「析出される」[36]。彼自身が挙げる例では、近代的な科学技術は一般に「人為的なもの」の頂点と認識されているが、それと同時に、科学技術の実践において明らかにされる「未知のもの」や「働きかけの対象」が「自然」として析出される（すなわちそこでは、「人為」と「自然」が同時的に創出されている）[37]。このような議論を通じて、ワグナーは、「自然」と「人為」のさまざまな「弁証法的」切り出しを研究する人類学という方向性を、あたかも第二章で見たデスコラによる「存在論」の比較に先駆けるかのように指し示している。

　アシの事例を論じる上でワグナーの議論が示唆的と思われるのは、彼が、「自然から文化への移行」という近代的な図式を回避しつつ、かといって「自然的かつ社会的なネットワーク」といった関係性の一元論に帰着することもなく、「自然」をあくまであらゆる社会にそれぞれの仕方でともなう外部性としてとらえている点においてである。ここには、そのような外部性としての「自然」が、所与の社会においていかに実践的に創出され、また思考され語られているか、という人類学的な問いがたしかにある[38]。前章の最後に取り上げたビアーサックや、「人新世」の概念を踏まえた一部の議論のように、「すべてが自然的かつ社会的な関係性である」と論じる代わりに、ワグナーはたしかに、ある社会の人々がそうした関係性の外部を「本在的なもの」として思考しており、そうした外部についての思考を民族誌的に論じることができる、という可能性を指摘しているのである。それはまた、第四章の末尾近くで見た、セピック地方の「忘れっぽい景観」に社会的な関係性からの脱落を見出すハリスンの議論とも通じ合う。「自然／文化」の近代的な二分法が繰り返し問題化されてきた今日の人類学、および『自然』の終わり」が語られる現代の「人新世」的状況からすれば、「本在的」な外部としての「自然」を再び思考しようとするワグナーの提案は、見方によっては反動的なものと見えるかもしれない。しかし、すでに見たように、「自然＝文化」という一元的な関係性の外を思考することが求められている今日の理論的状況（第三章および前章を参照）を踏まえるならば、言うなれば一周回ってそのような提案を取り上げ直す意義は十分にある。

それではアシの人々は、「単一の自然／複数の文化」および「科学的事実／文化的信念」という近代的二分法の彼方において、「自然」あるいは「本在的なもの」をいかに切り出し、いかにそれを思考し語っているのか？　これはたしかに、従来のメラネシア人類学で繰り返されてきたような、「アシにおいては自然と文化が相互に埋め込み合っている」といった指摘よりもはるかに意味のある問いである。私の直感では、以上で見てきたような「育ち、やがて死ぬ岩」のイメージは、ワグナーが言うような外部としての「自然」にたしかに関わっている。たとえば、前章で見たように「島の下で大きな岩が生きていて育っている」と語られる時、そこではどのような「自然」が「析出」していると言えるか？　そしてそのような非‐近代的な「自然」は、いかなる意味で、人間〈以前〉的にして人間〈以後〉的な本在性であり外部性であると言えるのか？　さらにそれは、いかなる仕方で、「人新世」論をも超えてわれわれが生きる〈現在〉を照らし出すのか？　本章の最後に考えるべきはそのことだ。

7　「深み」と「地中」

二〇一一年九月二十四日（土）　雨のち曇り

実質的な調査期間は前日に終わり、フォウバイタ村の「世界青年の日」のお祝いが事実上始まる日。この日は、マライタ島各地の教区の人々や司教が次々に村に到着する予定になっていた。朝から本降りの雨で、これでは何のプログラムも進まないだろうと思っていたが、昼頃、雨がほぼ止んだので、ビデオカメラを持って村の広場中央に造られたステージに行く。その後はけっきょく夕方まで、ほとんど家にも戻らずずっと、次々に到着する各教区の人たちとそれに対する歓迎の様子をビデオ撮影していた。昼過ぎ、広場でビデオを撮っている時、〔以前の調査時にとくに親しくしていたフォウィアシ島のメケの妻〕フォウスティーナと再会した。メケとフォウスティーナの長女は高校在学中に未婚のままで妊娠・出産したと僕は聞いていたが、彼女はそれとは違い、「あの子は結婚したよ」と言った。フォウスティーナのあのやさしいしゃべり方にひさしぶりに接する。

＊＊＊

「世界青年の日」の祝賀週間が始まった。フォウバイタ村は一〇〇〇人をはるかに上回るマライタ島中からの訪問者たちでごった返し、若者たちによるスポーツ大会が連日開かれている。マチルダの実弟で、二〇〇八年に私をこの地域に紹介してくれたアラド――彼は近親者であるディメの葬儀には来られなかった――もホニアラから到着する。フォウバイタ地域の人々は、スポーツ大会を見物したり、他地域から到着した親族と談笑したり、訪問者目当ての売店を立ち上げて店番をしたりと、いつになくのんびりと過ごしている。隣家のジャケの次女ウーナが、バレーボールの試合を眺めながら私に話しかける――「『世界青年の日』ってすてきね、サトミ！」

しかし、けっきょくのところ、フォウバイタ村の埠頭は修築されなかった。アウキから来るアメリカ人司教を、埠頭を花道にして盛大に迎え入れるという構想は言葉だけに終わり、レインコートを着てボートに乗った司教たちは、フォウバイタ村のぬかるんだ船着き場に到着した。それでもなお、「世界青年の日」の集会の間、フォウバイタ地域の人々は、自分たちの「コミュニティ」としての一体性を示すことができるのだろうか？　バエの倒木やディメの死が禍々しく具現していたような、この地域の過去あるいは「カストム」にまつわる「問題」は、本当に解決されたのだろうか？　人々が待望しているバハイはまだホニアラから戻らないが……

＊＊＊

先に述べたように、私はフィールドワークの過程で、「岩」の成長性に対するアシの人々の信頼に強い印象を受けていた。すなわち、現在の島々の周辺の浅瀬では「岩」はごく少なくなっているが、「岩」はやがてまた「育って」きて、島の建設資材として利用可能になるという、楽観的と言うべき認識がそれである。人々の語りを検討すると、そのように新たな「岩」の成長が生じている場所として、主に二種類の空間が想定されていることがわかる。すなわち、サンゴ礁内に見られる水路などの「深み」（*matakwa*）――低潮時でも底が見えないような海域――と、その表面には「岩」が見られない浅瀬の「地中」（*haegano*）がそれである。そして重要なのは、これらの「深み」と「地中」が、いずれもアシにとって日常的に見ることのできない、そして直接に関与することのない空間であるという点である。

フォウバイタ村の漁師アリックは、ある時私に次のように語ってくれた。

島の周りの浅瀬には、今は生きた岩はほとんどない。島を造るために掘り尽くしてしまったからだ。〔これに対して〕深みの縁、水路の縁（kamena matakwa, kamena fakali）に行けば、生きた岩を見ることができる。それから、浅瀬には岩がなくなってしまっているが、地中には生きた岩がある。地中にある岩まで掘り尽くしてしまうことなどとうていできない。岩を掘り尽くしてしまったとしても、一〇年か一二年くらいたてば、また岩が育っているのを見ることができる。（二〇一四年三月）

また私のホームステイ先のジャウおじさんは、同じように次のように語っている（ただし、彼の説明は、島の建材が「死んだ岩」であるとしている点で例外的である）。「〔島を造る時〕人々は浅瀬で死んだ岩を掘り起こしているだけだ。だが、その下にある生きた岩の層（tale fou mouri）が、やがて育ってくる。浅瀬にある岩も、地中にあった頃は生きていたのだ」（二〇一四年二月）。

このようにアシの人々は、直接には見ることができない空間であるサンゴ礁の「地中」や、底が見えないような「深み」において、「岩」が「育ち」続けていると一様に語る。なおアシにおいて、右のアリックの語りで言及されている「深み」（matakwa）は、「浅瀬」（mai）と対をなし、この人々の海洋空間認識の基本をなす範疇《はんちゅう》である。「浅瀬」と「深み」というこの対比は、それがあくまで相対的な範疇であるという点に特徴がある。アシの人々は、アシ地域のサンゴ礁の全体を、「外洋」（matakwa）と区別して「サンゴ礁」（mai）と呼ぶ。しかしこの「サンゴ礁」の内部にも、干潮時に干上がるような浅い海域と水路のような深い海域があり、それらはそれぞれ「浅瀬」（mai）と「深み」（matakwa）と呼ばれる。すなわち、「外洋」（matakwa）と対比される「サンゴ礁」（mai）の内部で「深み」（matakwa）と「浅瀬」（mai）の区分が反復されているのであり、さらに、具体的にどの海域が「浅瀬」あるいは「深み」と呼ばれるかは、漁撈活動などその都度の実践的文脈によって変化する。

「深みの縁、水路の縁に行けば生きた岩が見られる」という右の言葉にも見られるように、このサンゴ礁内での「浅瀬」と「深み」の区分は、「岩」に関するアシの認識や経験と密接に関連している。すなわち、アシにおいて「浅瀬」が今日「生きている岩」がほとんどなくなった空間と認識されているのに対し、「深み」は「生きている岩」が豊富に「育っている」海域として認識され経験されているのである。一例として、すぐ右でも登場したジャウおじさんは以下のように語っている（彼はまた、前章で引いたように、「タール」（隆起、礁）が海底から海面まで「育ってくる」ことについて語っていた）。

「生きた岩は、水路（*fakali*）の中に多く見られるものだ。カヌーで水路を通るとたくさんの生きている岩が見える。水路の中は〔多様な岩が育っていて〕まるで森のようだ。そうしたところには魚のエサも多く、魚は生きた岩の周りでエサを見つけて食べているのだ」（二〇一四年二月）。

このような語りは、「深み」で「生きた岩」が豊富に「育っている」というアシの認識が、単なる観念ではなく、カヌーでの移動や漁撈活動といった、この人々における日常的・実践的な海洋空間の経験に根差していることを示している。たとえばフォウバイタ村のすぐ沖合には、北西から南東に向かって深い「水路」が走っており、人々は、カヌーでの日常的な移動の際にこの水路を横切る。その際人々は、「生きた岩」がほとんど見られない浅瀬から、色とりどりの大きな「岩」が「森のよう」に「育って」いる「深みの縁」へ、そしてさらには、あまりに深いために「岩」さえ見ることができない「深み」へと、段階的な移動を経験することになる。注目すべきことに、このような移動の経験において、「深み」の「生きた岩」は、可視性と不可視性の境界線を行き来している。あるいは、ワグナー風に言えば、アシの人々はそのような移動を通して、「マイ」の内部の可視的な領域と不可視の領域の双方を「弁証法的」に切り出している。人々は、そうした海洋空間の日常的な体験を通じて、「深み」で「育つ」「岩」の姿を、言うなれば垣間見ているのである。

さらに、今日のアシにおいて、先に述べた「浅瀬」と「深み」の区分は、自分たちが漁撈活動などを通じて日常的に「関わる空間」と「関わらない空間」という実践的な区分と重なりあっている。そもそも、アシの島々はサンゴ礁内の「浅瀬」に位置しており、その限りで「浅瀬」はアシにとって日常的な生活空間としてある。また、別のところで詳しく述べたように、[*39]現在のアシにおいて主流となっている潜水漁は、「浅瀬」に見られる藻場や、「深みの縁」(*kamena matakwa*)と呼ばれる浅瀬と深みの境界域で行われ、「深み」で二〜三メートル以上潜水して魚を捕るような漁は行われていない。そのような実践的な意味において、アシにとって「深み」は、自らの生活空間にとっての外部としてある。より正確に言えば、アシの人々は漁撈活動などを通して海洋空間の一部をその都度「外部」として切り出し(析出させ)、その「外部」を「深み」と呼んでいるのである。

このように、アシが海洋空間を認識し経験する仕方には、自分たちが日常的に関与する領域としての「浅瀬」と、その外部としての「深み」という区別が明確に見出される。言い換えれば、この人々の海との関わりが、先に見たワグナーが言うような「弁証法的」な仕方で、そのような区別を不断に創出しているのである。そしてまさしくこのような日常的経験に基づき、アシの人々は、先に挙げた語りに見られる通り、「生きた岩」の成長を、そのように自分たちが直接関与することのない外部としての「深み」の中で起こり続けているものとして認識している。そのような語りにおいて、人々は、半ば不可視で自分たちの関与を超えた——すなわち、まさしく人間〈以前〉的な——「岩」の成長性について語っているのだ。

アシの人々が「生きた岩」が現在も「育っている」と語る二つの空間、すなわちサンゴ礁内の「地中」と「深み」は、いずれも直接の観察が困難あるいは不可能であり、また人々の日常的な関与の外部にあるという点において共通している。おそらくアシの人々は、漁撈やカヌーでの移動などの際に垣間見ることのできる「深み」における「岩」の成長に基づき、目に見えない「地中」における「岩」の成長を類推している。そこには、人々の実践的関わりが、そうした関わりを超えた「岩」の人間〈以前〉的な生を析出させるという、すぐれてワグナー的な逆説がある。そのように、アシにとって「岩」は、「地中」や「深み」といった日常生活の外部において、「われわれ」の関与を本質的に超えた、無関係的な、あるいはワグナーの言う「本在的」な仕方で「育ち」続けるものなのである。

8　イメージとしての「自然」——ストラザーンにおける展開

二〇一一年九月二十七日（火）　終日晴れ

フォウバイタ村での「世界青年の日」の三日目。昨夜はなぜか寝付きが悪く、睡眠時間が短かった。朝、フォウバイタ村のサッカー場の第一ゲームをビデオで撮影し、その後断続的に、昨日のサッカーの試合のビデオを編集。村の水道が昨日から断水しているので、午前中に川に行って、女の子たちに交じってたまった洗濯物を洗う。「きゃっ、サトミ！〔体に巻いた〕タオルが落ちそうになったよ」。「大丈夫だよ、僕は目が悪いから！」今夜は「カルチュラル・ナイト」という余興のプログラムがあるらしいので、見物しに行こうと思っている。僕がフォウバイタ村を去る日がいよいよ近付いているが、僕は、これまでに経験したことのないようなこのお祭り気分の中で、自分が調査地を去ることについての感覚を麻痺させているような気がしてきた。

二〇一一年十月一日（土）　晴れときどき曇り

「世界青年の日」の週も、いよいよ終幕に近付いてきた。正直なところ、ビデオの撮影と編集をもうやらなくてよいと思うとうれしい。今日はけっきょく、午前中に昨日までのビデオの編集を片付け、午後はバレーボールとサッカーの決勝戦を、かなり長い時間をかけて撮影することになった。サッカー場に向かう途中で、前を歩いていたコイナが僕に気付き、「〔決勝でフォウバイタ村のチームが〕勝ったらどんちゃん騒ぎだよ！」と言った。コイナと歩きながら、ついこの間の、しかしこのお祭りの中ではすっかり忘れてしまいそうな、ディメの死の前後のいろいろな出来事を僕は思い出していた。僕の思い出にも、もうこれで区切りがつくだろう……フォウバイタとアウキの間での決勝は、けっきょくアウキが勝ち、フォウバイタ村の人々は悔しそうな顔で夕方村に帰ることになった。漁具の写真を撮って大きさを測ることなど、わずかに残っている調査項目が気にかかっている……加えて、マチルダたちが、アウキまでいっしょに帰るための交通手段をあまりちゃんと考えていないかもしれないということが、今ごろになって心配になってきた。ともかく、明日は荷造りをして、一日笑顔で過ごせることが大切だ。マチルダやアラドたちの予定とは関わりなく、僕は月曜にアウキに向かうのがいいだろう。

＊＊＊

「至るところで人間活動によって浸透された自然」あるいは「自然的かつ社会的なネットワーク」を形作るどころか、海の底で、「われわれ」とは無関係に、「本在的」に育ち、しかも逆説的にも、そのことによって「われわれ」が「海に住まうこと」を可能にする「岩」——以上の考察から浮か

び上がるのは、まさしくそのようなかたちで析出される「自然」である。以上で引用してきたように、「生きており、やがて死ぬ岩」と、そのような「岩」で造られているためにつねに「海に沈み」つつある島についてのアシの語りは、「自然／人工」や「自然／文化」という二分法、あるいは「自然から文化への移行」という近代的図式を繰り返し裏切る。そして、そのような非‐近代的な語りを通して、アシの人々は、たしかに人間〈以前〉的な外部としての「自然」を思考し語っている。そのような「自然」に即して民族誌を記述しようとすることにおいて、本書は、「自然から文化への移行」という図式からも、「すべてが広義の交換である」ようなメラネシア交換論からも、さらには「人新世」論や現代の人類学の一部における「自然的かつ社会的なネットワーク」の美学からも逸脱する。そしてその限りにおいて、本書は、「自然」を人類学的に思考する新たな仕方を、本書の「はじめに」で紹介したアルチュセールの言葉にあったように、言うなれば道路標識のように指し示している。あるいは、それはまた、同じく「はじめに」で言及したフーコーの言う「外の思考」、所与の概念で「思考しうること」と「思考しえないこと」の境界域を手探りするような思考に接近することになる。

ただし、私の見るところ、「自然」についてのこのような人類学的思考は、決して孤立したものではない。具体的には、本書にとっての先例というべき議論を、すでに参照したワグナーと並んで、第四章でも登場したストラザーンの一連の著作に読み取ることができる。通説によれば、ストラザーンは、主著『贈与のジェンダー』[*40]（一九八八年）を中心とする一連の著作において、メラネシア人類学における贈与・交換や「社会」の概念を刷新した理論家である。[*41] これに対し、おそらく従来あまり注目されていない点だが、ストラザーンの一連の著作には、メラネシアにおける「自然」をいかに概念化し記述するかをめぐって、あくまで潜在的ながらも決定的な転換が認められる。初期の論文において彼女は、後のいわゆる存在論的転回を先取りするかのように、西洋的な「自然／文化」の二分法をメラネシアに適用することの限界を指摘し、同地域の人々は、われわれの言うような「自然」や「文化」の観念をもたないと結論していた。[*42] しかし、そのように相対主義的で否定的な理解の先に、われわれはメラネシアに関する民族誌記述のポジティヴな可能性をどのように見出せばよいのか？　ストラザーンのその後の理論的探究は一面で、初期の議論が含意していたそのような課題に対する取り組みの過程と見ることができる。そしてその中で、当初は否定的に主題化されるにとどまっていた「自然」は、彼女の民族誌の方法論においてまったく新しい位置付けを受けることになる。

別のところで論じたように、『贈与のジェンダー』におけるストラザーンの課題の一つは、人類学における「自然」と「社会」の概念的関係を根底的に書き換えることにあった。[*43] 彼女が論じるところによれば、二〇世紀初頭以来の人類学は多くの場合、分析対象としての「社会」あるいは「文化」を、「自然」との否定的・対立的関係において規定してきた。ストラザーンのこの指摘を、すでにたびたび問題にしているメラネシア交換論の文脈に即して私なりに敷衍しよう。前章の末尾で指摘したように、メラネシア人類学における「交換」の概念は、人類学における「文化」や「社会」の概念が多くの場合そうであったように、根底において「自然」と対立し、それを排除するかたちで成り立っていた。たとえば、メラネシア人類学における「広義の交換」論にも影響を与えたレヴィ＝ストロースの親族論において、集団間の「女性の交換」としての婚姻は、人間の「自然」から「文化」への移行、あるいは人間の「自然的」条件の否定による「社会」の構成と同一の事態として論じられていた。[*44] またマリノフスキにおいても、儀礼的交易としての「クラ」は、何らの実用性をもたず、決して消費の対象とされることのない財貨が、島々の間で自己目的的に交換され続ける体系として分析されていた。[*45] 同じように、メラネシアに特徴的とされるリーダーシップ類型「ビッグ・マン」は、リーダー候補者たちが、ライバルによる贈与を反対贈与によって繰り返し圧倒することで、交換が際限なく自己拡張する、半ば資本主義的と言うべき体系として分析されていた。[*46] これらの分析において交換は、自然環境や人間の身体といった実体的な「自然」から切り離され、「社会」と呼ばれる自律的・自己準拠的な体系をなすものとして理解されていた。「自然／社会」を対比するそのような交換論的伝統が、メラネシアにおける「自然」を思考する上で妨げになりうることは、すでに前章の末尾で述べた通りである。

『贈与のジェンダー』においてストラザーンは、従来のメラネシア人類学におけるそのような思考の枠組みをまさしく問題にしている。たとえば、メラネシア各地に見られる男性のイニシエーション儀礼はこれまで、女性＝母親との結び付きの中にとどまっている、相対的に「自然的」で前社会的な存在としての若者を、儀礼的手続きを通じて社会的・文化的な存在へと変容させる機制として考察されてきた。[*47] そこにおいて「社会」は、人間の身体的な生もその一部である「自然」の否定・克服を通じて構成されるものと理解され、人類学者の務めは、そうした否定・克服の機制に他ならないさまざまな社会的・文化的実践を分析することであるとされてきた。

『贈与のジェンダー』におけるストラザーンは、「自然」と「社会」のそのように否定的で二分法的な関係付けを、メラネシアの諸事例に即して全面的に転覆しようとする。彼女によれば、イニシエーション儀礼その他のメラネシアの社会的実践において問題とされているのは、われわれが「自然的」と呼ぶ人々の身体的な生を否定・克服することであるどころか、まったく逆に、それらの身体に内在する生殖や成長の力を、その実現を通じて明らかにすることにほかならない。[*48] メラネシアの社会過程は、人々の身体がそうした「自然的」な能力を繰り返し実現し、それによって新たな身体や社会関係が不断に生み出される産出的な過程として展開されるのである。また、身体のそのような力能は、畑のイモやブタを成長させる能力などとも結び付けられており、人間以外の「自然」の諸要素やそれらに内在する産出性とも不可分である。

このような考察において、「自然」に関するストラザーンの語り口は、かつての否定的で相対主義的なそれからは一転している。すなわち『贈与のジェンダー』において、生殖や成長といった身体的能力としての「自然」は、自らを実現することを通じてつねに新たな社会関係を生み出す力能として、潜在的に、しかし根底においてポジティヴに位置付け直されているのである。『贈与のジェンダー』のストラザーンは、「自然／社会」の否定的な関係付けを超えるメラネシアにおける「広義の自然」を、まさしくそのようなかたちで考察しており、それはたしかに、現代における「自然の人類学」の先駆けとなっている。また、『贈与のジェンダー』で焦点とされるそのように産出的な身体は、先に第四章で見たストラザーンの「イメージ」概念にも合致している。たとえば、ニューギニア高地に住むパイエラの人々の間では、イニシエーション儀礼のクライマックスにおいて、森の中に隠れていた少年が人々の前に姿を現し、人々はその身体、具体的には儀礼の効果として予期されるその成長の具合を見ることで、儀礼の成否を判断する。[*49] ここにおいて少年の身体は、日常的な社会関係から切り離され、森を背景に孤立した状態で、他の人々による視覚的な吟味の対象とされる。このように、『贈与のジェンダー』で前景化される「自然的」な身体は、通常の社会的文脈から脱落した「イメージ」として立ち現れ、そのような姿においてその力を発揮するのである。

このような『贈与のジェンダー』の議論には、「自然的」な産出性や成長性によって駆動されるメラネシアの社会過程、あるいは本書で言う「広義の自然」に沿い従い、それを模倣するかのようにして民族誌記述が産出される——それによって、民族誌それ自体も一つの「自然的」な過程となる——という、対象と記述の独特な並行性がすでに示唆されている。そのような並行性は、続いて発表された理論的な主著『部分的つながり』[*50]（初版一九九一年）において、明示的かつ全面的に展開される。同じく別のところで示したように、『部分的つながり』における民族誌の方法論は、『贈与のジェンダー』で論じられたメラネシアの社会過程と、人類学者が民族誌を生み出す過程それ自体の間に同型性を見出す、独特の視点に立脚している[*51]。すなわちメラネシアにおいて、身体がその力能を発揮することを通じて新たな身体と社会関係を不断に生み出していくとすれば、人類学者が、既存の記述に収まらない意味や関連を書き取ろうとしてつねに新たな記述を生み出し、またそれを通じて、既存の概念を反復的に延長・変容させていくという民族誌の営みも、同様に身体的で産出的な過程として見ることができるのではないか[*52]。事実、二〇世紀初頭以来の人類学は、単身で調査地に暮らすフィールドワーカーの身体を、民族誌の統一性を保証するものとして想定していた[*53]。そうだとすればわれわれは、新たな民族誌のあり方を、身体についての従来とは異なる想像力によって規定することができるはずだ[*54]。このように、民族誌を一つの身体的過程として見る『部分的つながり』の方法論において、先に『贈与のジェンダー』で再規定された「自然」、すなわち人間的な身体によって具現されつつもそれに局限されない多様な産出性や成長性は、ストラザーンが実践する民族誌記述それ自体に内在し、それを駆動する契機として、さらにポジティヴな位置付けを受けている。

以上のような理論的展開において、ストラザーンは、メラネシアへの「自然」概念の適用をめぐる否定的な結論から一転して、むしろそれ自体が「自然」のようになっていく記述としての民族誌、というポジティヴで生成的な見方を提示している。そのような見方は、その理論的極限において、人の身体が成長し生殖するように、また植物が生い茂りイモが肥大するように、あるいは、海の底で「岩」が「育つ」ように自らを産出・延長し変容させていく民族誌という、すぐれて自然主義的と言うべき見通しを示唆する。そして、そのような「自然」に漸近する民族誌は、ストラザーンにおいて、儀礼における孤立した身体や、文脈から脱落し無関係の形象として立ち現れるモノや場所などの「イメージ」に注目し、それらを記述することによって可能になるとされていた（第四章参照）。まさしくこのような方法論において、ストラザーンは、伝統的なメラネシア交換論の限界を乗り越え、「自然」をポジティヴに記述し思考するための新たな方向性を指し示している。そして私の見るところ、「人新世」が語られる今日、「自然／文化」という近代的な二分法と「自然＝社会」の関係論的な美学の双方を乗り越え、現代的な仕方で「自然」を思考し直すための手がかりとなりうるのは、先のワグナーと並んでストラザーンのこのような議論なのである。そして、アシ地域に見られる無人の島や沈みつつある埠頭といった不穏な「イメージ」は、たしかにそのような人間〈以前〉と〈以後〉をめぐる思考のための手がかりとなってくれる。

9　民族誌の自然――「転回」以後の人類学的思考

二〇一一年十月二日（日）　曇り、昼前後は晴れ

予定ではフォウバイタ村での最後の日であり、「世界青年の日」の終幕の日。村の人たちと同様、今日の午後には僕もすっかり気が抜けてしまっている……朝はミサに行き、その後「世界青年の日」の閉会式をビデオで撮影し、それから昼食時もかなり過ぎた会食。人数に対して豚肉や魚は少なく、米とイモばかりが多い、つまらない食卓……酔っぱらいに対する警戒などの理由から、夜の出し物、ダンスは中止され、午後に多少の出し物があるだけになった。今の僕の気がかりは、明日ちゃんとトラックでアウキに行けるかどうかということだ。ジャウおじさんは、昨日、一昨日とサッカーの試合で出歩いたせいで足が腫れ、一日中家で寝ている。そろそろ荷物の準備を始めるべきだろうか。

＊＊＊

二〇一八年八月、先にも紹介した「貧しい島」に住むピーターの妻――あの陽気で快活な女性――は、私に次のように語った。「島の下の方にある岩は、海水に浸っていて生きていて、育ち続ける。〔それに対して、〕上の方の岩は死んで下がっていく。下がっていって、下の方の、育っている岩のところまでいくと止まる。だから、人々は上の方に岩を積み増ししなければいけないんだ」。沈みつつあると同時に下の方で育ちつつある島――すぐれて両義的で印象的なこの語りは、前章のはじめに見た、「クワレウ島の下で大きな岩が育ち続けている」という語りとも明らかに通じ合っている。たしかに私のフィールドワークにおいて、「島が生きている」という語りに直接接したことはない。しかし、右のような語りには、「生きている岩」で造られるものとして、アシの島々が一面でたしかに「生きた」(*mouri*)性質をもっている――だからこそ、岩々が「死ぬ」ことで島が「沈む」ことが問題になる――という認識を明確に読み取ることができる。

「貧しい島」の女性が右で述べているような、「島の下の方で岩が育ち続けている」という認識は、「非科学的」な「文化的信念」なのだろうか？　しかし、前章でも述べたように、サンゴがつねに

成長して「マイ」の微地形を変容させつつあるのは事実であり、前章で引用した、「海の中の、それまで何もなかったところにタールが育ってくる」というジャウおじさんの語りは、そのような認識を明確に示している。また、アシの島々の浸水を一義的に海面上昇に結び付ける見方が決して「科学的」でないことも、すでに述べた通りである（本章註22を参照）。したがって、ラトゥールやインゴルドが問題にしたような「近代／前近代」、「科学的事実／文化的信念」の区別をここで採用する必然性はなく、アシの島々はむしろ、そうした区別を横断する非‐近代的な「広義の自然」の水準で思考され記述されなければならない。以上で見てきたような語りが示すのは、アシがたしかにそうした「岩」の成長性、あるいはワグナーやストラザーンが問題にしたような「自然」の「本在的」な産出性について認識し、思考しているという事実である。アシが関わりを結び、その「海に住まうこと」を可能にしているのは、まさしくそのようにつねに成長し変化する「自然」なのだ。その限りにおいて、アシの島々は決して、何もない海の中に「人工的」に造られたものではない。人々はむしろ、ジャウおじさんや「貧しい島」の女性が語るような、もともとある「岩」の成長性・産出性を模倣し延長するようにして島々を建設してきたのだ。そしてその意味で、アシの島々は、新しいか古いか、現に住まわれているか無人の茂みとなっているかを問わず、本質的に人間〈以前〉的であり「自然的」であると言えるだろう。

　このことをとくに印象的なかたちで示すのが、しばしば聞かれる「サメが島を造る」という語り——一見した限りでは、単なる「文化的信念」として片付けられそうな語り——である。すでに何度か述べたように、アシにおいてサメは、一九七〇年代頃まで実践されていた祖先祭祀において、祖先の化身として崇拝されていた。二〇〇九年七月の会話において、エリフォウ島のサマニ（前章参照）は、自身の島造りの「秘密」を明かすかのように、「あるやり方を知ってさえいれば、島は何もしなくても育つ。そうでなければ、これほど早く島ができるわけがない。サメが岩を集めてきて島を高くしてくれるのだ」と語った。彼によれば、アシ地域において「サメが島を造る」というのは珍しい話ではなく、たとえばマライタ島の北方沖に位置するダイ島——現代日本に暮らすわれわれから見れば純粋な「天然の」島——も、サメが造った島と語り継がれている。なおこれは、すでに述べたように傑出した島造りであるサマニやその兄弟に固有の見方ではない。たとえば、「カストムの時代の人々は、サメを使って島を造っていたので、女性を島に埋葬してはならなかった」という説明はしばしば聞かれるし、「貧しい島」のピーターの「父たちはサメを使って島を造っていた」という語りも本章ですでに引用した。

これらは「非科学的な信念」と言うべきだろうか？　しかし、すでに見たように、サンゴ礁の成長や隆起、浮遊物の堆積によって「島が自然に育つ」ことは実際にある。アシは「マイ」やそこにある「岩」のそのような成長性・運動性を明確に認識しており、まさしくそれに「寄り添い、従い」(*sulia*)、それを延長するようにして島々を築いてきた（アシの島々が隆起したサンゴ礁の上に造られていることを示す上空からの写真は、このことを何より明確に示してくれる）。だからこそ、アシの語りにおいては、「島を造る」ということと「島が自ら育つ」ということ、「人為」と「自然」が、以上のようにしばしば区別不可能になっているのだ。本書の「はじめに」でも引いた若きドゥルーズの言葉を借りるなら、「島にかかわる人間の運動は、人間以前の島の運動をやり直す[*55]」。まさにその通りだ。

先に見たワグナーを踏まえて言うなら、西洋近代における常識的な理解においては、「島がもともとあること＝自然」と「人々が島を造ること＝人工」は区別され対比される。「人工島」という呼称は、そのような「自然／文化」という近代的二分法を典型的に表現している。これに対し、徹底的に非‐近代的なアシの認識においては、以上で見たように、「自分たちが島を造る」ということと「島が自ら育つ」ということが、しばしば区別不可能になっている。ここで生じているのは、第四章で見たセピック地方の「忘れっぽい景観」と類似の関係性である。しかもこれについて、「アシの存在論においては『自然／文化』の二分法は成り立たない。両者はもつれ合っている」などと言ったとしても、それだけではほとんど何も説明したことにはならないだろう。同じように、アシの人々は「前近代的」な「文化的信念」を抱いている、という説明にも限界があることは、すでにたびたび述べてきた通りである。再びワグナーを踏まえて言えば、アシは近代的二分法とは異なる仕方で「自然」という外部あるいは「本在的なもの」を切り出し、析出させているのであり、私の考えでは、自分たちの関わり合いから離れて、それに根本的に先立つ仕方で「岩や島が育つ」ということが、まさしくそうしたアシにとっての「自然」に当たっているのだ。言い換えるなら、そのように理解してはじめて、われわれの「自然」概念はアシの事例へと民族誌的に延長されることができるだろう。

島々を造り、その上に居住するというアシの「海に住まうこと」は、以上で見てきたように、そもそも「岩」が「生きて」おり、「育って」いるという、人間の営みを超えた「本在的」で無関係的な事実に依存しており、アシ自身もそのように認識している。アシは言うなれば、そのような人間〈以前〉の「岩」の成長性に寄生するようにして「海に住まって」きたのだ。まさにそのことのあらわれとして、右で見たような、「自分たちは島を造らない。島が勝手に育つのだ」という語りがあるのではないか。そして、まさしくそのような語りにおいて、アシにとっての「自然＝本在的なもの」が切り出され、析出しているのではないか。ここには、「自然／文化」の二分法とも、「自然的かつ社会的なネットワーク」とも異なる、また、「広義の自然」という当初の概念よりも具体化された「自然」についての思考がたしかにある。そして、本書の「はじめに」で述べた通り、

写真＝雨宮聖

「人新世」のただ中で人間〈以前〉と〈以後〉を思考しようとする限りにおいて、現代の人類学が回復しなければならないのは、そのような外部としての「自然」の概念なのだ。

そして、二〇一一年のマライタ島という「不穏な熱帯」で私がまさしく目撃し体験したように、アシの人々は、そのような外部としての「自然」と深く関わるがゆえに、つねに変転し続ける。そのことは、前章で見たトインビーとドゥルーズの言う「移動しない遊牧民」とまさしく同様である。沈む埠頭や、崩れ落ち、浸水する島、無人の島に生い茂る草木、そして突風で倒れたバエの大木や「ツナミ」といった「自然」は、アシの人々における「海に住まうこと」のたえざる危機を表示するというその不穏な性格において、たしかに人間〈以後〉的な相貌を帯びている。そして、人間〈以前〉的にして人間〈以後〉的なそのような「自然」は、ワグナーが「本在性」と呼びストラザーンが「イメージ」と呼んだようなその他者性において、アシの人々に、「われわれは誰なのか？われわれはいかなる歴史を経てきたのか？　その歴史の中で、われわれはいかなる過ちを犯してきたのか？　そして、われわれはどこで、どのように住まうべきなのか？」という問いを投げかけ続ける。本書の第一部で指摘した「海に住まうこと」の揺らぎは、その点において、「自然」と関わることによってつねに変転し続け、「アイデンティティの識別不能地帯」に歩み入っていくアシの人々のあり方を表すものにほかならない。そしてそれこそが、私が本書で思考し、記述しようとした「民族誌の自然」（「はじめに」を参照）にほかならないのであり、またここにおいてアシは、強い意味で、「人新世」や『自然』の終わり」を生きるわれわれの同時代人として姿を現している。二〇一一年、「自然」との関わりにおいて変転し、「識別不能地帯」に不安げに歩み入っていたのは「彼ら」だけではない——日本とマライタ島に同時に届いた「ツナミ」の直後の「不穏な熱帯」でのフィールドワークで、私が見出したのはまさにそのことだった。そして、アシの人々をそのような姿で描き出すことこそが、本書の「はじめに」や第一章で提示した、「今、民族誌をいかに書くか」という問いに対する私なりの答えにほかならない。

10　伐られた木

二〇一一年十月三日（月）　晴れのち曇り、一時雨

この日誌は、火曜になってから丸一日遅れで書いている。「世界青年の日」が終わったフォウバイタ村を離れ、アウキに泊まり、さらに船に乗ってホニアラに帰ってきた。フォウバイタ村での最後の時間は、まったく予期しなかったような波乱に富んだものだった。

日曜の夜は移動に備えて休むつもりだったが、驚いたことに、早朝三時頃、女性の大きな泣き声で目を覚まされる。寝床の中で、僕はとっさに、二日くらい前から足が痛いと言って寝ていた――日曜のミサにさえ行かなかった――ジャウおじさんの容体が急変し、亡くなったのではないかと思ってぎょっとした。部屋から出ずに様子をうかがっていると、どうやらそうではなく、マチルダ、タファイやジャケなど近親者たちが集まって、なにやら深刻そうに話をしている。やがてマチルダがその場をまとめるようなことを言って、皆で〔キリスト教式の〕お祈りをすることに。僕はお祈りが終わったところで部屋を出るが、何が起こっていたのか皆目わからなかった。後でマチルダにこっそり尋ねたところ、ジャウおじさんとジャケ夫妻の間で、ジャケの飲酒癖やそれに対する〔妻の〕ココシの「ののしり」などを理由にしばらく前から続いていたいさかいについて「カウンセリング」をし、これを「終わりにした」とのこと。マチルダたちは、ジャウおじさんの「四つん這いで歩かなければならない」ほどの足の痛みを、このいさかいのあらわれとみなし、また、朝泣いていたタファイは、「このままでは父さんが死んでしまう」と思って泣いていたのだという。

さらにもう一つの展開は、〔ホニアラから来ていた〕アラドたちに声をかけてもらい、予定していなかったことだが、フォウバイタ村での最後の日に、短時間フォウイアシ島を再訪したことだ。まったく予期していなかったことだが、この日の朝、フォウイアシ島では、ホニアラからやって来ていた親族の若者たちにより、バエの倒木の一部がようやく伐られ、墓地の部分が清掃されることになった。つい先日、セアは「バエの木に触れると死ぬ」と言っていたではないか、と思ったが、人々に聞くと、「〔ホニアラにいる〕バハイに電話をして、伐ってもよいと許しを得た。バハイは、伐った後でミサをするようにと言った」とのことだった〔ミサは翌日火曜に行われるという〕。「世界青年の日」の期間になってもバハイがフォウバイタ村に戻ってこなかった以上、僕は、このバエの大木は、僕の調査の「終了」時点でも、しばらく前に見た通り倒れたままの状態でいるだろうと思っていた。だから、僕が調査地を去ろうとする最後の最後の時点になって、この木に手が加えられたことは、まったく予想外の展開だった。

木が伐られた後、フォウイアシ島の人々はバエに向かって〔キリスト教式の〕お祈りをする。フォウイアシ島での〔バエに向き合う〕こうしたお祈りを、僕はこれまで何度となく目撃してきた……その後昼食をとり、ホニアラに帰る一部の人々はボートに乗ってアウキに向かう〔僕も同乗する〕。同じ頃、フォウバイタ村を去ってホニアラに帰る若者たちは、トラックで陸路アウキに向かったのだが、衝撃的であったのは、トラックに乗っていたトメ〔フォウイアシ島出身の六〇代男性。マチルダとアラドの実兄〕が、途中でひどい腹痛や寒気を訴え、完全におかしくなった状態でアウキに到着したことだ。僕はアラドたちとともに先にマチルダの家に着いてトラックを待っていたのだが、アラドはトメの

異常について携帯電話で聞いてさすがに狼狽《ろうばい》したようだった。といっても、突然動揺したというよりは、フォウイアシ島のバエの木が倒れたこと、ディメが死んだこと、ジャウおじさんが歩けなくなったことなど、一連の「問題」がこの時点になってもまだ続いていることに深く当惑しているという様子だった。二十二時過ぎ、電気もなく暗いマチルダの家の中で、アラドは椅子に座ったまま一人で、「父さーん、母さーん、早く早く！　力を貸してくださいよ！」、「兄さん〔亡くなったディメのこと〕、もう自分たちにこんなことをするのはやめてくれよ。お前も教会に行く人間なんだから」といった懇願を大声でする。やがてマチルダらと到着したトメは、横になってひーひーとうめき続けるばかりでほとんど正気を失っており、僕もこれを見て非常に動揺した。やがてアラドとマチルダによる治療が始まるが、二人はディメの霊がトメに害をなしていると断定して、庭先の薬草を取ってきて、トメに話しかけながら治療を施す。トメはやがていびきをかいて寝始める。その後、お茶を飲み、お祈りをしたりしながら一時過ぎまで起きていたが、その後僕は寝床に就いた。その後、二時頃に僕はトイレに起きたのだが、またしても驚いたことに、この一時間ほどの間にトメの容体は急に好転し、アラドと二人で〔親族の〕フランシス宅に歩いて行ったとのことだった。これを聞いて、僕はキツネにつままれたような気持ちになり、ぼーっとした頭を抱えて再び寝床に就いた。

まったく、僕自身は、『世界青年の日』が始まったら調査は事実上終わりで、仕事はしない」などと思っていたのに、調査地の現実はそんな勝手を許してはくれない！　この日の早朝のジャウおじさん宅での話し合いが示しているように、フォウバイタ地域の人々にとって「世界青年の日」は、単なるお祝いや遊びの時間ではなく、親族が集まっていろいろな懸案について話し合い、それに対処するための機会でもあった。そうした時間の中で、ジャウおじさんの足の痛みという徴候が姿を現したのだ。また、トラック移動中のトメの急病は、フォウイアシ島の倒木を中心的な「モニュメント」としつつ、ディメの死から「世界青年の日」の週に至るまでの一続きの時間の一部に過ぎない。寝不足の頭を抱えて移動しつつ、こうして僕は最後の最後まで、マライタ島でのあれこれの事態に深く巻き込まれることになった。

＊＊＊

埠頭の上を歩く。足元の岩々が崩れ落ちないように、僕は慎重に足を進める。僕の前後には、フォウバイタ村から島々に帰ろうとする人々が歩いている。僕は、まもなく、日本に、帰るのだ……夕方の潮はすでに高く、僕らが歩く埠頭はすっかり海水に覆われている。荷物を抱えた島の人々も、パチャパチャと水音を立て、足元を探りながらゆっくりと歩いていく。すでに傾いた太陽の下、これらの人々の姿は、まるで何かの奇跡譚《たん》の登場人物のように、何もない海の上を歩いているように見えた。

写真＝雨宮聖

おわりに

精神分析と文化人類学は、人間という概念なしですますことができるばかりか、人間を経ていくこともありえない。なぜなら、それらはつねに人間の外部の諸限界を構成するものを対象とするからだ。この二つの学問については、レヴィ＝ストロースが文化人類学について語った、それらは人間を解消するものだという言葉をくりかえすことができるであろう。……「人間科学」との関係において、精神分析と文化人類学とは、むしろ「反＝科学」であるかもしれない。それは、この二つが他のものより「合理的」でも「客観的」でもないということではなく、それらが人間科学を逆向きにとらえ、それらをその認識論的台座につれもどすとともに、人間科学のなかでその実定性をつくり、さらにつくりなおす、あの人間をたえず「解体する」ことをやめないからだ。——ミシェル・フーコー[*1]

「不穏な熱帯」での長い旅が終わった……あるいは、ごく短い旅であったと言うべきかもしれない。本書で引用された日誌は、わずか三か月ほどに及ぶものでしかないのだ。

ここで、本書における民族誌的かつ理論的な「旅」の経路を振り返っておこう。第一部ではまず、一九八〇〜九〇年代を中心とする人類学／民族誌批判の動きから、いわゆる存在論的転回による非

‐近代的な「広義の自然」の主題化に至る動きについて確認した。そこでは、私のこれまでのフィールドワークと民族誌の実践が、「今、民族誌をいかに書くべきか？」という避けがたい問いとの取り組みの過程にほかならなかったことを示した。続く第二部では、フォウバイタ地域における「本当の土地所有者」をめぐる疑いの事例を見ることで、アシの島々が、調査者のみならずこの人々自身にとっても無数の「謎」として立ち現れていることを示した。そこでのねらいは、アシにとっての島々が帯びている、歴史人類学的な文脈化の方法には回収されえない「潜在的で偶有的な歴史性」を示し、それによって歴史についての人類学的思考を刷新することにあった。最後に第三部では、アシの島々は「生きている岩」で造られ、それらの岩が「死ぬ」ことでつねに海に「沈み」つつある、という語りを手がかりに、アシにとっての非‐近代的な「自然」をいかに記述するかという問題に取り組んだ。そこで示されたのは、アシと「岩」および島々の関わりに見て取れる「自然」が、「単一の自然／複数の文化」という近代的な二分法にも、「自然的かつ社会的な関係性を記述する」という現代的な様式にも回収されえない、ある種の外部性にして産出性としてあるということであった。そこでは、そのような人間〈以前〉的にして人間〈以後〉的な外部としての「自然」との関わりにおいてつねに変転する人々の姿を描き出すことを、現代的な民族誌の課題として定義した。

「はじめに」で述べたように、本書において私が目指したことは、一連の転回を経て人類学が向かうべき方向性を、アルチュセールが語った「道路標識の矢印」のような予示的なかたちで提示することだった。それは同時に、古典的にも見える人類学に片足を置きつつ、この分野をめぐる理論的現状の中で何を言うことができるかを探るという、新旧の間で引き裂かれた両義的な作業でもあった。ここでは、そうした道路標識にふさわしく、以上のような考察から得られる展望をごく簡潔なかたちで要約しておきたい。

「はじめに」で述べたように、本書は、一連の転回を経て人類学が思考すべき主題を、「民族誌の自然」という概念によって指し示そうとした。この概念は、現代の「自然の人類学」において浮上した、近代的な「人間」との相関において客体化された「自然」を超える「広義の自然」こそが、民族誌の真の対象であると同時に可能性の条件、すなわち民族誌の本質＝本性（nature）であることを意味している。本書を通して論じたように、人々はそのような非‐近代的な「広義の自然」と関わるがゆえにつねに変容し、それまでの自己同一性を宙づりにされて「識別不能地帯」に入っていく。そのことは、第二章で論じた「ツナミ」と「故地に帰る」ことをめぐる不安な語りに、象徴的な形で示されていた。そして、人類学的なフィールドワークとは、その本質＝本性において、人類学者がそのような識別不能地帯に自ら立ち入っていく、すなわち、差異をともなう仕方で現地の人々とそれを共有する体験にほかならない。第二章では、「ツナミ」をめぐる不穏な体験の共有といった私自身の体験に即してこのことを論じたが、実はそれは、明示的に論じないまでも、おそらく多くの人類学者が経験してきたことである。そして、フィールドワークの結果として生み出される民族誌とは、まさしくそのような識別不能地帯、あるいは本書で言う「不穏な熱帯」の体験の産物にほかならない。その意味において、実体として想定された「文化」や「社会」ではなく、「広義の自然」とそれとの関わりにおいて生成する識別不能性こそが、民族誌の対象にして可能性の条件にほかならない。おそらく、これまでも人類学とはつねにそうした営みであったが、一連の転回を経て、現在そのことはこれまで以上に明確になっている。

私の見るところ、人類学／民族誌批判からいわゆる存在論的転回を経て、現代の人類学が思考すべきはまさにこのことであり、本書はそれを遂行的に示そうとするものであった。さらに言えば、もはや明らかなように、私にとっては、アシが建設し、住まってきたあれらの不穏な島々こそが、そのような人間〈以前〉的かつ人間〈以後〉的な「自然」とその識別不能性を端的に具現するものにほかならない。とくに、本書で取り上げた二〇一一年のフィールドワークにおいて、それらの島々はすぐれて不定形の、識別不能な「イメージ」として立ち現れていたのであり、アシの人々とそれらのイメージとの関わりに参与し、その関わりについて書くことこそが、本書における民族誌的課題であった。

なお、本書の第三部では、マライタ島のアシと「生きており、やがて死ぬ岩」の事例に即して、ここで言う非‐近代的な「広義の自然」を民族誌的により具体化することを試みた。そこでは、「われわれ」との関わり合いに根源的に先立つある種の外部性としての「自然」が、近代的な二分法と「ハイブリッドなネットワーク」論の双方に代わる「自然」の概念として見いだされた。そこで参照したワグナーの議論にもあったように、ある社会が「本在的なもの」をどのように切り出し、「析出」させているかという民族誌的な問題は、現代の「自然の人類学」が「自然＝文化」の一元論にとどまろうとしない限り、今後も重要なものであり続けるだろう。また第三部では、グローバルな環境危機の時代における人間〈以後〉の思考である「人新世」の概念と、「岩が死ぬことで島が海に沈んでいく」というアシにおける「在地の終末論」を突き合わせることで、この人々における「自然」の思考とその現代性を明るみに出すことを試みたのであった。

本書の冒頭では、フーコーを参照しつつ、そのような「自然」と、自己同一性を離れた識別不能地帯について書こうとする民族誌が、一つの「外の記述」とならざるをえないことを示唆した。民族誌記述を通して「歴史」や「自然」の概念を絶えず不安定化し、そうすることで更新していこうとする本書は、そのような「外の記述」の試みにほかならない。ここにおいては、「民族誌をいかに書くべきか」というかつての人類学／民族誌批判の問いと、いわゆる存在論的転回を通して浮上した「広義の自然」という主題が、まさしく「自然という外部との関わりにおいて生成する識別不能地帯を記述する民族誌」という展望において接続している。そしてそれこそが、本書が道路標識のように指し示す人類学的な〈現在〉にほかならない。

＊＊＊

二〇一八年八月に私がフォウバイタ地域に戻ると、イロイはあいかわらず物静かで勤勉な姿で健在だったが、コイナは村にいなかった。イロイの六人の娘たちの中で、村に残っているのは末娘のアドゥだけで、彼女が、家事や畑仕事について年老いた両親を手助けしているようだった。二〇〇八年に私がこの村に住み込みを始めた頃、アドゥはまだ中学生で、村の女子チームでサッカーをしていた。その彼女もすでに二〇代になり、くっきりとした目鼻立ちと明晰なしゃべり方は、かつての姉たちとそっくりだった。

「コイナはいないよ。あんたの友だち（*ruana*）のコイナはね。今は姉さんたちといっしょにホニアラに住んでるんだ」――アドゥは私にそう言った（なお、ラウ語の「友だち」は、同性か異性かを問わず「特別に関係の深い相手」を意味する）。

ある日、フォウバイタ村の市場に行く途中で、私は奇妙なものに気が付いた。市場に行くときにはイロイ宅の調理小屋の裏の小道を通って行くのだが、その途中に、そのあたりの地面を覆っている石灰岩を掘り削り、小川の水を導き入れて、四メートル四方ほどの小さな池を作っている場所があったのだ。

「〔イロイの長男で、コイナの弟に当たる〕ローレンスが掘ったのかい？」――私はアドゥに尋ねてみた。

「コイナが掘ったんだよ。川のエビ（*denge*）を入れるためだとか言ってたけど、エビは入れないでああやってスイレンだけを育ててる」

「エビ……？　食べるために？」

「さあね」

アドゥはそう言って、「まったくコイナは何を考えているんだか」とでも言うように、もともと丸い目をいっそう丸くしてみせた。

あとがき

ニューギニアのワントアト盆地に住む人々は、祭礼の前、夜間に樹木を切り出して巨大な足場を築き、朝になってそれを見て、「精霊が造ったのか!?」と驚いてみせるという。[*1] 本書の執筆と完成は、どこかそれに似ている。

二〇二〇年二月六日、私は、後述のように原稿をさんざん待たせていた本書の担当編集者と面会し、いよいよ執筆に本腰を入れるつもりだとの意向を伝えた。面会の場所は、同年に予定されていた東京オリンピックのために建設された国立競技場から、わずかに道路一本を隔てた出版社の社屋であった。その後私は、本書第二部のもととなった学会誌への投稿論文を投稿したが、これは、新型コロナウイルス感染症の流行を受けた最初の緊急事態宣言が発令された翌日の四月八日のことだった。同じ日の夕方、子どもたちを近所の学童保育に迎えに行くと、保育施設の先生が、「今、市からファックスが来たばっかりなんです……」とおろおろした様子で、翌週からの施設の閉鎖を伝える書類を配っていた。

私にとって、これに続くいわゆるコロナ禍の日々は困難をきわめたものであった。大学での勤務に加えて、連日ほとんど終日におよぶ、しばしば単身での、家事と育児に疲れ果てた私にとって、コロナ禍は一つの知的な死を意味していたし、その影響は二年を超えて続いている。このことがなければ、私の人生はもっと違ったものになっていたかもしれない。しかし、そんなことはもうどうでもいい。ともかく、そのような困難を通り抜けて本書が完成し、まもなく日の目を見ようとしていることに、私はワントアトの人々のように驚かずにはいられない。

＊＊＊

一読すれば明らかなように、本書は、私のこれまでのどの著作にもまして、大学院の指導教員であった箭内匡先生からの影響を強く受けたものとなっている。本書が、先生の『イメージの人類学』（せりか書房、二〇一八年）の出来の悪い注釈になっていないことを願うばかりである……なお、私の親しい友人たちなら知っている通り、私は必ずしも箭内先生の研究をつねによく理解していたわけではないし、いかなる意味でも「忠実な」指導学生ではなかった。また、博士号を取得した二〇一四年以降、先生との関係はとくに理由もないままに疎遠になってしまったと、私は思っていた。それでは、いつ、何がきっかけで私は箭内先生から学び直すことになったのか？『イメージの人類学』の刊行がきっかけというなら話はわかりやすいが、どうもそうではないように思われる。あるいは、コロナ禍で苦闘しつつある時期から開いていたオンラインの読書会に、箭内先生の学生たちが参加していたことが理由の一つであるかもしれない。おそらくそれよりも決定的であったのは、本書の第二章の註でも触れた二〇二一年一月のシンポジウムで、箭内先生にコメンテーターを務めていただいたことであっただろう。しかしだとすると、私は先生と「再会」してわずか三か月ほどで、この再会から得たインスピレーションをもとに本書の草稿を書き上げたことになる。そうなると、話は再びワントアトの足場に似てくる……

なお、準備段階における本書の構想は、二〇二〇年十一月から二〇二一年一月にかけて、筑波大学人文学類での集中講義で披露された。この機会を与えてくださった内山田康先生と聴講してくれた学生のみなさんに、この場を借りて御礼申し上げたい。また、本書第三部にドローンによる撮影画像を掲載することを許可してくださった雨宮聖氏にも感謝の気持ちを伝えたい。

また、本書のもととなったソロモン諸島での調査は、トヨタ財団二〇〇七年度研究助成（助成番号：D07-R-0157）、独立行政法人日本学術振興会平成二三～二四年度、平成二九～三〇年度科学研究費補助金（特別研究員奨励費、課題番号：23・9761、研究活動スタート支援、課題番号：17H07176）、ならびに公益信託澁澤民族学振興基金「平成二五年度大学院生等に対する研究活動助成」によって可能となった。また、本書の執筆に至る研究活動は、平成二六～令和四年度科学研究費補助金（特別研究員奨励費、課題番号：26・2197、研究活動スタート支援、課題番号：17H07176、若手研究、課題番号：19K13468）によって支えられた。さらに、本書の刊行費用の一部は、令和元～四年度科学研究費補助金（若手研究、課題番号：19K13468）によって助成された。これらの関係機関にあらためて謝意を表したい。

＊＊＊

本書の執筆中、折に触れて私が思い出していた一つの会話がある。もう八年ほども前になるが、私は、ある学会の懇親会の席上で、オセアニア地域を専門とするある有能な人類生態学者と話していた。彼はおそらく少なからず酔っていたが、私に次のように言った。

里見君、日本のオセアニア研究の現状は馬鹿げていると思わないかい？　ニューギニアについての本が出たとするだろう。そうすると、ニューギニアを研究している人たちは、自分に関係のある本だからと言って読む。しかし、ソロモン諸島についての本が出ても読もうとしない。同じように、ソロモン諸島を研究している人たちは、ニューギニアについての本が出ても読まない。こんな状態は馬鹿げているだろう……里見君、君は「X島」についての民族誌を書けるかい？　どこの国でもない「X島」についての民族誌、しかし多くの人が手に取って読む。そんな民族誌が書けるかい？

「『X島』についての民族誌……まさしくそれを書きたいと思っています」と私は答えた。そして、本書において私は、この人類生態学者が私に投げかけてくれた挑戦に、遅ればせながら応えようとしたつもりである。

最後に、本書の担当編集者である河出書房新社の岩本太一さんとの関係についてぜひとも記しておきたい。私と同世代の編集者である岩本さんは、本書を執筆するきっかけを私に与えてくれた方であり、また本書の内容も、「知的で教養があるが、人類学についてはあまりよく知らない」読者の代表としての岩本さんに「当て書き」するようにして書かれている。その意味で、岩本さんこそが本書の産みの親にほかならない。

読者も岩本さん自身も信じないかもしれないが、私が岩本さんからの連絡をはじめて受け取ったのは、本書で言うフォウイアシ島の上にいる時だった。二〇一四年二〜三月のフィールドワーク中、携帯電話のインターネット接続がうまくいかなかったので、私は届いたメールについての定期的な報告を家族に頼んでいた。フォウイアシ島に滞在していたその日、家族から、「河出書房新社の編集者からメールが届いてるよ！　雑誌に載った論文を読んで、ぜひ一度お目にかかりたいだって」

と国際電話がかかってきたのである。現在と同様、当時も無名であった私が、このような連絡にどれほど興奮したかは言い表しようもない。

フィールドワークからの帰国後、新宿の喫茶店で岩本さんとはじめて対面したのは二〇一四年四月であった。そして、本書の最初の草稿を岩本さんにお送りしたのが二〇二一年四月なので……岩本さんは丸七年もの間、私の原稿を待ち続けてくださったことになる！　この間私は、大学に着任して多忙になったことなどを言い訳に何度か姿をくらましたが、今となっては、岩本さんの不屈の忍耐にどう感謝したらよいのか言葉が見つからない。なお、諸事情により、最初の草稿の完成から本書の出版が決まるまでには一年あまりの長い時間がかかったが、そんなことはもう忘れよう。ともかく、岩本さんの一貫した励ましがなければ本書は生まれなかった。

＊＊＊

二〇〇九年七月のある日、私は、当時親しくしていたフォウイアシ島のメケに誘われて、彼の妻方の親族が住む「トロ」（山の民）の集落を訪ねた。フォウバイタ村から徒歩で一五分ほどの集落から出発して、「トロ」の男性エディたちは私を、山の中にある祖先たちのかつての居住地に案内してくれた。半日におよぶこの徒歩旅行が終わって集落に戻ると、エディの娘たちが、タロイモとココナツ・ミルクを混ぜて石蒸し焼きにした、マライタ島におけるごちそう「ガラ」（*gara*）を用意してくれていた。エディの妻が、バナナの葉を手早く切って、まだ熱いガラを私のために包んでくれる。この包みを手に、夕闇が迫る道をフォウバイタ村まで歩いて帰りながら、私は、自分が今このような生活をしていることが、そして自分がどれほど異なった自分になりうるかが、信じられないという気持ちだった。そうして私は考えた――「私」というのは一つの小部屋のようなものだ。そして、その窓を開け広げるなら、「他者」という無数の風が吹き込んでくる。そして、それはどれほど悦ばしいことだろう、と。

二〇二二年五月　マリノフスキ『西太平洋の遠洋航海者』出版から一〇〇年の年に

里見龍樹

資料

◎地名対照表

・本書に登場する集落と島々の名称は、先行研究で言及されているものを除いて、原則として仮名だが、読者にとっての読みやすさを考慮した結果、これらの仮名は、私の前著『「海に住まうこと」の民族誌――ソロモン諸島マライタ島北部における社会的動態と自然環境』（風響社、二〇一七年）で用いたものとは異なるものになっている。参考までに、前著と本書における地名の対応関係を示しておく。

前著	本書
T村	フォウバイタ村
a島	フォウイアシ島
u島	アリテ島
s島	エリフォウ島
e島	クワレウ島
k島	シクワフヌ島
t島	フェラゴウ島
i島	貧しい島
l島	マーシオル島
m島	ラウ島

g島　サレの島
b島　タール島
w島　クワル島

◎初出一覧

・本書は全体として書き下ろしだが、それと同時に、二〇一四年頃からの私の学問的取り組みが、結果的に各章の中に断片的なかたちで流れ込むことになった。どの節がどの論文に対応しているかを詳細に示すときわめて煩雑になってしまうので、ここでは、どの章にどの論文からの断片が含まれているかを、あくまで大雑把なかたちで示しておきたい。なお、以下の論文の著者はすべて私一人である。

はじめに、第一章、おわりに
・該当する論文なし

第二章
・二〇一四「サンゴ礁の海に暮らす」佐藤靖明・村尾るみこ（編）『衣食住からの発見』古今書院、一七〇～一八五頁。
・二〇一八「『歴史』と『自然』の間で——現代の人類学理論への一軌跡」前川啓治・箭内匡・深川宏樹・浜田明範・里見龍樹・木村周平・根本達・三浦敦『二十一世紀の文化人類学——世界の新しい捉え方』新曜社、一三三～一八六頁。
・二〇一九「人類学の存在論的転回——他者性のゆくえ」『現代思想』四七（六）：一一七～一二二。

・二〇二一「序論　Writing (Against) Nature――『転回』以後の民族誌」『文化人類学研究』二二：一～八。

第三章

・二〇一九『育つ岩』――コミュニケーション／エージェンシーの限界をめぐる試論」杉島敬志（編）『コミュニケーション的存在論の人類学』臨川書店、一六六～一九八頁。
・二〇二〇「『戦闘の時代』の島々――ソロモン諸島マライタ島の初期植民地時代をめぐる歴史人類学的考察」『文化人類学』八五（三）：三九七～四一五。

第四章

・二〇一四「人類学／民族誌の『自然』への転回――メラネシアからの素描」『現代思想』四二（一）：一四八～一六一。
・二〇二〇「『戦闘の時代』の島々――ソロモン諸島マライタ島の初期植民地時代をめぐる歴史人類学的考察」『文化人類学』八五（三）：三九七～四一五。

第五章

・二〇一四「人類学／民族誌の『自然』への転回――メラネシアからの素描」『現代思想』四二（一）：一四八～一六一。
・二〇一九「『育つ岩』――コミュニケーション／エージェンシーの限界をめぐる試論」杉島敬志（編）『コミュニケーション的存在論の人類学』臨川書店、一六六～一九八頁。

第六章

・二〇一四 「人類学/民族誌の『自然』への転回――メラネシアからの素描」『現代思想』四二(一):一四八~一六一。

・二〇一八 「『沈む島』と『育つ岩』――あるいは、「生き存えること」の人類学」『現代思想』四六(二):二二三~二二七。

・二〇一九 「『育つ岩』――コミュニケーション/エージェンシーの限界をめぐる試論」杉島敬志(編)『コミュニケーション的存在論の人類学』臨川書店、一六六~一九八頁。

註

はじめに

＊1　本書で注目する言語・民族集団は、これまでの民族誌的文献では「ラウ」と呼ばれてきたが、本書では、現地でより日常的と思われる呼称に従い、この人々を「アシ」と呼ぶこととする。

＊2　ただし正確には、第二章で述べるように、アシの人々が「もう海には住めない」と語るようになったのは二〇一一年がはじめてではない。また、アシの島々がどこまで「伝統的」であるかについては第三章で検討する。

＊3　本書では、現代の日本に住む私自身と本書の読者を、便宜的に、かつためらいながら（「　」なしで）「われわれ」と呼ぶこととする。あるいは、そのような「われわれ」は、このような民族誌を書き、そして読むことを通して一時的に生成する集合性であると言えるかもしれない。

＊4　『自然』としか呼びようのないもの」についてのここでの考察は、たとえば以下の著作とも共鳴関係にある。篠原雅武　二〇一八『人新世の哲学――思弁的実在論以後の「人間の条件」』人文書院。

＊5　エドゥアルド・ヴィヴェイロス・デ・カストロ　二〇一一「強度的出自と悪魔的縁組」山崎吾郎・小倉拓也（訳）『現代思想』三九（一六）：一七〇～二〇九。

＊6　「人新世」と「ポストヒューマニズム」については、たとえば以下を参照。クリストフ・ボヌイユ、ジャン＝バティスト・フレソズ　二〇一八『人新世とは何か――〈地球と人類の時代〉の思想史』野坂しおり（訳）、青土社。ロージ・ブライドッティ　二〇一九『ポストヒューマン――新しい人文学に向けて』門林岳史（監訳）、フィルムアート社。また、二〇〇〇年代以降における人類学理論と思想・哲学の並行関係については以下を参照。清水高志　二〇一七『実在への殺到』水声社。

＊7　ジル・ドゥルーズ　二〇〇三「無人島の原因と理由」前田英樹（訳）『無人島　一九五三－一九六八』前田英樹（監修）、河出書房新社、一五頁。

＊8　クロード・レヴィ＝ストロース　二〇〇一『悲しき熱帯Ⅱ』川田順造（訳）、中央公論新社、四二五頁。なお、これに関連してヴィヴェイロス・デ・カストロは、ある講演の中で、環境危機などにより「われわれが知っているような世界の終わり」が現実味を帯びている現在、「その世界がとうに終わってしまっているような人々」から学ぶべきことは多いだろうと、いくぶんかのブラッ

ク・ユーモアをもって述べている（Eduardo Viveiros de Castro 2015 "Who is Afraid of the Ontological Wolf?: Some Comments on the Ongoing Anthropological Debate," *Cambridge Journal of Anthropology* 33 (1) : 6)。ここで彼が念頭に置いているのはアメリカ大陸先住民であり、コロンブス以後の西洋人による侵略やそれがもたらした感染症のために、先住民の人口は約五パーセントにまで激減したとも言われる。ヴィヴェイロス・デ・カストロによれば、それまで生きていた世界を一度完全に失ったこの人々の姿は、環境危機に直面する「われわれ」の近未来の、あるいは現在の姿を示すものにほかならない。

*9 「民族誌の自然」という概念については、以下の著作が着想源の一つとなった。中沢新一・國分功一郎 二〇一三『哲学の自然』太田出版。

*10 本書で取り組むべき課題について、私は、前著の末尾において以下のように述べていた。「筆者の見るところ、本書が遂行するそのような移行、すなわち他者性について考える上での、社会文化的な地平から『自然』の地平への移行は、現代の人類学が遂げるべき、あるいは現に一部で遂げつつある移行を体現するものである。すなわち、一九八〇～九〇年代の人類学におけるいわゆるポストモダニズム／ポストコロニアリズムが、たとえば『植民者／被植民者』あるいは『人類学者／現地住民』など、主として社会学的な意味での他者性を主題化するものであったのに対し、現在の人類学は、そのように社会学的な水準を超えて他者性について考えることを、自らの課題として設定しようとしている（あるいは、他者性についての思考は本来そのようにしかなされえないと認識しつつある）。人類学におけるこのような理論的移行は、これまでしばしば『存在論的転回（the ontological turn）』と呼ばれてきた。この点において本書は、人類学におけるいわゆる存在論的転回に対し、一つの民族誌的応答をなすものでもある。……以上で展開してきた考察は、『われわれ』が『住まう／ある』ことについてのアシの実践や認識が、根底において、また不可避的に、『われわれ』すなわち人間存在の領域を超え出るということを示してきた。そして、人類学において『存在論的』と呼ばれるべきは、他でもなく、人間存在からそれを超えた〈他なるもの〉、たとえば『自然』の領域への、このような移行の運動であろう……」（里見龍樹 二〇一七『「海に住まうこと」の民族誌――ソロモン諸島マライタ島北部における社会的動態と自然環境』風響社、三八六～三八七頁）。本書における課題は、前著においてこのようにあくまで示唆的に触れられるにとどまっていた、現代の人類学における「自然」という主題に、より明示的に取り組むことにある。

＊11 ここでの「自然の人類学」という表現は以下から借りたものである。Philippe Descola 2013 *The Ecology of Others*, Prickly Paradigm Press, trans. Geneviève Godbout and Benjamin P. Luley, p. ii. 箭内匡 二〇一八「『外』——人類学的思考を貫く本質的要素とは何か」前川啓治・箭内匡・深川宏樹・浜田明範・里見龍樹・木村周平・根本達・三浦敦『二十一世紀の文化人類学——世界の新しい捉え方』新曜社、三二八〜三二九頁。

＊12 ここで言う「自然を書く」という問題系については以下を参照。里見龍樹 二〇二一「序論 Writing（Against）Nature——『転回』以後の民族誌」『文化人類学研究』二二：一〜八。

＊13 ミシェル・フーコー 一九七四『言葉と物——人文科学の考古学』渡辺一民・佐々木明（訳）、新潮社、第十章。

＊14 ミシェル・フーコー 二〇〇六「外の思考」豊崎光一（訳）、小林康夫・石田英敬・松浦寿輝（編）『フーコー・コレクション二——文学・侵犯』筑摩書房、三〇七〜三五三頁。また、フーコーの「外の思考」を人類学において引き受けることについては、箭内、前掲論文を参照。

＊15 ルイ・アルチュセール 一九九四『マルクスのために』河野健二・田村俶・西川長夫（訳）、平凡社、四三六〜四三九頁。

＊16 ここで私は、アルチュセールと並んで、民族誌における現代性やアナクロニズムとは何かについてのストラザーンの考察を念頭に置いている。これについては以下を参照。Marilyn Strathern 1999 *Property, Substance, and Effect: Anthropological Essays on Persons and Things*, Athlone Press, ch. 7.

＊17 里見、前掲書。

＊18 里見龍樹 二〇一四「人類学／民族誌の『自然』への転回——メラネシアからの素描」『現代思想』四二（一）：一四八〜一六一。里見龍樹 二〇一八「『沈む島』と『育つ岩』——あるいは、『生き存えること』の人類学」『現代思想』四六（一）：二一三〜二二七。

第一章

＊1 Solomon Islands Government 2013 *Report on 2009 Population & Housing Census: Basic Tables and Census Description*, Solomon Islands National Statistical Office, pp. 25-26.

＊2 本書では、既存の文献にならい、アシの言語を「ラウ語」と呼ぶこととする。やや古いデータだが、一九九九年の国勢調査では、ラウ語を第一言語とする人口は約

一・七万人と推計されている。Solomon Islands Government 2001 *Report on 1999 Population & Housing Census: Basic Tables and Census Description*, Solomon Islands National Statistical Office, p. 170.

＊3　本書では、日本円とソロモン諸島ドルの為替レートを、二〇一一年のそれを基準に一ドル＝一二・五円として表記する。

＊4　マライタ島における植民地時代の歴史については、本書第二部および以下の文献を参照。里見龍樹 二〇一七『「海に住まうこと」の民族誌――ソロモン諸島マライタ島北部における社会的動態と自然環境』風響社、六五〜七〇頁。

＊5　調査地におけるキリスト教受容史については里見、前掲書、第四章を参照。

＊6　今日のアシにおける「カストム」の観念については本書第四章でも論じるが、より詳細には前掲書、第四章を参照。

＊7　この頃の私の念頭にあったのは、たとえばマルクスについての柄谷の以下のような言葉だった。「ドイツ哲学を〝外側から〟みたとき以来、マルクスにとって、哲学的言説は病理学的な徴候となった。……だが、彼はたんに〝外側から〟みる、客観的な場所に立ったのではない。……〝外側〟とは、客観的にものをみる場所ではなく、客観性そのものがローカルな共同主観性にすぎないことをみるような場所だ。彼の立場は、いわばあらゆる『立場』をつねに不安にし、宙づりにするような立場でなければならない。哲学を危うくするのは、もはや否定でも転倒でもなく、このような移動なのである」（柄谷行人 一九九〇『マルクスその可能性の中心』講談社、八八〜八九頁）。

＊8　マライタ島北部における「アシ／トロ」区分については、以下の論文を参照。里見龍樹 二〇一八「変化の中の集団区分――ソロモン諸島マライタ島北部の『海の民／山の民』（アシ／トロ）関係をめぐって」『日本オセアニア学会ニューズレター』一二〇：一〜一四。

＊9　ラウ／アシに関する先行研究については以下を参照されたい。里見、前掲書、六四〜六五頁。

＊10　マライタ島北部の「アシ／トロ」の間の市場交易については、たとえば以下で論じられている。Harold M. Ross 1978 "Baegu Markets, Areal Integration, and Economic Efficiency in Malaita, Solomon Islands," *Ethnology* 17（2）: 119-138.

＊11　Walter G. Ivens 1978（1930）*The Island Builders of the Pacific*, AMS Press, p. 48.

＊12　Ivens, *op. cit.*, p. 72. G. S. Parsonson 1966 "Artificial Islands in Melanesia: The Role of Malaria in the Settlement of the

"Southwest Pacific," *New Zealand Geographer* 22（1）:5.

*13 Ivens, *op. cit.*, Parsonson *op. cit.*

*14 本書で言う「人類学／民族誌批判」については、たとえば以下に要点を得た解説がある。竹沢尚一郎 二〇〇七『人類学的思考の歴史』世界思想社、第八～九章。ただし、一九八〇～九〇年代という時期に人類学の歴史に一つの屈折が生じたというのは、二〇〇〇年代後半に人類学を学び始めた私の視点から見た一つの見方に過ぎない。人類学史に対するこれとは異なる見方としては、たとえば以下を参照。箭内匡 二〇一八「文化人類学の現在と過去――人類学は今、どこにいるのか」前川啓治ほか『二十一世紀の文化人類学――世界の新しい捉え方』新曜社、三二〇～三二五頁。

*15 人類学における「異文化」イメージの系譜に対する批判的な検討としては、たとえば以下の論文を参照。清水昭俊 一九九二「永遠の未開文化と周辺民族――近代西欧人類学史点描」『国立民族学博物館研究報告』一七（三）：四一七～四八八。

*16 Jeremy MacClancey（ed.）2002 *Exotic No More: Anthropology on the Front Lines*, University of Chicago Press.

*17 James D. Faubion and George E. Marcus（eds.）2009 *Fieldwork Is Not What It Used to Be: Learning Anthropology's Method in a Time of Transition*, Cornell University Press.

*18 マリノフスキが二〇世紀的な人類学をいかに樹立したかについては、以下に踏み込んだ考察がある。浜本満 二〇〇五「村のなかのテント――マリノフスキーと機能主義」太田好信・浜本満（編）『メイキング文化人類学』世界思想社、六七～八九頁。竹沢、前掲書、四一～五七頁。

*19 ブロニスワフ・マリノフスキ 二〇一〇『西太平洋の遠洋航海者――メラネシアのニュー・ギニア諸島における、住民たちの事業と冒険の報告』増田義郎（訳）、講談社。

*20 マリリン・ストラザーン 二〇一五『部分的つながり』大杉高司・浜田明範・田口陽子・丹羽充・里見龍樹（訳）、水声社、一五八～一六五頁。

*21 佐藤知久 二〇一三『フィールドワーク二・〇――現代世界をフィールドワーク』風響社、二七～二九頁。

*22 ジェイムズ・クリフォード 二〇〇三『文化の窮状――二十世紀の民族誌、文学、芸術』太田好信・慶田勝彦・清水展・浜本満・古谷嘉章・星埜守之（訳）、人文書院、二九～三一頁。

*23 ジョージ・E・マーカス、マイケル・M・J・フィッシャー 一九八九『文化批判としての人類学――人間科学における実験的試み』永渕康之（訳）、紀伊國屋書店。

*24 マーガレット・ミード 一九七六『サモアの思春期』

畑中幸子・山本真鳥（訳）、蒼樹書房。

＊25 ミシェル・レリス 一九七一「植民地主義を前にした民族誌学者」『獣道』後藤辰男（訳）、思潮社、一五一～一七八頁。一九三〇年代のアフリカ横断調査団については以下を参照。竹沢尚一郎 二〇〇一『表象の植民地帝国——近代フランスと人文諸科学』世界思想社、第四章。

＊26 Talal Asad (ed.) 1973 *Anthropology and the Colonial Encounter*, Humanities Press.

＊27 エドワード・W・サイード 一九九三『オリエンタリズム 上・下』今沢紀子（訳）、平凡社。

＊28 Eric R. Wolf 1982 *Europe and the People Without History*, University of California Press.

＊29 清水昭俊、前掲論文。

＊30 本書では、レヴィ＝ストロースの一連の著作における理論的変遷とその今日的な意義については立ち入ることができない。最低限の要点だけを述べるならば、英語圏を中心に人類学者の間で広く受容された形式主義的な「構造主義」から、『神話論理』を中心とする後期のレヴィ＝ストロースが自ら逸脱していったこと、そしてこの動きにおいて、初期以来の中心的な主題であった「自然／文化」の概念対が変奏されていったこと、そしてレヴィ＝ストロースにおけるこのような展開が、欧米や日本において、彼の生誕一〇〇周年とほぼ時を同じくするいわゆる存在論的転回（次章参照）その他の動きの中で前景化されるようになったこと、などが指摘できる。これらの点については、とくに以下の論文を参照。箭内匡 二〇〇八「構造から自然へ、そして具体の音楽へ——今日、レヴィ＝ストロースを読むこと」『思想』一〇一六：一四四～一六一。エドゥアルド・ヴィヴェイロス・デ・カストロ 二〇一一「強度的出自と悪魔的縁組」山崎吾郎・小倉拓也（訳）『現代思想』三九（一六）：一七〇～二〇九。

＊31 David M. Schneider 1968 *American Kinship: A Cultural Account*, Prentice-Hall. David M. Schneider 1984 *A Critique of the Study of Kinship*, University of Michigan Press.

＊32 Roy Wagner 2016 (1981) *The Invention of Culture, Second Edition*, University of Chicago Press. なお、同書には以下の邦訳がある。ロイ・ワグナー 二〇〇〇『文化のインベンション』山崎美惠・谷口佳子（訳）、玉川大学出版部。

＊33 クリフォード・ギアーツ 一九八七『文化の解釈学 I・II』吉田禎吾・柳川啓一・中牧弘允・板橋作美（訳）、岩波書店。ギアツの解釈人類学については、たとえば以下を参照。竹沢『人類学的思考の歴史』二四七～二六七頁。清水展 二〇〇五「文化への焦点化——ギアツの解釈人類学」太田好信・浜本満（編）『メイキング文化人類学』世界思想社、二一五～二三六頁。

＊34 クリフォード・ギアツ 二〇〇二『解釈人類学と反＝反相対主義』小泉潤二（編訳）、みすず書房。

＊35 里見、前掲書、八〇頁。

＊36 マライタ島における「重要人物」という類型は、以下の論文に見られるように、二〇世紀後半のメラネシア人類学における「ビッグ・マン」論の民族誌的な着想源の一つであった。Marshall D. Sahlins 1970 "Poor Man, Rich Man, Big-Man, Chief: Political Types in Melanesia and Polynesia." In Thomas G. Harding and Ben J. Wallace (eds.) *Cultures of the Pacific: Selected Readings*, Free Press; Collier-Macmillan Limited, pp.203-215.

＊37 現代の英語における「タブー」（taboo）は、オセアニア諸語において「聖なる／禁じられた」を意味する「タプ」（*tapu*）その他の語を語源としているが、アシの言語における「アブ」もその同系語である。

＊38 里見龍樹 二〇二一「序論 Writing（Against）Nature ——『転回』以後の民族誌」『文化人類学研究』二二：一～八。

＊39 ジェイムズ・クリフォード、ジョージ・マーカス（編）一九九六『文化を書く』春日直樹・足羽與志子・橋本和也・多和田裕司・西川麦子・和迩悦子（訳）、紀伊國屋書店。

＊40 『文化を書く』に先立って民族誌のテクスト性を主題化した考察として以下がある。George E. Marcus and Dick Cushman 1982 "Ethnographies as Texts," *Annual Review of Anthropology* 11: 25-69. 同論文においてマーカスらは、二〇世紀の人類学の様式を「民族誌的リアリズム」と名付けている。

＊41 メアリー・ルイーズ・プラット 一九九六「共有された場をめぐるフィールドワーク」多和田裕司（訳）、クリフォード、マーカス（編）前掲書、五一～九二頁。

＊42 クリフォード・ギアーツ 二〇一二『文化の読み方／書き方』森泉弘次（訳）、岩波書店、六頁。

＊43 Johannes Fabian 1983 *Time and the Other: How Anthropology Makes Its Object*, Columbia University Press.

＊44 *Ibid.*, p. 32.

＊45 *Ibid.*, pp. 83-85.

＊46 *Ibid.*, pp. 25-35.

＊47 *Ibid.*, pp. 80-83.

＊48 ファビアン自身による試みとして、ザイール（現コンゴ）で出会った青年画家との対話的な共同作業を具体化した以下の民族誌がある。Johannes Fabian 1996 *Remembering the Present: Painting and Popular History in Zaire*, University of California Press.

＊49 この時期の実験的民族誌とその背景について広くレヴューしたものとして、先にも挙げたマーカス、フィッシ

ャー、前掲書を参照。

＊50　ヴィンセント・クラパンザーノ 一九九一『精霊と結婚した男――モロッコ人トゥハーミの肖像』大塚和夫・渡部重行（訳）、紀伊國屋書店。

＊51　ジェイムズ・クリフォード 一九九六「序論――部分的真実」足羽與志子（訳）、クリフォード、マーカス（編）、前掲書、二五～三〇頁。

＊52　クラパンザーノ、前掲書、一六九～一七〇頁。

＊53　ただし、クラパンザーノの民族誌をどう評価するかについては留保が必要である。同書においてクラパンザーノは、トゥハーミの心理生活をラカンをはじめとする精神分析理論によって分析しようとするのだが、そうした理論的・概念的枠組みはトゥハーミとの対話から生成してきたものでは決してない。その点で、同書がどこまで実験的・革新的であるかについては議論の余地がある。

＊54　これらの点については、たとえば以下を参照。竹沢『人類学的思考の歴史』、第八～九章。

＊55　Hugh Laracy 1976 *Marists and Melanesians: A History of Catholic Missions in the Solomon Islands*, University Press of Hawaii.

第二章

＊1　第二章における考察は、私がオーガナイザーを務め、二〇二一年一月九日にオンラインで開催された現代文化人類学会シンポジウム「Writing (Against) Nature ――『転回』以後の民族誌」での箭内匡氏のコメントから大きな示唆を受けている。ただしもちろん、以下で述べられる内容に対する責任は私一人が負うものである。

＊2　アシの移住伝承「アイ・ニ・マエ」については以下を参照。里見龍樹 二〇一七『「海に住まうこと」の民族誌――ソロモン諸島マライタ島北部における社会的動態と自然環境』風響社、第二章。

＊3　例として以下の論文を参照。Gerhard Schneider 1998 “Reinventing Identities: Redefining Cultural Concepts in the Struggle between Villagers in Munda, Roviana Lagoon, New Georgia Island, Solomon Islands, for the Control of Land.” In Jürg Wassmann (ed.) *Pacific Answers to Western Hegemony: Cultural Practices of Identity Construction*, Berg, pp. 191-211.

＊4　実際に、二〇世紀後半から現在まで、マライタ島の人口は急激に増加してきた。一九七〇年の時点で、離島を含むマライタ州の人口が約五・二万人であったのに対し、二〇〇九年の人口は約一三・八万人にまで増加している

（Solomon Islands Government 2013 *Provincial & Housing Census: Malaita*, Solomon Islands National Statistical Office, p.2）。また、一九八六年から九九年にかけての平均年間人口増加率は三・三パーセントに上る（Solomon Islands Government 2002 *Report on the 1999 Population & Housing Census: Analysis*, Solomon Islands National Statistical Office, p.24）。とくにマライタ島北部の海岸部は、ソロモン諸島の村落地域の中でももっとも人口密度が高い地域の一つとして知られる。具体的には、国内の平均人口密度が一七人／平方キロであるのに対し、フォウバイタ村を含むアシ地域北部の海岸部における人口密度は、その約三倍の五〇人／平方キロ以上に及ぶと推計されている（Simon Foale, Philippa Cohen, Stephanie Januchowski-Hartley, Amelia Wenger and Martha Macintyre 2011 "Tenure and Taboos: Origins and Implications for Fisheries in the Pacific," *Fish and Fisheries* 12（4）: 360）。

＊5　ラウ語で、「土地」、「土・土壌」と「茂み・森林」は同じ「ガノ」という語で表現されるが、これはあたかも、焼畑農耕における耕地と二次林の一体性を表現しているかのようである。

＊6　宮内泰介 二〇一一『開発と生活戦略の民族誌――ソロモン諸島アノケロ村の自然・移住・紛争』新曜社、第六章。

＊7　Marilyn Strathern 1988 *The Gender of the Gift: Problems with Women and Problems with Society in Melanesia*, University of California Press.

＊8　Eduardo Viveiros de Castro 1992 *From the Enemy's Point of View: Humanity and Divinity in an Amazonian Society*, University of Chicago Press, trans. Catherine V. Howard. 里見、前掲書、三七～四一頁参照。

＊9　Eduardo Kohn 2015 "Anthropology of Ontologies," *Annual Review of Anthropology* 44: 312.

＊10　Eduardo Viveiros de Castro 2012 *Cosmological Perspectivism in Amazonia and Elsewhere: Four Lectures Given in the Department of Social Anthropology, University of Cambridge, February–March 1998*, Hau Masterclass Series Volume 1（https://haubooks.org/viewbook/masterclass1/cosmological_perspectivism.pdf）、最終閲覧二〇二一年四月十五日。

＊11　Eduardo Viveiros de Castro 1998 "Cosmological Deixis and Amerindian Perspectivism," *Journal of the Royal Anthropological Institute* 4（3）: 469-488. なお、この論文に加筆した二〇〇五年の英語論文が、以下の通り邦訳されている。エドゥアルド・ヴィヴェイロス・デ・カストロ 二〇一六「アメリカ大陸先住民のパースペクティヴィズムと多自然主義」近藤宏（訳）『現代思想』四四（五）：四一～七九。

＊12 Amiria Henare, Martin Holbraad and Sari Wastell 2007 "Introduction: Thinking Through Things." In Amiria Henare, Martin Holbraad and Sari Wastell (eds.) *Thinking Through Things: Theorising Artefacts Ethnographically*, Routledge, pp. 1-31.

＊13 *Ibid.*, p.7.

＊14 いわゆる存在論的転回をめぐる論争については、たとえば以下で的確に要約・検討されている。石井美保 二〇一七『環世界の人類学——南インドにおける野生・近代・神霊祭祀』京都大学学術出版会、九〜二五頁。

＊15 Martin Holbraad and Morten Axel Pedersen 2017 *The Ontological Turn: An Anthropological Exposition*, Cambridge University Press.

＊16 Philippe Descola 2013 *The Ecology of Others*, Prickly Paradigm Press, trans. Geneviève Godbout and Benjamin P. Luley, p. ii. 箭内匡 二〇一八「『外』——人類学的思考を貫く本質的要素とは何か」前川啓治ほか『二十一世紀の文化人類学——世界の新しい捉え方』新曜社、三二八〜三二九頁。もちろんここで「自然の人類学」と言うときの「自然」は、第一義的には、近代的な自然観が相対化された後の「広義の自然」を意味する。それと同時に私自身は、ここで引いた論者らと同様、現代においてなお「自然」の概念をある仕方で維持することが理論的に必要であると考えており（本書第三部参照）、その点でたとえば、この概念を「ギリシアの政治とフランスのデカルト主義とアメリカの公園の混合物」(Bruno Latour 2004 *Politics of Nature: How to Bring the Sciences into Democracy*, Harvard University Press, trans. Catherine Porter, p.5) として退けようとするラトゥールとは異なる見方をとる。

＊17 福島真人 二〇二一「カント主義」日比野愛子・鈴木舞・福島真人（編）『科学技術社会学（ＳＴＳ）——テクノサイエンス時代を航行するために』新曜社、二〜七頁。

＊18 人類学における「自然／文化」という「大分割」の系譜については、たとえば以下を参照。フィリップ・デスコラ 二〇二〇『自然と文化を越えて』小林徹（訳）、水声社、第二〜三章。

＊19 たとえば、一九七〇年代に解釈人類学を提唱した先述のギアツは、文化の研究は、法則を探究する実験科学ではなく意味を探究する解釈学的な科学である、という彼の言葉（クリフォード・ギアーツ 一九八七『文化の解釈学I』吉田禎吾ほか（訳）、岩波書店、六頁）に表れているように、ウェーバー、パーソンズらを経由した新カント派的な認識論を一面でたしかに継承していた。

＊20 Viveiros de Castro, 2012, pp. 151-153.

＊21　Eduardo Viveiros de Castro 2015 "Who Is Afraid of the Ontological Wolf?: Some Comments on an Ongoing Anthropological Debate," *The Cambridge Journal of Anthropology* 33 (1) : 4-6.

＊22　Henare et al., *op. cit.*, p. 7.

＊23　Holbraad and Pedersen, *op. cit.*, p. 282.

＊24　*Ibid.*, chs. 2-3.

＊25　ブルーノ・ラトゥール　二〇〇八『虚構の「近代」――科学人類学は警告する』川村久美子（訳）、新評論。

＊26　里見、前掲書、二〇六〜二〇九頁。

＊27　アシ地域における集住あるいは「コミュニティ」が一つの試みとしてあることについては前掲書、第七章を参照。

＊28　二〇一一年当時のフォウバイタ地域の人々の間では、畑仕事などを一日手伝ってもらうことに対する謝礼は二〇ドル（約二五〇円）が標準的であった。なお私自身は、調査協力者にいくらの謝礼を支払う――あるいは、場合によってはそもそも支払わない――べきかについて、ホームステイ先のジャウおじさんからアドバイスを受けていた。

＊29　前掲書、第五章。

＊30　このことについて考察した文献として以下を参照。篠原雅武　二〇一八『人新世の哲学――思弁的実在論以後の「人間の条件」』人文書院。

＊31　箭内匡　二〇一八『イメージの人類学』せりか書房、二四九〜二五〇頁。強調引用者。

＊32　ここで「狭義の自然」と呼んでいる近代的な自然観については、たとえば以下で論じられている。ラトゥール、前掲書、第二章。デスコラ、前掲書、第三章。

＊33　このような「自然の人類学」の先駆的な例として、いわゆる存在論的転回に先立つ以下の論集がある。Philippe Descola and Gísli Pálsson (eds.) 1996 *Nature and Society: Anthropological Perspectives*, Routledge.

＊34　内山田康　二〇一九『原子力の人類学――フクシマ、ラ・アーグ、セラフィールド』青土社。

＊35　箭内、前掲論文、三二六〜三二九頁。なお、現象学やハイデガー哲学に立脚した独自のメラネシア民族誌を実践したウィーナーは、一九九八年の論文において、「メラネシア的社会性の基盤＝地（ground）」としての「自然」について考えることは、「構築されざるもの」(the non-constructed) について考えることである、と述べている（James Weiner 1998 "Afterword: Revealing the Grounds of Life in Papua New Guinea," *Social Analysis* 42 (3) : 135）。ここにはたしかに、本書と共通する問題意識を読み取ることができる。

＊36　Viveiros de Castro, 1998. ヴィヴェイロス・デ・カスト

ロ、前掲論文。

＊37 前掲論文、四二〜四三頁、四八頁。

＊38 前掲論文、五三〜五四頁。

＊39 前掲論文、五六〜六二頁。

＊40 パースペクティヴィズム論文で提示された「多様体としての自然」については、以下の解説を参照。檜垣立哉 二〇一五「『アンチ・オイディプス』から『アンチ・ナルシス』へ——『食人の形而上学』解説」エドゥアルド・ヴィヴェイロス・デ・カストロ『食人の形而上学——ポスト構造主義的人類学への道』檜垣立哉・山崎吾郎（訳）、洛北出版、三五七〜三六八頁。

＊41 Eduardo Viveiros de Castro 2011 "Zeno and the Art of Anthropology: Of Lies, Beliefs, Paradoxes, and Other Truths," *Common Knowledge* 17（1）: 129.

＊42 ヴィヴェイロス・デ・カストロによるこのような「多自然主義」の問題提起は、たとえば以下の論集に受け継がれている。Marisol de la Cadena and Mario Blaser（eds.）2018 *A World of Many Worlds*, Duke University Press.

＊43 Henare et al., *op. cit.*, p. 8.

＊44 デスコラ、前掲書、二五〜三一頁。

＊45 その初期の成果として、先に挙げた以下の論集がある。Descola and Pálsson, *op. cit.*

＊46 デスコラ、前掲書、第五章。

＊47 前掲書、四一四頁。

＊48 ミシェル・フーコー 一九七四『言葉と物——人文科学の考古学』渡辺一民・佐々木明（訳）、新潮社。デスコラ、前掲書、一一一〜一一二頁、二八六〜二八八頁。

＊49 ミシェル・フーコー 二〇〇六「外の思考」豊崎光一（訳）、小林康夫ほか（編）『フーコー・コレクション二——文学・侵犯』筑摩書房、三〇七〜三五三頁。

＊50 Rane Willerslev 2016 "Foreword: The Anthropology of Ontology Meets the Writing Culture Debate—Is Reconciliation Possible?" *Social Analysis* 60（1）: vi.

＊51 Eduardo Viveiros de Castro 2016 "Metaphysics as Mythophysics: Or, Why I Have Always Been an Anthropologist." In Pierre Charbonnier, Gildas Salmon, and Peter Skafish（eds.）*Comparative Metaphysics: Ontology after Anthropology*, p. 257.

＊52 Henare et. al., *op. cit.* Holbraad and Pedersen, *op. cit.* なお、いわゆる存在論的転回における「概念の創造」の方法論については、以下の論文を参照。相原健志 二〇一七「人類学の存在論的転回における概念創造という方法の条件と問題——創造から他律的変容へ」『慶應義塾大学日吉紀要——言語・文化・コミュニケーション』四九：一〜一五。

＊53 エドゥアルド・ヴィヴェイロス・デ・カストロ 二〇

一八「パースペクティヴの人類学と制御された取り違えという方法」近藤宏（訳）『現代思想』四六（一）：一九八〜二〇〇。

＊54　Henare et al., *op. cit.*, p. 7.

＊55　自己／他者関係に対する見方のこのような転換は、ヴィヴェイロス・デ・カストロが、前掲のアラウェテ民族誌で遂行しているものでもある。Viveiros de Castro, 1992.

＊56　箭内匡 二〇〇二「アイデンティティの識別不能地帯で――現代マプーチェにおける『生成』の民族誌」田辺繁治・松田素二（編）『日常的実践のエスノグラフィ――語り・コミュニティ・アイデンティティ』世界思想社、二二九〜二三〇頁。傍点引用者。同じ論文で、箭内は「アイデンティティの識別不能地帯」について次のように説明している。「必要なのは、表面的な『形態』（伝統主義者、プロテスタント、都市に住むマプーチェなど）を乗り越えて、様々な異質な『力』……が同時に、しかし不揃いな形で作動している場所へと向かうことである。この場所を、もはやマプーチェ、ウインカといったアイデンティティ（同一性）が確定不能になっている場所という意味で、アイデンティティの『識別不能地帯』と呼んでおいても良いだろう」（前掲論文、二二三頁）。

＊57　ここでの議論は、マリノフスキの「不可量部分」の概念に着目した箭内の考察から示唆を得ている。箭内、前掲書、第二章。

＊58　ここでの議論はとくに、二〇二一年一月九日に開催された現代文化人類学会のシンポジウムにおける箭内匡氏の指摘に多くを負っている。なお、紙幅の制約上本書では立ち入らないが、ここで述べたように「文化」や「社会」から「広義の自然」に視点を移動させることによって、これまでの人類学の歴史を読み替えることもおそらく可能である。たとえば、アメリカの人類学者スチュワードが二〇世紀半ばに提唱した「文化生態学」（cultural ecology）は、教科書的には、人間社会の自然環境への「適応」の理論、言い換えれば「狭義の自然」の人類学の典型とみなされがちである。しかし実際には、彼が調査したのは、ヨーロッパ人入植者との接触によって伝統的生業が完全に崩壊した北米先住民社会であり、まさしくこのために、彼の民族誌は特徴的にも一貫して過去形で書かれていた（Julian H. Steward 1938 *Basin-Plateau Aboriginal Sociopolitical Groups*, Smithsonian Institution, Bureau of American Ethnology）。それでは、スチュワードが実際にそこで見出していたのは、「自然」のどのようなあり方であったのか？　同じように、ラパポートの『祖先に捧げるブタ』（Roy A. Rappaport 1968 *Pigs for the*

Ancestors: Ritual in the Ecology of a New Guinea People, Yale University Press）は、パプア・ニューギニアの一地域における人間 - 環境関係を、生態学的システム論を応用して記述・分析した生態人類学の古典として知られる。しかし、そのシステム論的な外見の背後で、ラパポートは、二〇世紀半ばまでのニューギニア社会で戦闘とそれによる人々の移住・離散が盛んであり、そのため、彼が分析対象とするローカルな人間 - 環境関係自体がきわめて流動的であったことを認めている（この点については以下を参照。里見龍樹 二〇一九「メラネシア人類学における再分配の境界――『集団』と『戦争』をめぐって」浜田明範（編）『再分配のエスノグラフィ――経済・統治・社会的なもの』国立民族学博物館、一一五～一四一頁）。そうだとすれば、彼が記述したのはいかなる「自然」であったのか？　このように、これまでの人類学史を、言うなれば「多自然主義的」に読み直すことは、たしかに可能と思われる。

第三章

＊1　里見龍樹 二〇一七『「海に住まうこと」の民族誌――ソロモン諸島マライタ島北部における社会的動態と自然環境』風響社、第三章。

＊2　そのような「広義の交換」論の古典的な例として、以下が挙げられる。Andrew Strathern 1971 *The Rope of Moka: Big-Men and Ceremonial Exchange in Mount Hagen, New Guinea*, Cambridge University Press. Annette B. Weiner 1976 *Women of Value, Men of Renown: New Perspectives in Trobriand Exchange*, University of Texas Press.

＊3　第一章でも触れたように、「アシ／トロ」間の市場交易については過去に民族誌的な報告がある。Harold M. Ross 1978 "Baegu Markets, Areal Integration, and Economic Efficiency in Malaita, Solomon Islands," *Ethnology* 17（2）: 119-138.

＊4　里見、前掲書、第二～三章。

＊5　里見龍樹 二〇一六「海を渡る生者たちと死者たち――ソロモン諸島マライタ島北部のアシ／ラウにおける葬制、移住と親族関係」『文化人類学』八一（二）：一六一～一七九。

＊6　ここでの「無関係」の用語は、ジル・ドゥルーズのフーコー論（二〇〇七『フーコー』宇野邦一（訳）、河出書房新社）に由来する。フーコー／ドゥルーズの「無関係」の思考を人類学においていかに受け止めるかについては、以下の論考から示唆を受けている。箭内匡 二〇一三「第三種の政治に向かって――人類学的生権力論の一つの試み」『思想』一〇六六：二四四～二六三。

＊7　第二章でも言及したウィーナーは、同じくハイデガー哲学に依拠してメラネシア交換論における「関係性」の概念を根底的に相対化している。James F. Weiner 2001 *Tree Leaf Talk: A Heideggerian Anthropology*, Berg.

＊8　エドゥアルド・ヴィヴェイロス・デ・カストロ 二〇一一「強度的出自と悪魔的縁組」山崎吾郎・小倉拓也（訳）『現代思想』三九（一六）：一七〇～二〇九。ピエール・クラストル 一九八七『国家に抗する社会――政治人類学研究』渡辺公三（訳）、水声社。

＊9　Martin Holbraad and Morten Axel Pedersen 2017 *The Ontological Turn: An Anthropological Exposition*, Cambridge University Press, p. 242.

＊10　*Ibid.*, p. 242.

＊11　ピーダーセンは、すでに二〇一二年の時点で、ストラザーンやヴィヴェイロス・デ・カストロらに主導されてきた近年の人類学理論を「関係論的人類学」（relational anthropology）として一括した上で、その成果を踏まえつつそれを乗り越える「ポスト関係論的人類学」（post-relational anthropology）という方向性を提唱していた（Morten Axel Pedersen 2012 "The Task of Anthropology Is to Invent Relations: For the Motion," *Critique of Anthropology* 32 (1) : 59-65）。なお、ピーダーセン自身における「ポスト関係論的人類学」の試みは、モンゴル北部のシャーマニズムを事例とする以下の論文で示されている。Morten Axel Pedersen 2014 "The Fetish of Connectivity," In Penny Harvey, Eleanor Conlin Casella, Gillian Evans, Hannah Knox, Christine McLean, Elizabeth B. Silva, Nicholas Thoburn and Kath Woodward (eds.) *Objects and Materials: A Routledge Companion*, Routledge, pp. 197-207. モルテン・アクセル・ピーダーセン 二〇一七「自然の島々――モンゴル北部における孤立したモノと凍りついた精霊たち」里見龍樹（訳）『現代思想』四五（四）：八一～九五。

＊12　Matei Candea, Joanna Cook, Catherine Trundle and Thomas Yarrow (eds.) 2015 *Detachment: Essays on the Limits of Relational Thinking*, Manchester University Press.

＊13　次章でも取り上げるストラザーンにおけるメラネシア交換論の相対化、および「切断・断絶」の主題については、たとえば以下の論文を参照。Marilyn Strathern 1996 "Cutting the Network," *Journal of the Royal Anthropological Institute* 2 (3) : 517-535. Marilyn Strathern 1999 *Property, Substance, and Effect: Anthropological Essays on Persons and Things*, Athlone Press, ch. 3.　なお、「ネットワーク」の理論の代表格のようにみなされるラトゥール（第五章参照）も、すでに二〇〇五年の著作において、ネットワークに結び付けられていない広大な「外部」――彼の言う

「プラズマ」――に着目する必要性を訴えていた（ブリュノ・ラトゥール 二〇一九『社会的なものを組み直す――アクターネットワーク理論入門』伊藤嘉高（訳）、法政大学出版局、四五八～四六六頁）。

＊14 Holbraad and Pedersen, *op. cit.*, p. 271.

＊15 「概念的美学」という表現は以下に由来するものである。ヴィヴェイロス・デ・カストロ、前掲論文、一七二頁。

＊16 一例として、思弁的実在論の主導者の一人とみなされる哲学者ハーマンの次のような言葉を紹介しよう。「おそらく『文脈化』［contextualization］こそが、我々の時代の知的ミッションであり続けてきたと、そして、二〇世紀の運命は、ホーリズムという概念を唱えて闘うことであったと言えるだろう。……しかしながら、このようにコンテクストを優位にし、独立的な実体と本質を捨て去ることは、これまた、かつては解放的であったにせよ、もはやそうではない考えのひとつなのである。『文脈性』や『関係性』［relationality］といったパラダイムは、今となっては、我々の思考の隅々を支配するほど、我々の精神のうちに刻まれているのだから」（Graham Harman 2002 *Tool-Being: Heidegger and the Metaphysics of Objects*, Open Court, p. 174. 千葉雅也 二〇一三『動きすぎてはいけない――ジル・ドゥルーズと生成変化の哲学』河出書房新社、二二八頁に引用。［ ］内は千葉、省略は里見による）。

＊17 アルフレッド・ラドクリフ＝ブラウン 二〇〇二『未開社会における構造と機能』青柳まちこ（訳）、新泉社、六八～八二頁。また以下をも参照。田辺明生 二〇〇四「歴史と人類学／歴史学としての人類学・科学としての人類学」小松和彦・田中雅一・谷泰・原毅彦・渡辺公三（編）『文化人類学文献事典』弘文堂、八五六～八五七頁。

＊18 ブロニスワフ・マリノフスキ 二〇一〇『西太平洋の遠洋航海者――メラネシアのニュー・ギニア諸島における、住民たちの事業と冒険の報告』増田義郎（訳）、講談社、二一〇頁。

＊19 竹沢尚一郎 二〇〇七『人類学的思考の歴史』世界思想社、四一～四二頁。

＊20 Edvard Hviding 1996 *Guardians of Marovo Lagoon: Practice, Place, and Politics in Maritime Melanesia*, University of Hawai'i Press.

＊21 *Ibid.*, p. xv.

＊22 「不定形の」という表現は、言うまでもなくバタイユから着想を得たものである。ジョルジュ・バタイユ 二〇一四『ドキュマン』江澤健一郎（訳）、河出書房新社、一四四～一四五頁。

＊23 オセアニアの歴史人類学におけるサーリンズの位置に

ついては、以下を参照。宮崎広和 一九九四「オセアニア歴史人類学研究の最前線――サーリンズとトーマスの論争を中心として」『社会人類学年報』二〇：一九三～二〇八。

＊24　マーシャル・サーリンズ 一九九三『歴史の島々』山本真鳥（訳）、法政大学出版局。

＊25　前掲書、一六頁。

＊26　前掲書、序章。

＊27　前掲書、一七七～一七八頁。

＊28　前掲書、一一頁。

＊29　前掲書、第四章。および、その先駆形として以下がある。Marshall Sahlins 1981 *Historical Metaphors and Mythical Realities: Structure in the Early History of the Sandwich Islands Kingdom*, University of Michigan Press.

＊30　前掲書、五二頁。

＊31　クックはマカヒキ祭の構造に従ってロノ神と同様に儀礼的に殺害されたのか、それともその構造から逸脱したために殺されたのか、という点について、サーリンズの記述には揺れがあるように思われる。これについては、前掲書、一六四頁や Sahlins, *op. cit.*, p. 24 を参照。

＊32　たとえば前掲書、第五章。

＊33　このサーリンズの分析が巻き起こした論争については、すでに要点を得たまとめが行われているので、ここでは立ち入らない。『歴史の島々』の「訳者あとがき」および宮崎、前掲論文を参照。

＊34　宮崎、前掲論文、一九四～一九九頁。

＊35　Walter G. Ivens 1978（1930）*The Island Builders of the Pacific*, AMS Press.

＊36　*Ibid.*, n.p.

＊37　*Ibid.*, p. 53.

＊38　*Ibid.*, p. 53.

＊39　Nicholas Thomas 1991 *Entangled Objects: Exchange, Material Culture, and Colonialism in the Pacific*, Harvard University Press, p. 3.

＊40　*Ibid.*, p. 4.

＊41　Nicholas Thomas 1997 *In Oceania: Visions, Artifacts, Histories*, Duke University Press, p. 12

＊42　*Ibid.*, pp. 191-192.

＊43　*Ibid.*, pp. 199ff. サーリンズはその後、多数の史料を参照してトーマスに反論するが、ここではこの論争の詳細には立ち入らない。

＊44　Marshall D. Sahlins 1962 *Moala: Culture and Nature on a Fijian Island*, University of Michigan Press.

＊45　Florence Coombe 1911 *Islands of Enchantment: Many-Sided Melanesia Seen Through Many Eyes*, Macmillan and Co., p. 272.

＊46　Ivens, *op. cit.*, pp. 26, 49.

＊47　里見、前掲書、六三頁、一二〇〜一二三頁。

＊48　前掲書、一二〇〜一二三頁。

＊49　なお、マライタ島の労働交易に、ローレンスが言うような強制的な要素が実際にどれだけあったかは論争的な問題である。

＊50　David W. Akin 2013 *Colonialism, Maasina Rule, and the Origins of Malaitan Kastom*, University of Hawai'i Press, p. 5.

＊51　*Ibid.*, ch. 2.

＊52　Thomas, *op. cit.*, p. 199.

＊53　Akin, *op. cit.* Clive Moore 2017 *Making Mala: Malaita in Solomon Islands, 1870s–1930s*, ANU Press.

＊54　春日直樹 一九九七「『発端の闇』としての植民地——カーゴ・カルトはなぜ『狂気』だったか」山下晋司・山本真鳥（編）『植民地主義と文化——人類学のパースペクティヴ』新曜社、一二八〜一五一頁。

＊55　シドニー・W・ミンツ 一九八八『甘さと権力——砂糖が語る近代史』川北稔・和田光弘（訳）、平凡社。

＊56　Peter Corris 1973 *Passage, Port and Plantation: A History of Solomon Islands Labour Migration, 1870-1914*, Melbourne University Press, p. 32.

＊57　Moore, *op. cit.*, p. 101.

＊58　Corris, *op. cit.*, ch. 7. Moore, *op. cit.*, ch. 2.

＊59　Moore, *op. cit.*, p. 92.

＊60　Ivens, *op. cit.*, p. 43. Moore *op. cit.*, p. 125.

＊61　James Boutilier 1983 "Killing the Government: Imperial Policy and the Pacification of Malaita." In Margaret Rodman and Matthew Cooper (eds.) *The Pacification of Melanesia*, University Press of America, pp. 43-87. Roger M. Keesing 1982 *Kwaio Religion: The Living and the Dead in a Solomon Island Society*, Columbia University Press, pp. 21-22. Moore, *op. cit.*, pp. 311ff.

＊62　Ivens, *op. cit.*, p. 45.

＊63　*Ibid.*, p. 43.

＊64　Coombe, *op. cit.*, pp. 268, 272.

＊65　Judith A. Bennett 1987 *Wealth of the Solomons: A History of a Pacific Archipelago, 1800–1978*, University of Hawai'i Press, pp. 193-194.

＊66　Moore, *op. cit.*, ch. 9.

＊67　Roger M. Keesing and Peter Corris 1980 *Lightning Meets the West Wind: The Malaita Massacre*, Oxford University Press.

第四章

＊1　アシにおけるキリスト教受容史と「カストム」の観念については、以下を参照されたい。里見龍樹 二〇一七『「海に住まうこと」の民族誌——ソロモン諸島マライタ

島北部における社会的動態と自然環境』風響社、第四章。

＊2 Roger M. Keesing 1985 "Killers, Big Men, and Priests on Malaita: Reflections on a Melanesian Troika System," *Ethnology* 24（4）: 237-252.

＊3 James Boutilier 1983 "Killing the Government: Imperial Policy and the Pacification of Malaita." In Margaret Rodman and Matthew Cooper（eds.）*The Pacification of Melanesia*, University Press of America, pp. 43-87. Clive Moore 2017 *Making Mala: Malaita in Solomon Islands, 1870s–1930s*, ANU Press, ch. 9.

＊4 H. Ian Hogbin 1970（1939）*Experiments in Civilization: The Effects of European Culture on a Native Community of the Solomon Islands*, Schocken, p. 91.

＊5 Keesing, *op. cit.*, pp. 242-243.

＊6 Walter G. Ivens 1978（1930）*The Isand Builders of the Pacific*, AMS Press, pp. 185-193.

＊7 里見、前掲書、第二章。

＊8 前掲書、八四〜九〇頁。

＊9 Florence Coombe 1911 *Islands of Enchantment: Many-Sided Melanesia Seen Through Many Eyes*, Macmillan and Co., p. 272. Ivens, *op.cit.*, p. 54.

＊10 里見、前掲書、第二章。

＊11 里見龍樹・久保明教 二〇一三「身体の産出、概念の延長――マリリン・ストラザーンにおけるメラネシア、民族誌、新生殖技術をめぐって」『思想』一〇六六：二六四〜二八二。里見龍樹 二〇二〇「マリリン・ストラザーンにおける〈イメージの方法〉」『日本オセアニア学会ニューズレター』一二六：一〜一八。里見龍樹 印刷中「メラネシアからの思考――ストラザーン『贈与のジェンダー』における『行為』と『産む身体』をめぐって」檜垣立哉・山崎吾郎（編）『構造と自然――哲学と人類学の交錯』勁草書房。

＊12 マリリン・ストラザーン 二〇一六「歴史のモノたち――出来事とイメージの解釈」深川宏樹（訳）『現代思想』四四（五）：八〇〜九七。なおこの論文は、第二章でも言及した、いわゆる存在論的転回のマニフェストと目される以下の論文においても、主要な着想源となっていた。Amiria Henare, Martin Holbraad and Sari Wastell 2007 "Introduction: Thinking Through Things." In Amiria Henare, Martin Holbraad and Sari Wastell（eds.）*Thinking Through Things: Theorising Artefacts Ethnographically*, Routledge, pp. 1-31.

＊13 ストラザーン、前掲論文、八二〜八八頁。

＊14 第二章で触れたように、ヴィヴェイロス・デ・カストロのアラウェテ民族誌は、一面でストラザーンと同様、つねに同一性を志向する「未開社会」という通念を全面

的に転覆しようとした著作として重要である。Eduardo Viveiros de Castro 1992 *From the Enemy's Point of View: Humanity and Divinity in an Amazonian Society*, University of Chicago Press, trans. Catherine V. Howard.

＊15　前掲論文、八二〜八三頁、九一〜九三頁。

＊16　前掲論文、八二〜八三頁。

＊17　前掲論文、九一〜九二頁。

＊18　前掲論文、八八頁。なお、「西洋的／メラネシア的」という対比自体をストラザーンが相対化していることはここでは措くとしよう。

＊19　前掲論文、八八〜八九頁。

＊20　前掲論文、八〇頁。ただし訳文を変更した。また、ストラザーンは次のようにも述べている。「それ自体として把握されたモノあるいはパフォーマンスは、イメージとして把握されている。イメージは決定的に文脈の外にある。あるいは逆に、それはそれ自体に先行する文脈を含んでいるのである。問題はすべて、そのパフォーマンスの将来的な結果、未来に対するその結果、次に何が明らかにされるか、一言で言えば、そのさらなる効果がどのようなものであるかということに存している」（前掲論文、八七頁。ただし訳文を変更した）。

＊21　前掲論文、八五頁。

＊22　里見・久保、前掲論文。里見、二〇二〇。

＊23　メラネシア交換論に対するストラザーンの批判は、前章で言及した以下の論文で明示されている。Marilyn Strathern 1996 "Cutting the Network," *Journal of the Royal Anthropological Institute* 2 (3) : 517-535.

＊24　ストラザーン、前掲論文、八五頁。

＊25　前掲論文、八五頁。強調原文。

＊26　前掲論文、八六頁。

＊27　本書では立ち入らないが、ストラザーンとトーマスの間では、「贈与／商品交換」という対概念の用法をめぐって批判が交わされたことがある。これについては以下を参照。Nicholas Thomas 1991 *Entangled Objects: Exchange, Material Culture, and Colonialism in the Pacific*, Harvard University Press, pp. 52-59. Marilyn Strathern 1993 "Entangled Objects: Detached Metaphors," *Social Analysis* 34: 88-101. また、一九八〇〜九〇年代の歴史人類学に対するストラザーンの批評として、以下をも参照されたい。Marilyn Strathern 1999 *Property, Substance, and Effect: Anthropological Essays on Persons and Things*, Athlone Press, ch. 7.

＊28　この日誌に記されているように、二〇一一年のフィールドワーク中、フォウバイタ地域では、第二章で述べたフォウバイタ氏族とイロイの間の潜在的対立に加えて、同氏族とカベオアという六〇代女性の間でも土地権争い

が生じていた。カベオアは、フォウバイタ氏族の長男に当たる男性を祖父に持つが、この祖父の子どもは女一人——すなわちカベオアの母——のみであり、さらに、この女子の子どももカベオアら女子ばかりであった。すでに述べた通り、マライタ島では主な土地権は父系的に継承される。マライタ島の社会組織に、メラネシア人類学者が好んで指摘するような「柔軟性」(flexibility) が仮にあるとしても、私には、カベオアがフォウバイタ村の土地への優位の土地権を主張することは絶望的な試みと思われた。

＊29　前章でも注記したように、「歴史に抗する島々」という概念は、以下の著書でのクラストルによる交換主義批判にちなんだものである。ピエール・クラストル　一九八七『国家に抗する社会——政治人類学研究』渡辺公三(訳)、水声社。

＊30　里見、前掲書、三一～三三頁。

＊31　Simon Harrison 2004 "Forgetful and Memorious Landscapes," *Social Anthropology* 12 (2) : 135-151.

＊32　*Ibid.*, pp. 137-141.

＊33　*Ibid.*, pp. 141-144.

＊34　*Ibid.*, p. 141.

＊35　*Ibid.*, pp. 142-143.

＊36　「自然から文化・社会への移行」という近代的「自然」観については、たとえば以下を参照。マリリン・ストラザーン　一九八七「自然でも文化でもなく——ハーゲンの場合」木内裕子(訳)、エドウィン・アードナーほか『男が文化で、女は自然か？——性差の文化人類学』山崎カヲル(監訳)、晶文社、二〇九～二八一頁。

＊37　本書では立ち入らないが、メラネシア社会における「忘却」の意義については、これまでもたびたび論じられてきた。これについては以下の著作を参照。Debbora Battaglia 1990 *On the Bones of the Serpent: Person, Memory, and Mortality in Sabarl Island Society*, University of Chicago Press. Susanne Küchler 1999 "The Place of Memory." In Adrian Forty and Susanne Küchler (eds.) *The Art of Forgetting*, Berg, pp. 53-72.

第五章

＊1　坂下浩司　二〇〇三「『生ける自然』としてのピュシス」池田善昭(編)『自然概念の哲学的変遷』世界思想社、二七～四七頁。米虫正巳　二〇二一『自然の哲学史』講談社、三三頁。

＊2　本書では立ち入らないが、マライタ島に限らずメラネシアの諸社会については、一種のエントロピー論的な思考、具体的には、自分たちの社会的・文化的秩序が徐々

に、かつ不可避的に崩壊・消滅へと向かっているという実存的な不安の意識が見出されることがつとに指摘されてきた。これについては、たとえば以下を参照。Fredrik Barth 1987 *Cosmologies in the Making: A Generative Approach to Cultural Variation in Inner New Guinea*, Cambridge University Press.

＊3　クロード・レヴィ＝ストロース 二〇〇一年『悲しき熱帯II』川田順造（訳）、中央公論新社、四二五頁。

＊4　Eduardo Kohn 2015 "Anthropology of Ontologies," *Annual Review of Anthropology* 44: 312. ただし、文献への参照は省略した。また、類似の問題意識については以下をも参照されたい。Eduardo Viveiros de Castro 2015 "Who Is Afraid of the Ontological Wolf?: Some Comments on an Ongoing Anthropological Debate," *The Cambridge Journal of Anthropology* 33（1）: 6. Kirsten Hastrup（ed.）2015 *Anthropology and Nature*, Routledge. Anna Tsing, Heather Swanson, Elaine Gan and Nils Bubandt（eds.）2017 *Arts of Living on a Damaged Planet: Ghosts and Monsters of the Anthropocene*, University of Minnesota Press.

＊5　インゴルドが提唱する人類学の概要については以下を参照。ティム・インゴルド 二〇二〇『人類学とは何か』奥野克巳・宮崎幸子（訳）、亜紀書房。

＊6　Tim Ingold 2000 "Culture, Nature, Environment: Steps to an Ecology of Life." In Tim Ingold, *The Perception of the Environment: Essays on Livelihood, Dwelling and Skill*, Routledge, pp. 13-26.

＊7　*Ibid.*, pp. 14-15.

＊8　*Ibid.*, p. 15.

＊9　*Ibid.*, p. 20.

＊10　*Ibid.*, p. 20. 傍点引用者。

＊11　ここでジャウおじさんが尖閣諸島について語っていることは疑いないが、私としては、彼の認識に、小笠原諸島で二〇一三年以降、活発な噴火によって拡大しつつあった西之島についての報道が混入しているのではないか、と考える誘惑に駆られる（ソロモン諸島で西之島について報道されていたかどうかは定かでないが）。その場合、「育つ島」をめぐる「われわれ」と「彼ら」の認識・経験が驚くべき仕方で出会っていることになる。

＊12　WWF 2015 *Living Blue Planet Report: Species, Habitats and Human Well-being*, WWF, p. 12.

＊13　Lauretta Burke, Kathleen Reytar, Mark Spalding and Allison Perry 2011 *Reefs at Risk Revisited*, World Resources Institute, p. 6.

＊14　Donna J. Haraway 2016 *Staying with the Trouble: Making Kin in the Chthulucene*, Duke University Press, p. 56. 強調引用者。

＊15　サンゴとサンゴ礁について人類学的に考察した例外的な論文としては以下がある。Eva Hayward 2010 “Fingereyes: Impressions of Cup Corals,” *Cultural Anthropology* 25（4）: 577-599. Stefan Helmreich 2016 “How Like a Reef: Figuring Coral, 1839-2010.” In Stefan Helmreich, *Sounding the Limits of Life: Essays in the Anthropology of Biology and Beyond*, Princeton University Press, pp. 48-61. Irus Braverman 2016 “Biopolarity: Coral Scientists Between Hope and Despair,” *Anthropology Now* 8（3）: 26-40.

＊16　ホルスト・ブレーデカンプ　二〇一〇『ダーウィンの珊瑚——進化論のダイアグラムと博物学』濱中春（訳）、法政大学出版局。

＊17　James Bowen 2015 *The Coral Reef Era: From Discovery to Decline: A History of Scientific Investigation from 1600 to the Anthropocene Epoch*, Springer.

＊18　Irus Braverman 2018 *Coral Whisperers: Scientists on the Brink*, University of California Press.

＊19　ジル・ドゥルーズ、フェリックス・ガタリ　一九九四『千のプラトー』宇野邦一ほか（訳）、河出書房新社、四三七頁。

＊20　第三章でも述べたように、一九世紀末以降、鉄製の道具がもたらされたことにより、島の建設は一挙に容易になったと考えられる。

＊21　「フォウ・ブリ」はおそらく主としてコブハマサンゴ（*Porites lutea*）に当たる。コブハマサンゴは、海水が濁っている陸地の近くでも生息することができるサンゴとして知られ、このためアシの人々にとっては採集が容易である。

＊22　外見から推定して、「ラデ」はおそらく主としてトゲサンゴ（*Seriatopora hystrix*）、「レト」はユビエダハマサンゴ（*Porites cylindrica*）に当たる。

＊23　久保明教　二〇一九『ブルーノ・ラトゥールの取説——アクターネットワーク論から存在様態探究へ』月曜社。栗原亘（編著）二〇二二『アクターネットワーク理論入門——「モノ」であふれる世界の記述法』ナカニシヤ出版。

＊24　ブルーノ・ラトゥール　二〇〇八『虚構の「近代」——科学人類学は警告する』川村久美子（訳）、新評論。

＊25　前掲書、第三章。

＊26　前掲書、六五〜七九頁。

＊27　前掲書、第一章。

＊28　前掲書、第四章。

＊29　前掲書、一七四頁。

＊30　前掲書、一八二〜一八三頁。なお、nature-cultures は邦訳では「自然‐文化」と表記されている。

＊31　ダナ・ハラウェイ 二〇〇一「サイボーグ宣言——一九八〇年代の科学とテクノロジー、そして社会主義フェミニズムについて」小谷真理（訳）、ダナ・ハラウェイ、サミュエル・ディレイニー、ジェシカ・アマンダ・サーモンスン『サイボーグ・フェミニズム【増補版】』巽孝之（編）、水声社、二七〜一四三頁。

＊32　マルチスピーシーズ民族誌は、人間中心主義的な「文化」概念を揺るがしつつ「文化を書く」ことを再定義しようとする点において、本書第一章で述べた人類学／民族誌批判や実験的民族誌の流れを汲んでいる。この点については以下を参照。S・エベン・カークセイ、ステファン・ヘルムライヒ 二〇一七「複数種の民族誌の創発」近藤祉秋（訳）『現代思想』四五（四）：九六〜一二七。

＊33　ダナ・ハラウェイ 二〇一三『伴侶種宣言——犬と人の「重要な他者性」』永野文香（訳）、以文社。

＊34　Eben Kirksey 2015 *Emergent Ecologies*, Duke University Press.

＊35　*Ibid.*, ch. 3.

＊36　*Ibid.*, ch. 6.

＊37　*Ibid.*, p. 5.

＊38　*Ibid.*, p. 34.

＊39　*Ibid.*, ch. 10.

＊40　これに関連して、ストラザーンがラトゥール的な「美学」に対する違和感を表明した以下の文献を参照。Marilyn Strathern 1996 "Cutting the Network," *Journal of the Royal Anthropological Institute* 2（3）：517-535. Marilyn Strathern 1999 *Property, Substance, and Effect: Anthropological Essays on Persons and Things*, Athlone Press, ch. 6.

＊41　Thom van Dooren 2014 *Flight Ways: Life and Loss at the Edge of Extinction*, Columbia University Press.

＊42　*Ibid.*, p. 4.

＊43　*Ibid.*, p. 32.

＊44　*Ibid.*, p. 40.

＊45　*Ibid.*, p. 46.

＊46　*Ibid.*, ch. 2.

＊47　*Ibid.*, p. 60.

＊48　*Ibid.*, p. 4. 文献の参照は省略した。なお、「ともになる」はもともとハラウェイの表現である。

＊49　Aletta Biersack 2006 "Red River, Green War: The Politics of Place along the Porgera River." In Aletta Biersack and James B. Greenberg（eds.）*Reimagining Political Ecology*, Duke University Press, pp. 233-280.

＊50　*Ibid.*, p. 239.

＊51　*Ibid.*, pp. 239-246.

＊52　*Ibid.*, pp. 261-265

＊53　*Ibid.*, pp. 245, 270-272.

＊54　同様な議論は、メラネシアの他地域についても繰り返されてきた。一例として以下を参照。Stuart Kirsch 2008 "Social Relations and the Green Critique of Capitalism in Melanesia," *American Anthropologist* 110 (3) : 288-298.

＊55　ここで見たビアーサックのような個別事例を超えて、これまでのメラネシア人類学の総体にとって「自然」とはいかなる主題であったか、という問題は、正面から取り組むに値するきわめて興味深いものだが、本書の射程を超えている。この問題に取り組んだ先駆的な論考として以下を参照されたい。橋爪太作 二〇二一「フタバガキが倒れるとき――メラネシアから考える人新世時代の人間と自然」『文化人類学研究』二二：九〜三三。

第六章

＊1　Displacement Solutions 2017 *Solomon Islands: Climate Displacement in Lau Lagoon, Solomon Islands*, http://displacementsolutions.org/wp-content/uploads/2017/05/Climate-Displacement-in-Lau-Lagoon-Solomon-Islands-A-Photo-Essay.pdf、最終閲覧：二〇二一年四月十六日。

＊2　*Ibid.*, pp. 4, 9.

＊3　*Ibid.*, p. 9.

＊4　*Ibid.*, p. 5.

＊5　*Ibid.*, p. 5.

＊6　クリストフ・ボヌイユ、ジャン＝バティスト・フレソズ 二〇一八『人新世とは何か――〈地球と人類の時代〉の思想史』野坂しおり（訳）、青土社。篠原雅武 二〇一八『人新世の哲学――思弁的実在論以後の「人間の条件」』人文書院。

＊7　Bruno Latour 2004 *Politics of Nature: How to Bring the Sciences into Democracy*, Harvard University Press, trans. Catherine Porter, pp. 25ff. Ursula K. Heise 2016 *Imagining Extinction: The Cultural Meanings of Endangered Species*, University of Chicago Press, pp. 8ff.

＊8　篠原、前掲書。

＊9　Elizabeth A. Povinelli 2016 *Geontologies: A Requiem to Late Liberalism*, Duke University Press.

＊10　*Ibid.*, p. 14.

＊11　*Ibid.*, p. 49. 強調原文。

＊12　*Ibid.*, pp. 20-21, 33-35.

＊13　*Ibid.*, ch. 2.

＊14　同様に、現代の政治における「存在論的」な緊張関係を描き出した民族誌として、以下をも参照。Marisol de la Cadena 2015 *Earth Beings: Ecologies of Practice Across Andean Worlds*, Duke University Press.

＊15　アナ・チン 二〇一九『マツタケ――不確定な時代を

生きる術』赤嶺淳（訳）、みすず書房。

＊16 前掲書、二八〜二九頁。

＊17 アナ・ロウェンホープト・ツィン 二〇一七「根こそぎにされたランドスケープ（と、キノコ採集という穏やかな手仕事）」藤田周（訳）『現代思想』四五（四）：一二八。

＊18 チン、前掲書、七頁。ただし訳文を変更した。

＊19 前掲書、四四〜四六頁。

＊20 前掲書、第二部。

＊21 里見龍樹 二〇一七『「海に住まうこと」の民族誌――ソロモン諸島マライタ島北部における社会的動態と自然環境』風響社、第五〜六章。

＊22 実際には、地球温暖化とオセアニアにおける海面上昇の関係は、ディスプレイスメント・ソリューションズの報告書が想定するほどに単純で明確なものではない。地理学者によれば、過去一〇〇年間にオセアニアの海面は約二〇センチ上昇したと推定されるが、他方で、貿易風の影響による潮位の季節的変動だけでも一〇〜二〇センチ、エルニーニョやラニーニャによる、数か月から数年のスパンでの変動は最大五〇センチにも及ぶ。その意味で、ディスプレイスメント・ソリューションズの報告は必ずしも「科学的」ではないのだ。William R. Dickinson 2009 "Pacific Atoll Living: How Long Already and Until When?" *GSA Today* 19（3）: 8.

＊23 エドゥアルド・ヴィヴェイロス・デ・カストロ 二〇一八「パースペクティヴの人類学と制御された取り違えという方法」近藤宏（訳）『現代思想』四六（一）：一九八〜二〇〇。

＊24 前掲論文、二〇三頁。ただし訳文を変更した。

＊25 前掲論文、二一〇頁。

＊26 Walter G. Ivens 1978（1930）*The Island Builders of the Pacific*, AMS Press, p. 52.

＊27 本書では取り上げないが、メラネシア人類学において「自然」をいかに思考するかという問題に真摯に取り組んだもう一人の理論家として、すでに何度か言及したウィーナーがいる。James F. Weiner 2001 *Tree Leaf Talk: A Heideggerian Anthropology*, Berg.

＊28 Roy Wagner 2016（1981）*The Invention of Culture, Second Edition*, University of Chicago Press.

＊29 *Ibid.*, pp. 11, 35.

＊30 *Ibid.*, pp. 3-4.

＊31 *Ibid.*, pp. 31-34.「カーゴ・カルト」については、たとえば以下を参照。里見龍樹 二〇一八「カーゴ・カルト――〈新しいもの〉をとらえる」前川啓治ほか『二十一世紀の文化人類学――世界の新しい捉え方』新曜社、一四六〜一五五頁。

＊32 *Ibid.*, pp. 36ff.

＊33 *Ibid.*, p. 71.

＊34 *Ibid.*, pp. 71ff.

＊35 *Ibid.*, p. 51.

＊36 *Ibid.*, p. 71.

＊37 *Ibid.*, p. 72.

＊38 メラネシアにおける「外部としての自然」については、第二章でも触れたように、ウィーナーもこれと並行的な議論をしている。James Weiner 1998 "Afterword: Revealing the Grounds of Life in Papua New Guinea," *Social Analysis* 42 (3): 135.

＊39 里見、前掲書、第五章。

＊40 Marilyn Strathern 1988 *The Gender of the Gift: Problems with Women and Problems with Society in Melanesia*, University of California Press.

＊41 ストラザーンの人類学理論の概要については、第四章でも紹介した以下の論文を参照。里見龍樹・久保明教 二〇一三「身体の産出、概念の延長——マリリン・ストラザーンにおけるメラネシア、民族誌、新生殖技術をめぐって」『思想』一〇六六：二六四〜二八二。里見龍樹 二〇二〇「マリリン・ストラザーンにおける〈イメージの方法〉」『日本オセアニア学会ニューズレター』一二六：一〜一八。里見龍樹 印刷中「メラネシアからの思考——ストラザーン『贈与のジェンダー』における『行為』と『産む身体』をめぐって」檜垣立哉・山崎吾郎（編）『構造と自然——哲学と人類学の交錯』勁草書房。

＊42 マリリン・ストラザーン 一九八七「自然でも文化でもなく——ハーゲンの場合」木内裕子（訳）、エドウィン・アードナーほか『男が文化で、女は自然か？——性差の文化人類学』山崎カヲル（監訳）、晶文社、二〇九〜二八一頁。

＊43 里見・久保、前掲論文、二六八〜二七二頁。

＊44 クロード・レヴィ＝ストロース 二〇〇〇『親族の基本構造』福井和美（訳）、青弓社。ただし、第一章でも注記したように、レヴィ＝ストロースにおける「自然」の概念は、実際にはここで述べたよりはるかに複雑で多面的である。この主題について論じたものとして、たとえば以下を参照。箭内匡 二〇〇八「構造から自然へ、そして具体の音楽へ——今日、レヴィ＝ストロースを読むこと」『思想』一〇一六：一四四〜一六一。エドゥアルド・ヴィヴェイロス・デ・カストロ 二〇一一「強度的出自と悪魔的縁組」山崎吾郎・小倉拓也（訳）『現代思想』三九（一六）：一七〇〜二〇九。

＊45 ブロニスワフ・マリノフスキ 二〇一〇『西太平洋の遠洋航海者——メラネシアのニュー・ギニア諸島におけ

る、住民たちの事業と冒険の報告』増田義郎（訳）、講談社。

＊46 たとえば以下を参照。Andrew Strathern 1971 *The Rope of Moka: Big-Men and Ceremonial Exchange in Mount Hagen, New Guinea*, Cambridge University Press.

＊47 M. Strathern, *op. cit.*, pp. 49-55, 98-103.

＊48 *Ibid.*, pp. 107ff.

＊49 *Ibid.*, pp. 116-119.

＊50 マリリン・ストラザーン 二〇一五『部分的つながり』大杉高司ほか（訳）、水声社。

＊51 里見・久保、前掲論文、二七二～二七五頁。

＊52 ストラザーン、前掲書、二八二～二八三頁。

＊53 前掲書、七五～七八頁。

＊54 『部分的つながり』でストラザーンが援用するのは、前章でも登場したハラウェイによる「サイボーグ」のイメージである。前掲書、一二八～一三三頁。

＊55 ジル・ドゥルーズ 二〇〇三「無人島の原因と理由」前田英樹（訳）『無人島 1953-1968』前田英樹（監修）、河出書房新社、一五頁。

おわりに

＊1 ミシェル・フーコー 一九七四『言葉と物——人文科学の考古学』渡辺一民・佐々木明（訳）、新潮社、四〇一頁。ただし、「人文諸科学」はすべて「人間科学」に変更した。

あとがき

＊1 マリリン・ストラザーン 二〇一五『部分的つながり』大杉高司ほか（訳）、水声社、一七五頁。なおここでの解釈は、「メラネシアの世界では、人々は自分たち自身を不断に驚かせている」（マリリン・ストラザーン 二〇一六「歴史のモノたち——出来事とイメージの解釈」深川宏樹（訳）『現代思想』四四（五）：八五、強調原文）というストラザーンの議論をも踏まえたものである。

索引

さ

な

は

ま

や

ら

わ

里見龍樹（さとみ・りゅうじゅ）

一九八〇年東京生まれ。東京大学大学院総合文化研究科超域文化科学専攻博士課程単位取得退学。博士（学術）。早稲田大学人間科学学術院准教授。専門は文化人類学、メラネシア民族誌。著書に『「海に住まうこと」の民族誌――ソロモン諸島マライタ島北部における社会的動態と自然環境』（風響社、二〇一七年。第四五回澁澤賞、第一七回日本オセアニア学会賞を受賞。また同書のもととなる博士論文に対し第一五回アジア太平洋研究賞を受賞）、『二十一世紀の文化人類学　世界の新しい捉え方』（新曜社、二〇一八年、共著）。訳書にマリリン・ストラザーン『部分的つながり』、エドゥアルド・ヴィヴェイロス・デ・カストロ『インディオの気まぐれな魂』（いずれも水声社、二〇一五年、共訳）。

不穏な熱帯　人間〈以前〉と〈以後〉の人類学

二〇二二年一一月二〇日　初版印刷
二〇二二年一一月三〇日　初版発行

著者　里見龍樹
装丁　大倉真一郎
発行者　小野寺優
発行所　株式会社河出書房新社
〒一五一-〇〇五一
東京都渋谷区千駄ヶ谷二-三二-二
電話〇三-三四〇四-一二〇一（営業）
〇三-三四〇四-八六一一（編集）
https://www.kawade.co.jp/
組版　株式会社キャップス
印刷　モリモト印刷株式会社
製本　小泉製本株式会社

Printed in Japan
ISBN978-4-309-23121-1